壹卷
YE BOOK

洞 见 人 和 时 代

论世衡史
- 丛书 -

永念群生
隋唐礼俗与信仰论集

雷闻 著

四川人民出版社

图书在版编目（ＣＩＰ）数据

永念群生：隋唐礼俗与信仰论集／雷闻著．－－成都：四川人民出版社，2025.1
（论世衡史丛书／谭徐锋主编）
ISBN 978-7-220-13680-1

Ⅰ.①永… Ⅱ.①雷… Ⅲ.①风俗习惯—中国—唐代—文集②信仰—中国—唐代—文集 Ⅳ.①K892-53②B933-53

中国国家版本馆CIP数据核字(2024)第096711号

YONGNIAN QUNSHENG: SUITANG LISU YU XINYANG LUNJI

永念群生：隋唐礼俗与信仰论集

雷闻 著

出 版 人	黄立新
策划统筹	封 龙
责任编辑	封 龙　阿图诗薇
版式设计	张迪茗
装帧设计	周伟伟
责任印制	周 奇
出版发行	四川人民出版社（成都市三色路238号）
网　　址	http://www.scpph.com
E-mail	scrmcbs@sina.com
新浪微博	@四川人民出版社
微信公众号	四川人民出版社
发行部业务电话	（028）86361653　86361656
防盗版举报电话	（028）86361653
照　　排	四川胜翔数码印务设计有限公司
印　　刷	成都东江印务有限公司
成品尺寸	145mm×210mm
印　　张	12.5
字　　数	330千
版　　次	2025年1月第1版
印　　次	2025年1月第1次印刷
书　　号	ISBN 978-7-220-13680-1
定　　价	86.00元

■版权所有·侵权必究
本书若出现印装质量问题，请与我社发行部联系调换
电话：（028）86361656

自 序

近些年来，我的学术兴趣主要集中在隋唐道教石刻与文书行政两个领域，不过，也陆续发表过一些其他方面的文章。这些文章篇幅长短不一，内容也比较杂，但大多还是沿着之前《郊庙之外》中礼制与宗教的思路来展开的。因为道教石刻与文书行政两方面的成果会分别成书，于是就有了将其他文章集为一帙的想法。虽然也曾有出版社来约过稿，但由于我的懒散，直到2021年底与谭徐锋先生言及此事，才在雷厉风行的徐锋兄的督促下，开始着手整理这批稿子，历时一个多月，整理工作基本完成，也就是目前呈现在读者面前的这本小册子。不过，随后的出版程序，却着实有些旷日持久，这是当初始料未及的。

本书所收诸文，大多与隋唐的礼俗与信仰相关。上篇的十篇文章中，《隋唐时期的聚众之禁》讨论的是国家对于宗教仪式的控制问题；《从"京观"到佛寺》分析了佛教对中国古代积敌军之尸为"京观"的传统之改造；《走入传奇》结合新出《窦琰墓志》与唐代小说集《冥报记》的相关记载，讨论了《金刚经》对唐初社会的深刻影响；《国家宫观网络中的西州道教》是用敦煌吐鲁番出土文书来分析唐代西州道教的发展。其他几篇，分别涉及粟特人与唐代社会风俗的关系、三日洗儿的仪式等。下篇收录了七篇书评和两篇综述，所评之书，多为唐代礼制与信仰方面的重要论著。综述之一是对新中国成立70年来隋唐史研究的一个总体性鸟瞰，另一个综述则是我对目前唐代道教石刻研究的一个初步小结。至于书名"永念群生"，则出自《从"京观"到佛寺》一文所引隋文帝的一道诏书，毕竟，无论是礼俗还是宗教信仰，归根结底都是以人为本的。

整理旧稿，如对故人。本书诸文的初刊时间跨度很大，最早的是2000年发表在《唐研究》第六卷上那篇为唐史前辈章群先生《唐代祠祭论稿》所写的书评，当时我还在读博士；最晚的则是2022年刊发于《文史哲》杂志上的那篇《隋唐时期的聚众之禁》，前后相差超过二十年。在这二十年间，无论是国家，还是学界，抑或是个人生活，都发生了巨大变化。回头翻阅早年之作，仿佛看到一个刚刚起步向学的少年，虽然学力浅薄、行文稚嫩，但却有着热情、好奇心与初出茅庐的锋芒。每念及此，不禁使人感叹流光易逝，忽忽已是中年。

这次整理，除了核对引文、修正旧稿中的个别明显错误，还对所引古籍的版本做了统一。至于内容，也做了不同程度的修改，具体情况各异，近年的新作一般改动较少，值得一提的主要是两篇。首先是《从"京观"到佛寺》一文，补充了关于燕下都人头骨丛葬的相关材料，结论部分又补充了云南大理市两座"大唐天宝战士塚"的材料，一般认为，它们正是天宝年间南诏以唐军将士尸骨所筑京观的遗存。此外，在文末新加的一个注释中，还简单介绍了日本京都"耳塚"古迹的情况，据学者研究，其中埋葬的是在1592—1598年丰臣秀吉发动的壬辰战争中，被日军屠杀的朝鲜与明军将士的耳鼻，这也算是另一种形式的京观遗存。《走入传奇》一文，则补充了新刊《窦暾墓志》的相关材料，这方墓志虽然1992年就出土于长安县，但由于各种原因，材料始终未曾正式公布。就在整理书稿期间，《新中国出土墓志·陕西》（肆）新鲜出炉，而这方墓志赫然在列，令人惊喜不已。十年前写文章时，我只能从网上披露的蛛丝马迹推测这位窦瓛是本文主人公窦琰的生父，如今随着墓志的刊布，可知这一推测无误。

早期文章的修改，集中在《割耳劓面与刺心剖腹》与《唐代的"三史"与三史科》两篇，前者主要是在一条注释里，介绍了近年来李锦绣先生从中西医学交流史角度对安金藏剖腹事件的解读。后者则根据荣新江老师的研究，补充了吐鲁番出土《史记》《汉书》残片的相关材料，又据几方墓志对中晚唐三史科的实行情况略作补充。至于早年发表的五篇书评，则基本未作改动，这既是对学术史的尊重，也算是对自己读书求学阶段的一个纪念，毕竟，对那几部重要著作的研读，构成了我在中古礼俗与信仰研究领域最初的入门之阶。近年发表的两篇，只是学习荣新江、郝春文两位老师大著的点滴体会，不算是真正意义上的书评。

《新中国成立70年来的隋唐五代史研究》原为卜宪群先生主编的《新中国历史学研究70年》中国古代史编第三章的一节，由于当时分给每个时段的篇幅极为有限，因此在编辑过程中曾一删再删。本书所收则为删削之前的原稿，文字稍多，但仍不过1.6万字。不言而喻，要以一万多字的篇幅讲述70年来隋唐史学科的发展，几乎是个不可能完成的任务，毕竟，仅《中国史研究动态》每年刊发的年度学科进展，就有近两万字。所以，只能选取几个我认为最具代表性的点来介绍，这自然是绝对意义上的挂一漏万。将这篇综述收入本书，也是希望读者可以大致了解礼制与宗教研究在整个隋唐史研究中的脉络。

回首来时路，我要衷心感谢在我的学术与人生之路上提供过无数重要帮助的两位恩师：吴宗国先生与荣新江老师，本集里那些早年的文章，大多凝结着他们的心血，得师如此，夫复何求！令人悲痛的是，在等待出版期间，吴先生不幸于2022年8月7日去世，几天之后，我写下了《随吴宗国先生读书的日子》，记录了当年随侍问学的一些记忆片段，现作为代后记收入此书，永为纪念。

2021年5月，我从服务了近二十年的中国社会科学院历史研究所（现称古代史研究所）调入北京师范大学历史学院，其间得到许多师友的大力支持与无私帮助，隆情高谊，常在我心。感谢学院领导的关心，使我人生第一次有了一间独立的办公室。当我的目光流连于桌上的灵璧石山子时，而神思早已优游于洞天之中，这是属于我的"靖室"。

此次整理旧稿，得到许多师友的帮助，刘子凡会随时提供校稿所需论著的电子版，王博帮我校正了日文参考文献，而书中的多幅图版都经过了赵洋的专业处理，我的学生沈国光、汪馨如、李红扬、陈楠峰、叶清磊、王思协助我覆核了全部引文，这些都大大提高了文稿处理的效率。

感谢我的家人，是他们的爱与宽容，才使我能够在浮躁喧嚣的时代中，从容读书写作。小儿扬扬的降生，在给全家带来无尽欢乐的同时，也使我的拖延症有了一个合理的借口，他时常在不经意间，就成为爸爸拖欠文债的小小背锅侠。

这本小书能够出版，要特别感谢谭徐锋先生的厚意，事实上，书中诸文的编排与书名的选取，也是在与徐锋兄的微信往还中确定下来的。四川人民出版社的封龙先生为书稿的出版付出了大量的辛劳，在此一并致谢。

2022年2月8日初稿
2024年3月20日定稿

目 录

上篇

隋唐时期的聚众之禁
　　——中古国家与宗教仪式关系之一侧面 / 003
　　一、合法的聚众 / 004
　　二、汉隋间国家对宗教性聚众的限制 / 009
　　三、唐代前期的聚众之禁 / 015
　　四、唐代中后期的聚众之禁 / 034
　　余论 / 046

从"京观"到佛寺
　　——隋与唐初战场尸骸的处理与救度 / 049
　　一、隋代之前的"京观" / 051
　　二、鲸鲵之观，化为微妙之台：隋文帝的举措 / 063
　　三、立七寺与毁京观：唐太宗的努力 / 068
　　余论：唐太宗之后的京观 / 082

走入传奇
——新刊《窦琰墓志》与《冥报记》"豆卢氏"条的解读 / 089
一、《窦琰墓志》录文 / 092
二、关陇集团的贵戚世家：窦氏 / 094
三、窦琰夫家田氏 / 098
四、祖母豆卢氏的灵验故事 / 105
五、初唐的《金刚般若经》信仰 / 113
余论 / 118

国家宫观网络中的西州道教
——唐代西州道教补说 / 123
一、唐代西州道观的始建年代 / 124
二、西州道观的转经、斋醮与国忌行香 / 129
结语 / 143

割耳劓面与刺心剖腹
——从敦煌158窟北壁涅槃变王子举哀图说起 / 145
一、割耳劓面 / 148
二、刺心剖腹 / 151
三、割耳劓面与刺心剖腹在唐代的影响及国家的态度 / 162
结语 / 166

凉州与长安之间
——新见《唐故左羽林军大将军康太和墓志》考释 / 167
一、康太和的家世与凉州粟特胡人集团 / 172
二、入朝宿卫 / 175

三、回归凉州 / 179
　　结语 / 184

唐代的"三史"与三史科 / 186
　　一、唐代的"三史" / 187
　　二、唐代对"三史"之研究及其地位之比较 / 192
　　三、唐代的科举与史学 / 201
　　结语 / 212

唐金仙、玉真公主札记三题 / 214
　　一、金仙、玉真公主的行第与名字 / 214
　　二、金仙、玉真公主封号之变迁 / 217
　　三、玉真观的前身：窦诞宅—崇先府 / 220

礼制、宗教与民间社会
　　——中古史研究的一个新视角 / 224

杨贵妃与安禄山"三日洗儿"的仪式解读 / 230

下篇

评陈戌国《中国礼制史·隋唐五代卷》、任爽《唐代礼制研究》 / 243

评甘怀真《皇权、礼仪与经典诠释：中国古代政治史研究》 / 258

评章群《唐代祠祭论稿》/ 273

评傅飞岚、林富士主编《遗迹崇拜与圣者崇拜》/ 280

评贾二强《唐宋民间信仰》/ 286

读荣新江《学理与学谊：荣新江序跋集》/ 295

读郝春文等《当代中国敦煌学研究（1949—2019）》/ 301

新中国成立70年来的隋唐五代史研究 / 306
  一、敦煌吐鲁番文书与石刻史料的整理与刊布 / 310
  二、制度史：从三省制到中书门下体制 / 315
  三、均田制与唐代经济史研究的兴衰 / 318
  四、《天圣令》与唐代法制史研究 / 321
  五、粟特人入华与唐代丝绸之路的繁荣 / 324
  六、礼制史与宗教史的崛起 / 326

石刻史料与唐代道教史研究漫谈 / 332
  一、新出唐代道教石刻的研究价值 / 333
  二、《道家金石略》与道教石刻的整理 / 340

参考文献 / 343

代后记：随吴宗国先生读书的日子 / 377

图表目录

图1　P.2481《唐前期尚书省礼部报都省批复下行公文程式》"符呪"条 / 017、018

图2　P.2481《唐前期尚书省礼部报都省批复下行公文程式》"聚讲"条 / 019、020

图3　S.1344开元三年（715）《户部格》（局部）/ 025

图4　河北省易县燕下都遗址出土人头骨 / 053

图5　《昭仁寺碑》碑亭 / 074

图6　宋拓《昭仁寺碑》拓片 / 077

图7　宋拓《等慈寺碑》拓片 / 078

图8　云南大理"大唐天宝战士塚" / 084

图9　广西柳州鹿寨县"京观"摩崖 / 086

图10　《唐故司卫正卿田府君夫人扶风窦氏（琰）墓志铭并序》/ 091

图11　《故兼司卫正卿田君（仁汪）墓志》/ 100

图12　阿斯塔那518号墓出土《唐西州某县事目（三）》/ 128

图13　德藏Ch.243＋286号《太玄真一本际经》卷八残片 / 131

图14　P.2457《阅紫录仪》卷尾题记 / 135

图15　敦煌158窟北壁涅槃变各国王子举哀图 / 147

图16　新疆克孜尔224窟后甬道前壁荼毗图像 / 149

图17　片治肯特二号遗址南墙的"哀悼图" / 149

目　录　005

图18　南阳画像石中的聂政剖腹自杀图（一）/ 151

图19　南阳画像石中的聂政剖腹自杀图（二）/ 152

图20　《无双谱》中的安金藏破腹图 / 156

图21　S.367《沙州伊州地志》残卷 / 157

图22　《大唐故左羽林军大将军康府君（太和）墓志铭》/ 170

图23　《大唐故左羽林军大将军康府君（太和）墓志铭》志盖 / 171

图24　P.3885《前大斗军使将军康太和书与吐蕃赞普》/ 180

图25　德藏Ch.938《汉书·张良传》残片 / 200

图26　德藏Ch.938v《史记·仲尼弟子列传》残片 / 200

图27　《金仙长公主墓志》/ 216

图28　《金仙长公主墓志》志盖 / 217

表1　汉隋之间的京观资料表 / 056

表2　唐太宗所立战场七寺表 / 072

表3　隋唐史籍所见自刺及企图自刺事件表 / 153

表4　唐代《史记》研究著作表 / 193

表5　唐代《汉书》著作研究表 / 195

表6　唐代《后汉书》研究著作表 / 196

上 篇

隋唐时期的聚众之禁
——中古国家与宗教仪式关系之一侧面

信仰与仪式是所有宗教最重要的核心因素。在中国古代，无论是以儒家理论为基础的兼具政治性与宗教性的国家祭祀，还是佛教、道教等各种制度性宗教，抑或是各种来源复杂、内涵各异的地方祠祀，往往都需要通过仪式来宣传信仰，凝聚人心。虽然一小部分秘仪为保持神秘感而仅在少数人的小圈子内举行，但在大多数宗教仪式乃至政治仪式中，除了直接筹备、执行者之外，往往还需要有不少普通参与者乃至仪式的旁观者，他们都是仪式的重要组成部分。

不过，这样就带来一个问题：当大量人群聚集起来，是否会脱离国家的控制，甚至成为王朝的对立面？从汉唐以来的历史发展来看，答案是肯定的，利用宗教仪式聚众进而对抗官府，是经常发生的现象。因此，对于各种形式的"聚众"，国家始终心存警惕，不仅在法律上进行了规范，而且在日常行政中，各级官府对于佛教、道教等各种宗教团体举行的仪式，也采取了许多管控措施。这一点，在结束了魏晋南北朝数百年割据局面、重建中央集权的隋唐时期，显得尤为突出。

何谓"聚众"？《唐律疏议》对"众"有明确的解释："称'众'者，三人以上。称'谋'者，二人以上。"疏议曰："称众者，《断狱律》云：'七品以上，犯罪不拷，皆据众证定刑，必须三人以上始成众。'但称众者，皆准此文。"① 这是从法律量刑定罪的角度，对三人成众进行的规范。事实上，隋唐时期的一些"聚众"动辄有数千人之多。本文试考察这一时期的各种"聚众"及国家的禁约，希望能有助于深化对隋唐国家与宗教仪式关系的理解。②

一、合法的聚众

并非所有的"聚众"都是非法的。国家为了统治的需要，也常常有聚众的情形，最为常见的一是国家礼仪，二是处决死囚，前者的参与者主要是官员，后者则主要是百姓。当然也还有其他一些需要聚众的场合，但无论如何，合法的聚众一般都是由官府主导的。

（一）国家礼仪中的"聚众"

唐代的国家祭祀，特别是有皇帝亲自主持的大祀，往往规模很大，参与者众多，比如郊祀这样最高等级的祭祀，除了中央的各级官员之外，还有代表地方的诸州朝集使以及代表天下万国的诸蕃使

---

① 《唐律疏议》卷六《名例》"称日年及众谋"条，中华书局，1983年，第141—142页。
② 关于隋唐时期国家与宗教仪式的关系，参看拙著《郊庙之外——隋唐国家祭祀与宗教》，生活·读书·新知三联书店，2009年。

人参与，他们通常是按照方位站在相应的位置。① 又比如封禅，其规模更大，耗时更久，参与者除了和郊祀一样有来自各级、各地的官员与使者，甚至也可能有当地的父老。骆宾王就曾写下了《为齐州父老请陪封禅表》："岂可使稷下遗氓，顿隔陪封之礼；淹中故老，独奏告成之仪？是用就日披丹，仰璧轮之三舍；望云抒素，叫天阊于九重。傥允微诚，许陪大礼，则梦琼余息，翫仙阙以相欢；就木残魂，游岱宗而载跃。"② 可见，封禅大礼也可能会有当地百姓的参与。至于地方长官上任的仪式，通常除了当地各级官吏的参与之外，往往还有当地"乡望"的列席，《大唐开元礼》卷一二六《京兆河南牧初上》条就明确说："诸州刺史初上准此。其乡望、文武官七品以上及德行有闻者，皆升堂。"③ 这些乡望与"德行有闻者"代表着地方百姓对新任长吏的欢迎。

除了这些国家礼仪之外，还有一个重要层面，即在地域社会中，由官府所主导的为众多民间祠祀举行的祭祀仪式，它们也往往聚集了大量的参与者和观众，如京兆尹黎幹在曲江池投龙祈雨时，观者就有"数千"之众；而在这类仪式中，通常会有众多乡望、父老等豪族活动的身影，我们称之为国家祭祀仪式上"民众的在场"。④ 毫无疑问，这些由中央与地方官府举行的仪式都是合法性

---

① 参见《大唐开元礼》卷四《皇帝冬至祀圜丘》，池田温解说，东京：汲古书院，1972年，第35—44页。参看吴丽娱《朝集使在郊庙礼仪中的出现——〈大唐开元礼〉校读札记一则》，《隋唐辽宋金元史论丛》第7辑，上海古籍出版社，2017年，第45—54页。
② 骆宾王：《为齐州父老请陪封禅表》，《骆临海集笺注》卷七，陈熙晋笺注，上海古籍出版社，1985年，第220页。
③ 《大唐开元礼》卷一二六《京兆河南牧初上》，第601—602页。
④ 参看拙著《郊庙之外——隋唐国家祭祀与宗教》，第344—346页。

的聚众。

(二) 刑人必于市

《礼记·王制》有"爵人于朝,与士共之;刑人于市,与众弃之"的古训。① 在中国古代的城邑中,"市"是人口聚集和流动最多的地方,处决死囚往往在这里举行。在押解囚犯赴市途中,往往击鼓以集众,至市之后则纵人围观,当众宣布罪名。显然,刑人于市一方面是为了显示至公,所谓"与众弃之",另一方面也为了震慑百姓,展示朝廷与官府的权力。② 唐代的情形亦复如此,在长安,通常是在东、西两市执行死刑,到了中晚唐,一些政治要犯则往往于皇城西南隅的独柳树行刑。③ 无论是在何处,聚众行刑都是必须的。例如,唐肃宗至德二年(757)二月,特别"诏军人有侵掠平人子女者,令聚众斩之"。④

在甘露之变后,长安城在血雨腥风之中人心惶惶,于是文宗在太和九年(835)十二月丁亥诏曰:"昨者有擅入逆人之家,盗掠财物,拥无故之利,生怙乱之心,尚有纵酒聚徒,妖言惑众,志于掠盗,恐吓居人,假托军司,辄持兵器,及以前月二十一日事妄相告讦者,委御史台、京兆府严加伺察,擒捉奏闻,所在集众决杀,

---

① 孙希旦:《礼记集解》卷一二《王制第五之一》,沈啸寰、王星贤点校,中华书局,1989年,第325页。
② 参看侯旭东《北朝的"市":制度、行为与观念》,原刊《中国社会历史评论》第3卷,中华书局,2001年;此据氏著《北朝村民的生活世界——朝廷、州县与村里》,商务印书馆,2005年,第172—230页,特别是第208—218页。
③ 参见张荣芳《唐代长安刑场试析》,《东海学报》第34期,1993年,第113—121页。
④ 《册府元龟》卷六四《帝王部·发号令三》,中华书局,1960年,第713页。

不在恩赦之限。"①可见，对于这些乘长安城混乱之机浑水摸鱼者，朝廷下令御史台与京兆府在将其擒获之后，"集众决杀"，以儆效尤。

又比如，唐哀帝天佑二年（905）十二月，朱全忠认为枢密使蒋玄晖与宰相柳璨、太常卿张廷范等背叛自己，谋复唐祚，于是痛下杀手，蒋玄晖先被杖杀于河南府，但朱全忠仍不解气，又"追削为凶逆百姓，仍委河南府揭尸于都门外，聚众焚烧"，而张廷范则被"除名，委河南府于都市集众，以五车分裂"。②显然，朱全忠就是要以这样残忍的手段震慑仍然忠于唐室的官员，为其改朝换代铺平道路，于是"聚众"行刑就成为必然。

（三）其他场合

除了国家礼仪与处决死囚之外，还有其他一些需要合法性聚众的场合，例如，据敦煌文书《神龙散颁刑部格》残卷（P.3078, S.4673）记载：③

```
13  流外行署、州县杂任，于监主犯赃一疋以上，先
14  决杖六十；满五疋以上，先决一百；并配入军。如当
15  州无府，配侧近州。断后一月内，即差纲领送所
16  配府，取领报讫，申所司。赃不满疋者，即解却。
17  虽会恩，并不在免军及解免之限。在东都及
```

---

① 《册府元龟》卷九一《帝王部·赦宥十》，第1088页。
② 《旧唐书》卷二〇下《哀帝纪》，中华书局，1975年，第804—805页。
③ 刘俊文：《敦煌吐鲁番唐代法制文书考释》，中华书局，1989年，第247页。

18　京犯者，于尚书省门对众决。在外州县者，长
19　官集众对决。赃多者，仰依本法。

"流外行署"指在京诸司的流外官，"州县杂任"指在地方担任执事的吏员，如佐史之类。在处理他们所犯赃罪时，《刑部格》强调："在东都及京犯者，于尚书省门对众决。在外州县者，长官集众对决。"对众决杖，其功能类似于刑人于市，目的都不仅是为了羞辱这些犯赃者，更是为了震慑其他官吏，使之廉洁自律。

大历二年（767）春正月癸酉，代宗下诏："其玄象器物、天文图书、谶书、《七曜历》、《太一雷公式》等，准法：官人百姓等私家并不合辄有。自今以后，宜令天下诸州府切加禁断，各委本道观察、节度等使，与刺史、县令严加捉搦，仍令分明牓示乡村、要路，并勒邻伍递相为保。如先有藏畜者，限敕到十日内赍送官司，委本州刺史等对众焚毁。"[①] 唐代官方禁止天文图谶的规定由来已久，经过安史之乱后，唐帝国的稳定受到极大冲击，朝廷对于此类具有左道乱政危险的东西更加警惕，故代宗要重申这一禁令。他不仅要求各级地方官将此禁令在乡村、要路进行牓示，使百姓周知，而且对于各州收缴上来的这类禁物，也要求刺史集合百姓，公开焚毁。

---

① 常衮：《敕天文图谶制》，《文苑英华》卷四六五，中华书局，1966年，第2377页。

二、汉隋间国家对宗教性聚众的限制

（一）汉隋间的聚众作乱与官府的疑惧

自汉代以来，朝廷对于百姓之间的聚众就心怀戒惕，甚至连几人在一起饮酒都是违法之举。《史记·孝文本纪》载，汉文帝即位时，下诏书"赦天下，赐民爵一级，女子百户牛酒，酺五日"。《集解》引东汉人文颖曰："汉律三人已上无故群饮，罚金四两。今诏横赐得令会聚饮食五日。"① 也就是说，只有在皇帝即位等特殊场合，民间才能大酺数日以示庆祝。平时如果三人以上无故聚在一起喝酒，就已违反了汉律，需要受到"罚金四两"的处理。我们在居延新简中也能看到类似的禁令，残简E.P.T59:40号："●甲日初禁酤酒群饮者。"② 可见禁止百姓聚众饮酒的禁令在西北边陲地区也得到施行。③

不仅是民间的"群饮"，甚至连儒生的讲学活动也会引起朝廷的猜忌，王莽时期的大儒刘昆就曾因此受到惩处。史载："王莽世，教授弟子恒五百余人。每春秋飨射，常备列典仪，以素木瓠叶为俎豆，桑弧蒿矢，以射'菟首'。每有行礼，县宰辄率吏属而观之。

---

① 《史记》卷十《孝文本纪》，中华书局，1959年，第417页。
② 甘肃省文物考古研究所、甘肃省博物馆、中国文物研究所、中国社会科学院历史研究所编《居延新简·甲渠候官》，中华书局，1994年，第361页。
③ 当然，汉代社会宴饮成风，这条禁令在某种程度上并未获得严格执行。参看林永强《关于汉代"群饮酒之禁"的释析》，《兰州学刊》2008年第4期，第142—144页转第133页。

王莽以昆多聚徒众,私行大礼,有僭上心,乃系昆及家属于外黄狱。寻莽败得免。"①汉代大儒讲学之风盛行,许多大儒的弟子往往有数百上千之多,官府对此一般是默许的,但也可能遭致怀疑,刘昆被王莽下狱的原因,正是其"多聚徒众","有僭上心"。

之所以如此,自然是因为聚众会带来潜在的对抗朝廷的危险。当聚众与宗教仪式结合在一起的时候,这种危险往往就会变成现实。在汉隋之间的史籍中,"妖贼""聚众反""聚众叛""聚众谋反""聚众谋逆""聚众为寇""聚众为盗"等记载比比皆是,宗教往往成为他们聚众进而对抗朝廷的重要手段。无论是东汉末的黄巾起义,还是东晋的孙恩卢循之乱,都是利用道教来聚众起兵的,而这一时期利用道书中的李弘谶言与佛教的弥勒下生信仰来组织百姓者,更不在少数,这些都为治史者所熟知。②

不止如此,由于中古僧人多聚集在一起习禅,③名僧大德身边聚集的徒众更多,这也常引起朝廷的注意。唐初道宣《续高僧传》记载了北齐文宣帝与高僧僧稠交往的一个插曲:"时或谮稠于宣帝以倨傲无敬者,帝大怒,自来加害。"④此事在稍后的《朝野佥载》里亦有记载:"禅师后证果,居于林虑山。入山数十里,精庐殿堂,穷极壮大,诸僧从而禅者常数千人。齐文宣帝怒其聚众,因领骁骑

---

① 《后汉书》卷七九上《儒林列传上》,中华书局,1965年,第2550页。
② 参看唐长孺《史籍与道经中所见的李弘》《北朝的弥勒信仰及其衰落》两文,收入《唐长孺社会文化史论丛》,武汉大学出版社,2001年,第176—184、185—194页。
③ 例如道宣《续高僧传》卷一七《隋慧日内道场释慧越传》:"释慧越,岭南人,住罗浮山中,聚众业禅,有闻南越。"郭绍林点校,中华书局,2014年,第641页。
④ 道宣:《续高僧传》卷一六《齐邺西龙山云门寺释僧稠传》,第578页。

数万，躬自往讨，将加白刃焉。"① 在僧稠显示了咒术神通之后，这场危机才得以化解。无论如何，从文宣帝的反应我们不难看出统治者对于宗教性聚众怀有的疑惧之心。南朝也有类似的例子，如《善慧大士语录》卷一记载，梁朝的傅大士在二十四岁（梁普通元年，520年）悟道后不久，"既而四众常集，问讯作礼。郡守王烋谓是妖妄，囚之数旬。大士唯不饮食，而众益叹异，遂释之"。② 显然，"四众常集"虽是傅大士自身号召力彰显的结果，但却给官府留下"妖妄"的口实。

在《续高僧传》里，还记载了不少类似的事例。例如卷二六《隋鄂州沙门释法朗传》略曰："释僧朗，一名法朗，俗姓许氏，南阳人。年二十余，欣欲出家，寻预剃落，栖止无定，多住鄂州。……陈末隋初，行于江岭之表，章服麁弊，威仪越序，杖策徒行，护养生命。时复读诵诸经，偏以《法华》为志。……其降行通感，皆此类也。大业末岁，犹未尘飞，而朗口唯唱贼，朝夕不息。官人惧以惑众，遂幽而杀之。襄阳法琳素与交游，奉其远度，因事而述，故即而叙之。"③ 法朗的事迹出自与其交游的名僧法琳之口，可信度较高。对于这类有神异色彩的僧人，官府本来就会有所警惕，而且他在隋末天下尚未大乱时，就"口惟唱贼，朝夕不息"，这自然会引起官府的不满，"惧以惑众"，于是将其处死。法朗之死，根本原因正在于官府对宗教性聚众的天然恐惧。

同书卷二〇《唐潞州法住寺释昙荣传》记载，昙荣在晋南山中

---

① 《朝野佥载》卷二《隋唐嘉话》，赵守俨点校，中华书局，1979年，第39页。
② 《卍续藏经》第120册，台北：新文丰出版公司，1994年，第2页。
③ 道宣：《续高僧传》卷二六《隋鄂州沙门释法朗传》，第1009—1010页。

隋唐时期的聚众之禁——中古国家与宗教仪式关系之一侧面　011

结众习禅,晋、魏、韩、赵、周、郑等诸州追随者甚众,"尝往韩州乡县延圣寺立忏悔法,刺史风同仁素奉释门,家传供养,送舍利三粒,遗行道众。荣年垂八十,亲率道俗三千人步出野迎,路由二十余里,傧从之盛,誉满当时。既达寺中,乃告众曰:'舍利之德,挺变无方,若累业有销,请祈可遂。'乃人人前别置水钵,加以香炉,通夜苦求,至明,钵内总获舍利四百余粒。声名达于乡邑,县令惧其聚众,有坠条章,悕停其事。当夕怪兽鸣其厅宇,官民竟夜不安,明旦陈悔,方从荣法。斯德被圣凡,皆此之例"。[1] 昙荣在迎来刺史所施舍利之后,举行了一个仪式,令徒众每人面前放一水钵,点上香炉,整夜祈求,第二天清晨又新获四百多粒舍利,故其名声更加响亮。毫不意外,这种耸动人心的神异事迹马上引起官府的注意,"县令惧其聚众,有坠条章",于是勒停此事。所幸县令在一系列怪异事件后收回成命,昙荣才得以继续其宗教仪式。案昙荣卒于贞观十三年,故这一事件当发生在隋末唐初。

(二)智者大师的遗恨

随着南北朝至隋佛教的盛行,聚众举行仪式的场合自然越来越多,而对于因聚集徒众引发的官方疑惧,僧团领袖们也往往心知肚明。开皇十七年(597)十一月,天台宗的创始人智𫖮给弟子——晋王杨广的遗书具有一定的代表性:

> 贫道初遇胜缘,发心之始,上期无生法忍,下求六根清

---

[1] 道宣:《续高僧传》卷二〇《唐潞州法住寺释昙荣传》,第742页。

净,三业殷勤,一生望获。不谓宿罪殃深,致诸留难。内无实德,外召虚誉。学徒强集,檀越自来。既不能绝域远避,而复依违顺彼,自招恼乱。道退为亏,应得不得,忧悔何补?上负三宝,下愧本心。此一恨也。……于荆州法集,听众一千余僧,学禅三百。州司惶虑,谓乖国式,岂可聚众,用恼官人?故朝同云合,暮如雨散。设有善萌,不获增长。此乃世调无堪,不能谐和得所。五恨也。①

智者大师在临终前给杨广的信中,称自己有"六恨",其中第五恨正与国家的聚众之禁有关。据他说,自己在荆州讲法时,有听众一千余人,禅僧三百,这样的徒众规模令当地官府很是"惶虑"——"谓乖国式,岂可聚众,用恼官人?"显然,在荆州官府眼里,僧徒的聚众有违国法。为了消除官府的疑虑,这些听众与僧徒都是早上来听法,晚上散去,而智𫖮认为这不符合佛法修行规律,"设有善萌,不获增长"。不过国法如此,他也只能徒呼奈何。

如何解决这个矛盾呢?智𫖮想出了一个办法,他在遗书中又曰:

> 贫道在世六十年,未尝作有为功德,年暮力弱,多阙用心。又香火施重,近于荆州,仰为造玉泉寺,修治十住寺。并蒙教,嘱彼总管蕲郡公达奚儒,僧赍教书至夏口,而蕲公亡,书未及付,慈恩已足,愿为玉泉作檀越主。

---

① 灌顶:《国清百录》卷三《遗书与晋王第六十五》,《大正新修大藏经》第46册,大正一切经刊行会,1927年,第809—810页。

案智𫖮在荆州所住玉泉寺，本系杨广为他所造。后者还曾专门请荆州总管达奚长儒关照此寺，只是当僧人送信时，恰逢长儒亡故。因此，智𫖮就直接请杨广作玉泉寺的檀越主。显然，国法难违，他既然不可能公然抗拒官府的聚众之禁，只能通过以晋王为外护的办法，尽量降低官府对寺院修法时聚众的怀疑。

在开皇十八年（598）正月二十日杨广的答书中，对智𫖮在遗书中的各项要求都一一回复，但对于其第五恨即僧徒聚众"乖国式"的问题，只是笼统答曰："荆州玉泉寺既是为造理，当异余道场。其潭州大明寺、荆州十住、上明寺等，先以敬许为檀越，无容复乖。"[①] 也就是说，杨广表示要对这三所寺院区别对待，但具体措施却并未明言。毕竟，聚众之禁为"国式"，即便是晋王也不能公然违反。

在这种情况下，僧团自身也往往对聚众相当敏感，《续高僧传》卷二五所载并州沙门昙选的故事对此有生动的记载：

> 皇运伊始，人情安泰，义兴新寺，法纲大张。沙门智满，当途众主，一川乡望。王臣倾重，创开诸宇，严位道场，三百余僧，受其制约。夏中方等，清众肃然，风声洋溢，流润遐迩。选闻之，乃诣其寺庭，满徒闻来，崩腾下赴。告曰："卿等结聚，作何物在？依何经诰？不有冒罔后生乎？"……又曰："自佛法东流，矫诈非少。前代大乘之贼，近时弥勒之妖，诖误无识，其徒不一。闻尔结众，恐坏吾法，故力疾来

[①] 灌顶：《国清百录》卷三《王答遗旨文第六十六》，《大正新修大藏经》第46册，第810—811页。

问。虽尔，手把瓶子，倚傍犹可。"遂杖策而返。武德八年，遘疾淹积。……不觉已逝，时年九十有五。①

当武德初沙门智满在并州新创的义兴寺开坛讲法时，年近九旬的大兴国寺老僧昙选却忧心忡忡，遂"力疾来问"，其主要担心正是智满在寺中"结聚"了三百余僧，唯恐这种"结众"引起国家镇压，故直接以"大乘之贼""弥勒之妖"相戒。可以想见，隋代聚众之禁的"国式"给昙选留下了极为深刻的印象，即使已经改朝换代，但他依然心有余悸。这种担心可能并不多余，毕竟连智者大师对此尚留遗恨，遑论他人。

三、唐代前期的聚众之禁

唐代继承了隋朝的聚众之禁。高宗永徽年间，"益州光明柱上有一佛二菩萨现，虽削还影出。初在九陇佛堂，长史张绪以聚众，移入光明，今现在"。②益州九陇县佛堂里的柱子上有一佛二菩萨化现，长史张绪担心这种异迹引起百姓狂热，对"聚众"的警惕使他下令将此柱移入城内光明寺，以便就近管理。在《全唐文》里收录了一则李希定的《对丹书判》，判题曰："甲以经多谬，乃自丹书碑，使工镌刻，立于太学门外。其亲友摹写者，日千余人。两京尹以其聚众，笞之，诉称有故。"这位某"甲"能发现经典传抄中的

---

① 道宣：《续高僧传》卷二五《唐并州大兴国寺释昙选传》，第932—933页。
② 《法苑珠林校注》卷一四《敬佛篇第六·感应缘》，周叔迦、苏晋仁校注，中华书局，2003年，第487页。

诸多错误，应该是位饱学之士，而他将其刻碑立于太学门外，供人传抄，实开唐代官立《石经》的先声。不过，因观者众多，京兆尹就以"聚众"为名对他加以处罚。对此，李希定判文称："观者如堵，且闻纸贵。将万古而不刊，于千两而何有？京尹之罚，其或病诸？"① 对京兆尹的处罚持批判态度。但无论如何，"聚众"在唐朝的确是违法之举，我们先对其相关法律略加推论。

（一）《永徽留司格》与"聚讲"之禁

从上节所引诸例，可知聚众之禁在隋代就已经存在，而且得到各地方官府的严格执行。不过，由于隋代律令早已失传，我们已无法看到具体条文。目前我们能看到最早的禁令，可能来自《永徽留司格》。

敦煌P.2481是一件形式与内容都比较特别的文书，现存七类，每类前有"都头"，末有"都尾"，系中间各子目所通用，王重民先生将其定名为"书仪"，而周一良先生认为，从其都尾来看，"像是审判的语言，看来这是一种较专门的手册，亦属《记室备要》类型"，即专门用于公务往来应酬的公文程序。② 在此基础上，赵和平先生详细考察了这件文书的性质与时代，认为这件文书的内容出于贞观十一年（637）至天授二年（691）这54年之中，是唐代前期尚书礼部所属之礼部、祠部据永徽留司格或垂拱留司格拟定、报尚

---

① 《全唐文》卷九五五，中华书局，1983年，第9913页。
② 周一良：《书仪源流考》，原刊《历史研究》1990年第5期；此据周一良、赵和平《唐五代书仪研究》，中国社会科学出版社，1995年，第102页。

书都省批复后下行的公文程序。[①] 赵先生的考证颇为严密，不过对其时间的考察似可更进一步。

图1a　P.2481《唐前期尚书省礼部报都省批复下行公文程式》"符呪"条

如赵先生所云，文书开头部分所缺失的，应该是"道士第一"的题目等二十多行。值得重视的是，其中"符呪"子目（图1a）曰：

> 自可闲居养性，体道怡神，沐玄泽以自安，味真宗而取逸，何得虚行禁醮，异丹灶之希仙；妄作符书，夹（挟）玄坛之延寿！遂使五九灵术，无闻变骨之奇；六甲神方，有昧还尸

[①] 赵和平：《敦煌写本P.2481号性质初探》，原刊《文献》1994年第4期；此据周一良、赵和平《唐五代书仪研究》，第266—284页。

之验。（原注：李老君有作人徐甲，先吞太玄符，故得长生不死。老君欲将甲西化胡，甲乃迁延不去。老君曰："不然，吐我符出。"甲乃低头，其符从口而出，甲乃化作一聚白骨。尹喜曰："愿老君更活此人。"老君以符授之，其人忽起如旧。）[1]

文书中的"李老君"（图1b），或可作为判定文书年代的一个线索。高宗乾封元年（666）二月，高宗在封禅泰山之后来到老子故里亳州，拜谒了老子庙，并追尊他为"太上玄元皇帝"。[2] 作为正式的官府文书，此后在提到老子时，一般应使用他的新尊号。而本件文书用"李老君"，然则其时间应该是在乾封元年之前。因此，我们推测这件文书可能是根据《永徽留司格》来拟定的。

在"僧尼第二"下，有"私度、聚讲、贮积、盗物、擅离寺、过斋行"等六个子目，与本文相关的是"聚讲"条（图2a，图2b）。现将此条与"都头""都尾"联排如下：

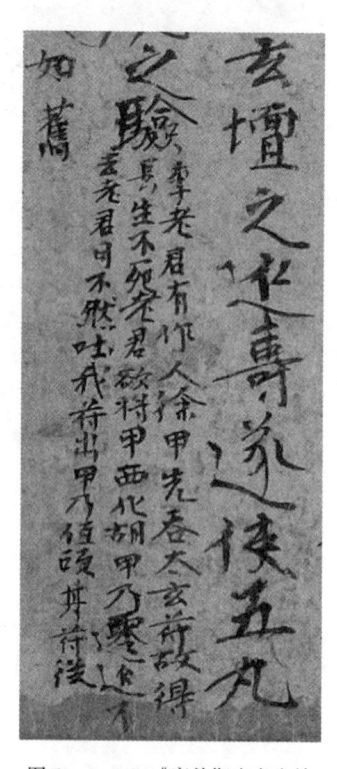

图1b　P.2481《唐前期尚书省礼部报都省批复下行公文程式》"符呪"条（局部）

---

[1] 录文见赵和平《敦煌表状笺启书仪辑校》，江苏古籍出版社，1997年，第403页。本文据IDP高清图版略有订正，如"其符从口而出"，"而"字原脱。
[2] 《旧唐书》卷五《高宗本纪下》，第90页。

图2a　P.2481《唐前期尚书省礼部报都省批复下行公文程式》"聚讲"条

【都头】妙力难思，神威罕测；趣包生灭，理会有无。是以觉相分辉，遍三千而显相；法身流号，冠百亿以标尊。洎乎汉梦宵通，微言载阐；周星夜殒，至教遐〔？〕。由是惠日流辉，慈云〔？〕润。化成易憩，变现之力良多；火宅难居，诱谕之门不一。厶乙浮生苦海，寄息尘劳，知俗网之婴身，悟法船之运己。

【聚讲】自可澄襟定水，栖念禅林，守真寂于心端，屏嚣烦于华外。何得轻陈罪福，辄纵是非，违犯金科，终贻聚众之责。

【都尾】既而迹缘事显,叠逐情彰;点(玷)慈教于三天,秽仁风于十地。徒使坏衣落发,入道出家,奸诈百端,何殊俗类?欺诬万计,更甚凡流。按金口之徽言,已获无边之罪;据玉条之明制,宁当有舍之科?理宜寘以严刑,庶将惩其慢犯。[①]

从文书内容和语言来看,P.2481文书颇类判文,也就是说,它是礼部根据《永徽留司格》来制作的判文范本。显然,"聚讲"是与私度、盗物等并列的僧尼违法的六种情形之一,不过判文并未明确说明,这种"聚讲"的对象是僧人还是俗人,不过,从"轻陈罪福,辄纵是非"之语观之,似乎更像是后者,也正因如此,才被认为是"违犯金科,终贻聚众之责"。我们可以推测,在《永徽留司格》中,就有对僧尼"聚讲"的禁令,即所谓"金科"或"玉条之明制",而其出发点是防止他们因此而聚众。

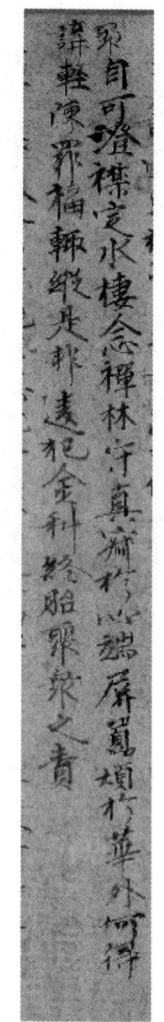

图2b　P.2481《唐前期尚书省礼部报都省批复下行公文程式》"聚讲"条(局部)

---

① 赵和平:《敦煌表状笺启书仪辑校》,第404—406页。

（二）《神龙散颁刑部格》与"宿宵"之禁

除了《永徽留司格》中可能存在对僧尼"聚讲"的禁令之外，前引敦煌文书《神龙散颁刑部格》明确对僧尼的"宿宵"加以禁断：①

99 宿宵行道，男女交杂，因此聚会，并宜禁断。
100 其邻保徒一年，里正决杖一百。

据唐长孺先生研究，文书中的"霄"当做"宵"，而"宿宵"系佛教晚上举行斋会的名词。②前引智者大师的第五恨，正是在为其徒众因避免官府疑惧不敢晚上举行斋会而困扰。其实，对于佛教僧团来说，"宿宵"原本是正常的仪式，初唐高僧善导（613—681）集记的《转经行道愿往生净土法事赞》就专门提到了"宿宵行道"之事：

窃以弥陀妙果，号曰无上涅槃。国土则广大庄严，遍满自然众宝。观音大士，左侍灵仪。势至慈尊，则右边供养。……西方极乐种种庄严，叹莫能尽。然今清信弟子某甲等尔许多人，知身假合，四大共成，识命浮危，譬似严霜对日。十方六

---

① 刘俊文：《敦煌吐鲁番唐代法制文书考释》，第253页。
② 唐长孺：《敦煌所出唐代法律文书两种跋》，《中华文史论丛》第5辑，1964年；此据氏著《山居存稿三编》，中华书局，2011年，第21—38页。最新的研究，见赵贞《〈神龙散颁刑部格〉所见"宿宵行道"考》，《史林》2019年第2期，第50—60页。

道，同此轮回。……仰惟今时同生知识等尔许多人，恐畏命同石火，久照难期；识性无常，逝踰风烛。故人人同愿，共结往生之业，各诵《弥陀经》尔许万遍，念弥陀名尔许万遍，又造某功德等，普皆周备。故于某月日，庄严院宇，莹饰道场，奉请僧尼，宿宵行道。又以厨皇百味，种种甘香，奉佛及以僧徒，同心庆喜。又愿持戒诵经，念佛行道，及造诸功德等当今施主，及同行诸人、法界众生，从今已去，天神影卫，万善扶持。……又愿此功德资益大唐皇帝，福基永固，圣化无穷。又愿皇后慈心平等，哀愍六宫。又愿皇太子承恩厚地，同山岳之莫移；福命唐唐，类沧波而无尽。①

作为净土宗一代宗师，善导所记录的念诵《阿弥陀经》的法事活动，往往是由"清信弟子某甲等尔许多人""今时同生知识等尔许多人"来推动的，"共结往生之业"，似乎是一种社邑组织。他们除了持斋念佛等功德之外，还需要"奉请僧尼，宿宵行道"。在善导法师的心中，"宿宵行道"有其宗教正当性，且可以此功德为大唐皇帝、皇后、皇太子等祈福。这种宿宵在唐代前期似乎比较普遍，武则天时汾州司马李思顺被告妖言谋逆一案中，就有"汾州五万户，管十一府，多尚宿宵，好设斋戒"的记载。②

然而，对于国家来说，这种宿宵仪式无疑就是一种"聚众"，因此，它在前引《神龙散颁刑部格》中就被禁断了，连违者所在邻

---

① 善导集记《转经行道愿往生净土法事赞》卷下，《大正新修大藏经》第47册，第437—438页。
② 《通典》卷一六九《刑法七·守正》，中华书局，1988年，第4378页。

保、里正等也会因监管不力受到不同程度的处罚。到了开元三年（715）三月敕："巡察使出，宜察官人善恶。其有户口流散，籍帐隐没，赋役不均者；不务农桑，仓库减耗者；妖讹宿宵，奸猾盗贼，不事生业，为公私蠹害者；德行孝弟，茂才异等，藏器晦迹，堪应时用者，并访察闻奏。"① 可见，是否存在"妖讹宿宵"的情形，也是巡察使考察诸州县官员善恶的一个重要指标。

到了开元十九年（731）四月癸未，玄宗诏云："近日僧徒，此风尤甚。……因其聚会，便有宿宵，左道不常，异端斯起。自今已后，僧尼除讲律之外，一切禁断。六时礼忏，须依律仪，午后不行，宜守俗制。"② 在国家眼里，这样的夜间斋会因人员众多，男女交杂，官府管理困难，成为导致"左道不常，异端斯起"的重要原因。在开元二十七年（739）成书的《唐六典》中，记载了殿中侍御史的职责："凡两京城内则分知左、右巡，各察其所巡之内有不法之事。（原注：谓左降、流移停匿不去，及妖讹、宿宵、蒲博、盗窃、狱讼冤滥、诸州纲典贸易隐盗、赋敛不如法式，诸此之类，咸举按而奏之。）"③ 然则这类妖讹、宿宵等"不法之事"，在两京是由殿中侍御史来负责纠察举奏的。

前引《刑部格》并未明确说违反禁令的宿宵者应该受到何种惩处，不过，开元末的一道诏书隐约透露了一些信息：

（开元）二十九年五月庚戌，帝梦玄元皇帝告以休期，

---

① 《唐会要》卷七七《诸使上·巡察按察巡抚等使》，上海古籍出版社，1991年，第1674页。
② 《册府元龟》卷一五九《帝王部·革弊一》，第1925页。
③ 《唐六典》卷一三《御史台》，陈仲夫点校，中华书局，1992年，第381页。

画真容,布告天下。制曰:"道有三宝,慈居一焉,钦若至言,爰兹宥过。天下见禁囚徒,其十恶罪及造伪头首并谋杀、妖讹、宿宵人等,特宜免死,配流岭南。官人犯赃,据情状轻重,量事贬降,余一切放免。"①

从此诏书来看,这些宿宵人与犯十恶罪、杀人罪者一样,是要被处以死刑的。只是到了开元二十九年(741),因唐玄宗梦太上老君真容的机缘,这些人才得以免死配流岭南。不过这只是临时的恩典,而非改变罚则。反复的禁令,表明"宿宵"现象屡禁不止,这也从另一个侧面说明,佛教僧徒的夜间斋会仪式有其宗教合理性,②而宗教信仰的力量,往往会突破国法的限制。

(三)开元三年《户部格》中的"聚众"之禁

那么,对于不属于"宿宵"的聚众,国家的管理是否会比较宽松?答案是否定的。在英藏敦煌S.1344开元三年(715)《户部格》中,就有三条格文与此相关(图3):③

15　敕:长发等,宜令州县严加禁断。其女妇识文解书
16　堪理务者,并预送比校内职。
17　　　　　　　　　　咸亨五年七月十九日
18　敕:诸山隐逸人,非规避等色,不须禁断。仍令所由觉

---

① 《册府元龟》卷八六《帝王部·赦宥五》,第1016页。
② 唐代流行的八关斋,也需要僧俗聚集一处,持续一日一夜受持八项戒行。详见《佛说八关斋经》,《大正新修大藏经》第1册,刘宋沮渠京声译,第913页。
③ 刘俊文:《敦煌吐鲁番唐代法制文书考释》,第277—278页。

19　察,勿使广聚徒众。
20　　　　　　　长安二年七月廿八日
21　敕:如闻诸州百姓结构朋党,作排山社,宜令州
22　县严加禁断。
23　　　　　　　景龙元年十月廿日

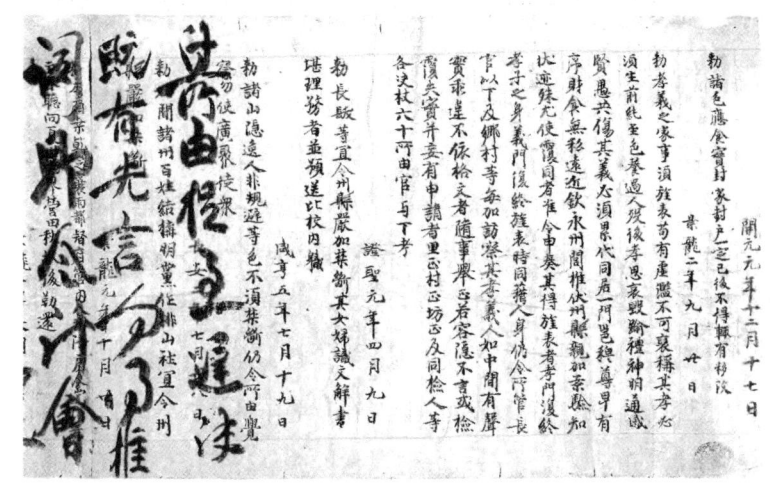

图3　S.1344开元三年(715)《户部格》(局部)

刘俊文先生对这件文书有详细的研究,为我们的进一步考察提供了方便。先来看第15—17行,这条格文的依据是高宗咸亨五年(674)七月十九日的敕文,其中的"长发",唐长孺先生认为是北魏至隋唐流行的弥勒教派,其装束与一般剃发缁衣的僧人不同。[①]

---

① 唐长孺:《敦煌所出唐代法律文书两种跋》,第25—26页。关于弥勒教派最近的研究,参看孙英刚《南北朝隋唐时代的金刀之谶与弥勒信仰》,《史林》2011年第3期;收入氏著《神文时代:谶纬、术数与中古政治研究》上编第四章,上海古籍出版社,2014年,第134—164页。

唐先生举出了《朝野佥载》中的一条材料：

> 景云中，有长发贺玄景，自称五戒贤者。同为妖者十余人，于陆浑山中结草舍，幻惑愚人子女，倾家产事之。绐云至心求者必得成佛。玄景为金簿袈裟，独坐暗室，令愚者窃视，云佛放光，众皆慑伏。缘于悬崖下烧火，遣数人于半崖间披红碧纱为仙衣，随风习飐，令众观之。诳曰："此仙也。"各令着仙衣以飞就之，即得成道。赶日设斋，饮中置莨菪子，与众餐之。女子好发者，截取为剃头，串仙衣，临崖下视，眼花恍忽，推崖底，一时烧杀，没取资财。事败，官司来检，灰中得焦拳尸骸数百余人。敕决杀玄景，县官左降。①

贺玄景所纠集的显然是一个妖术聚众、谋财害命的佛教异端组织，从中也可以看出，这种长发并未随着咸亨五年的禁令完全消失，故此敕被编入开元三年的《户部格》，加以重申。不过，贺玄景似乎并未借助弥勒下生的内容，未必属于弥勒教派，毕竟佛教中有头陀僧，他们不住寺院而游行村落，由于不能定期剃发，这类僧人一般是蓄发的。② 既蓄长发又宣扬弥勒下生的则属于弥勒教派，其范围比长发僧小，但对国家的威胁则可能更大，故同年十一月十七日《禁断妖讹等敕》又再次强调："比有白衣长发，假托弥勒下生，

---

① 《朝野佥载》卷五，第115页。
② "长发"还有另一重含义，即指蓄发的菩萨僧，泛指非正式剃度的僧人。例如北周武帝灭佛之后，至宣帝大象元年渐复佛教，他下诏令高僧法藏"长发著菩萨衣冠，为陟岵寺主"。见道宣《续高僧传》卷一九《唐终南山紫盖沙门释法藏传》，第703页。

因为妖讹，广集徒侣，称解禅观，妄说灾祥。或别作小经，诈云佛说；或辄蓄弟子，号为和尚。多不婚娶，眩惑闾阎。触类实繁，蠹政为甚。"① 可见，在开元初这一假托弥勒下生的异端教派依然相当活跃。② 对于国家来说，其威胁来自他们"广集徒侣""妄说灾祥"，这显然孕育着宗教性反乱的因素，必须将其消灭在萌芽状态。因此，无论是咸亨五年的敕文，还是开元三年的《户部格》，抑或同年底的《禁断妖讹等敕》，都一再对长发聚众严加禁断。

第18—20行，这条格文的基础是武则天长安二年（702）七月廿八日的敕文，其针对的，是"诸山隐逸人""广聚徒众"的现象。唐代的隐逸人来源颇广，儒释道各种思想背景的人都有。许多隐士甚至只是为了获取更大的名声，才入山隐居的，而名声本来就是唐代入仕的一个重要依据，因此在唐代才出现了卢藏用这类"随驾隐士"。唐长孺先生认为格文中的"规避"是指规避赋役，而"敕条所指的有所'规避'的山林隐逸人实即是逃亡人民"。③ 唐先生对"规避"的解释自无疑义，不过说这些"广聚徒众"的隐逸人是那些逃亡人民，可能求之过深，因为逃亡人民在唐代文献里都被称为"逃户"，而不会将其与那些山人、隐士相混同。其实，作为隐逸人，想要获取更大名声，"广聚徒众"正是必经之路，徒众的数量是衡量其精神影响力的重要指标。在这一点上，隐逸人与高僧、高道甚至大儒是一致的。从格文来看，国家对这些隐逸人要比"长发"宽松些，只要不是故意规避赋役，隐逸人不需要被禁断，

---

① 《唐大诏令集》卷一一三，商务印书馆，1959年，第588页。
② 《新唐书》卷五《玄宗本纪》径称开元三年十一月"乙未，禁白衣长发会"（中华书局，1975年，第124页），似为一个社邑组织。
③ 唐长孺：《敦煌所出唐代法律文书两种跋》，第27页。

但仍严禁其"广聚徒众"。

第21—23行，这条格文的基础是中宗景龙元年（707）十月廿日的一条敕文，针对的是诸州百姓的社邑组织，特别是"排山社"。至于排山社的性质，目前还不十分清楚。土肥义和先生认为排即盾牌之意，排山社是农民们结成的具有武装性质的私社，故政府要加以禁断。① 考虑到同卷文书42—48行所载天授二年（691）七月廿七日敕文中关于岭南风俗的描写："所有忿争，不经州县，结集朋党，假作刀排，以相攻击，名为打庈。"② 则土肥先生的推测有一定道理。在俄藏Дx.06521开元二十五年（737）的《格式律令事类》残卷中，又出现了"排山社"，可能是再次重申这一禁令。③ 其实，对于这些聚众的私社，无论是否具有武装性质，国家都会进行打击。例如咸亨五年（674）三月十日诏："春秋二社，本以祈农。比闻除此之外，别立当宗及邑义诸色等社，远集人众，别有聚敛，递相承纠，良有征求。虽于吉凶之家，小有裨助，在于百姓，非无劳扰。自今以后，宜令官司禁断。"④ 显然，早在唐高宗时，就对春秋二社之外的社邑组织加以禁断，因为这类私社虽然以村民互助为宗旨，但毕竟会"远集人众"，于是被以经济原因为名加以禁断。

综观上述三条《户部格》的格文，针对的分别是作为弥勒教

---

① 土肥義和：《唐・北宋間の"社"の組織形態に関する一考察——燉煌の場合を中心に》，《中国古代の国家と民衆：堀敏一先生古稀記念》，东京：汲古书院，1995年，第702页。
② 刘俊文：《敦煌吐鲁番唐代法制文书考释》，第279页。
③ 参看拙撰《俄藏敦煌Дx.06521残卷考释》，《敦煌学辑刊》2001年第1期，第1—13页。
④ 《唐会要》卷二二《社稷》，第489页。

徒的"长发"、诸山"隐逸人"和百姓的"排山社"三类人群,其共同点则是"聚众"。格文对此进行了不同程度的禁约与规范,对于佛教异端的弥勒信仰以及百姓的武装私社,格文要求"严加禁断";而对于隐逸人,如果不是为了逃避赋役,则无需禁断,但仍然严格禁止他们广聚徒众。在这三种情形下,格文是不区分其活动是在白天还是夜晚的。

(四)不断强化的聚众之禁

除了上述《永徽留司格》《神龙散颁刑部格》及开元三年《户部格》之外,唐代前期的许多诏敕都对各类聚众做了限制。在日常生活中,官府对聚众也有十足的警惕,有时甚至会反应过度。

道世《法苑珠林》记载的一则高法眼入冥的故事很有意思:高宗龙朔三年(663)正月二十五日,隋朝名相高颎的玄孙高法眼在回家的路上,被阎罗王派来捕捉自己的鬼卒围追堵截,后来"一鬼捉刀即截法眼两髻,附肉落地。便至西街闷绝,落马暴死。不觉既至大街要路,踟蹰之间,看人逾千。有巡街果毅瞋守街人:'何因聚众?'守街人具述逗留。次西街首即是高宅,便唤家人舁向舍,至明始苏"。[①] 由于高法眼是在长安大街上暴死的,因此很快引起上千人围观,值得重视的是,负责长安治安的巡街果毅首先关心的不是他的死亡,而是因此引起的聚众,显然这才是更有威胁性的事情。

《朝野佥载》记录了一则武则天时代的故事:"如意年中,洛

---

① 《法苑珠林校注》卷四六《思慎篇第四十四·感应缘》,第1413—1414页。

州人赵玄景病卒五日而苏。云见一僧与一木，长尺余，教曰：'人有病者，汝以此木拄之即愈。'玄景得见机上尺，乃是僧所与者，试将疗病，拄之立差，门庭每日数百人。御史马知己以其聚众，追之禁左台，病者满于台门。则天闻之，追入内，宫人病，拄之即愈，放出任救病百姓。数月以后，得钱七百余贯。后渐无验，遂绝。"[1]在这则故事中，赵玄景因一次神奇的机遇，而有了为人疗病的能力，但左台御史马知己考虑的，不是他能为百姓治病，而是因此造成的病者盈门的"聚众"事件，特别是当他疗病是靠神通而非普通医术，这更容易引起官府的警觉。只是因为武则天的亲自过问，赵玄景才得以免祸。

开元十九年（731）六月，玄宗下诏不许度僧，并禁止僧道离开寺观而去山林兰若修炼：

> 六月己未，诏曰："夫释氏之旨，义归真寂，爰置僧徒，以奉法教。而趋末忘本，摭华弃实，假托权便之门，以为利养之府。徒蠲赋役，积有奸讹。至于浮俗奔驰，左道穿凿，言念静域，浸成逋薮，非所以叶和至理，弘振王猷，宜有澄清，以正风俗。朕先知此弊，故预塞其源，不度人来尚二十余载。访闻在外有三十已下小僧尼，宜令所司及州府括责处分。"又曰："惟彼释道，同归凝寂，各有寺观，自合住持。或寓迹幽闲，潜行闾里，陷于非辟，有足伤嗟。如闻远就山林，别为兰若，兼亦聚众，公然往来，或妄托生缘，辄有俗家居止，即宜

---

[1] 《朝野佥载》卷一，第3页。

一切禁断。"①

在诏书的后一部分，玄宗禁止僧人、道士离开自己所在的寺观，在山林里别建兰若，值得重视的是，此诏针对的不仅是佛教，也包括了道教徒众。此禁令的一个重要的原因就是"兼亦聚众"，这是他们"陷于非辟"即违法的根源。而这些僧道因此在俗家居止，也是聚众的一个潜在因素，早在开元二年（714）七月，玄宗就下诏："如闻百官家多以僧尼道士等为门徒往还，妻子等无所避忌。或诡托禅观，妄陈祸福，事涉左道，深斁大猷。自今已后，百官家不得辄容僧尼道士等至家。缘吉凶要须设斋，皆于州县陈牒，寺观然后依数听去，仍令御史金吾明加捉搦。"②可见玄宗早就严禁百官召僧尼道士至家，有吉凶之事需要设斋，也须先向官府陈牒申请。开元十九年六月的诏书则扩大了禁令的范围，直接严禁僧道人士在所有俗家居止，而不仅是百官之家。这些禁令一以贯之的目的，都是严防这些宗教人士左道聚众，危害政权。

天宝七载（748）五月的册尊号大赦文提供了另一些信息："朕每以道元有属，思竭精诚，经教所在，岂忘崇奉。……如闻山林学道之士每被搜括，且法之防邪，本有所以。至于宿宵妖讹、亡命聚众、诱陷愚人，故令禁断。郡县遂一概迫逐，使志道之者（士）不

---

① 《册府元龟》卷一五九《帝王部·革弊一》，第1925页。《唐大诏令集》卷一一三收录此敕（第588—589页），题为《不许私度僧尼及住兰若敕》，时间则做"开元十九年七月"，文字亦略异。
② 《册府元龟》卷一五九《帝王部·革弊一》，第1922页。

得安居。自今已后，审系清洁，更不得恐动，以废修行。"① 在此前后，正是唐玄宗崇道运动的高潮期，他在此年加尊号"开元天宝圣文神武应道皇帝"，在大赦文中，玄宗对杨羲、许翙、许黄民乃至陶弘景等上清派宗师以及张天师都进行了褒奖，令"有司审定子孙，将有封植，以隆真嗣"，并在"诸郡有自古得道升仙之处"置观度道士。在此背景下，才有了赦文对修道者适当放宽政策的文字。在前引开元三年《户部格》中，要求对隐逸人"广聚徒众"进行禁止，似乎之后官府对包括"山林学道之士"在内的隐逸人加强了管理，故"每被搜括"，甚至州县官府对他们"一概迫逐"，使之"不得安居"。到了天宝崇道高潮期，唐玄宗开始放宽对他们的限制，但也只有这些学道的隐逸人才被网开一面。

当然，这些山林学道之士如果来到都邑，并引发群众性事件，则他们同样会受到官府的严惩。《太平广记》就收录了这样一则故事：

> 唐开元二十四年春二月，驾在东京，以李适之为河南尹。其日大风，有女冠乘风而至玉贞观，集于钟楼，人观者如堵，以闻于尹。尹，率略人也，怒其聚众，袒而笞之，至十。而乘风者既不哀祈，亦无伤损，颜色不变。于是适之大骇，方礼请奏闻。敕召入内殿，访其故，乃蒲州紫云观女道士也，辟谷久轻身，因风遂飞至此。玄宗大加敬畏，锡金帛，送还蒲州。数

---

① 《册府元龟》卷八六《帝王部·赦宥五》，第1022—1023页。此赦文又见《唐大诏令集》卷九，题为《天宝七载册尊号赦》，第52—53页。

年后，又因大风，遂飞去不返。①

看来唐代两京的治安系多重管理，前引武则天时赵玄景为人疗病的事例中，就是由左台御史马知己将其收押的，在本则故事中，则由河南尹李适之出面，他们对这类事件的第一反应都是"怒其聚众"。《南部新书》亦载此事，不过细节颇有出入，例如这位女冠有了名字"李六娘"，故事发生的地点则为"河南府开元观"，②这可能更为准确，因为玉贞（真）观是在长安辅兴坊，不在洛阳。这位蒲州的女道士因辟谷轻身，竟随风飞至东都，这自然是一则耸人听闻的神异事件，故造成了"观者如堵"的聚众效果，而这正是官府严禁的对象。于是李适之就下令将其"袒而笞之，至十"，可见其手段之严厉。

在禅宗史上具有重要地位的神会和尚，天宝年间北上洛阳弘扬南宗禅法、为其师慧能争夺禅宗正统时，也曾被北宗弟子诬以聚众：

> 天宝四载，兵部侍郎宋鼎请入东都。然正道易申，谬理难固。于是曹溪了义，大播于洛阳；荷泽顿门，派流于天下。然北宗门下，势力连天。天宝十二年，被谮聚众，敕黜弋阳郡，又移武当郡。至十三载，恩命量移襄州，至七月又敕移荆州开

---

① 《太平广记》卷六二《紫云观女道士》，中华书局，1961年，第389页。本条故事出自《纪闻》。
② 钱易：《南部新书》卷丙，黄寿成点校，中华书局，2002年，第38页。参看拙撰《帝乡灵宇——唐两京开元观略考》，《首都师范大学学报》2021年第5期，第25页。

元寺。皆北宗门下之所〔毁〕也。①

盛唐时代的两京是北宗的天下，神秀两大弟子普寂、义福在此具有极大的影响力。神会要到洛阳弘法，必然受到北宗僧人的仇视。如宗密记载，在天宝十二载时，他最终被诬"聚众"，这一罪名在唐代是极为严重的指控，因此玄宗将其流放远郡。事实上，佛教说法，必然聚众，这是如神会这样的高僧也难免被人以此罪名控告的原因。

四、唐代中后期的聚众之禁

（一）对僧道非时聚会的限制

唐代中后期，国家的聚众之禁更加严格。略举几例：

> 代宗宝应元年（762）八月癸酉，诏曰："道释二教，用存善诱，至于像设，必在尊崇。如闻州县公私多借寺观居止，因兹亵黩，切宜禁断，务令清肃。其寺观除三纲并老病不能支持者，余并仰每日二时行道礼拜，如有弛慢，并量加科罚。（原注：时天下公私等事，多借寺观居止，代宗恐其亵黩，因诏）。"又诏曰："教宗清净，礼避嫌疑，其僧尼道士，非本师教主及斋会礼谒，不得妄托事故，辄有往来，非时聚会。并

---

① 宗密：《神会七祖传》，杨曾文编校《神会和尚禅话录》附编，中华书局，1996年，第135—136页。

委所繇官长勾当，所有犯者，准法处分，亦不得因兹搅扰，分明告示，咸使知悉。"①

在这道诏书中，主要有两条禁令，一是不许州县公私借佛寺道观居止，二是严禁僧尼道士进行斋会礼谒之外的"非时聚集"。诏书所谓"教宗清净，礼避嫌疑"，其实就是避免因聚众引起国家的怀疑。前引开元十九年诏令是禁止僧道人士居止私家，而宝应诏书前面一条是禁止公私人士居止寺观，这样就从两个方面断绝了僧道与俗人之间的日常联系。②宝应诏书的后面一条禁令则是对僧道内部的禁令，不许他们非时聚集，这更是相当严厉的规定。

代宗通常被认为是佛教的重要扶持者，《旧唐书·王缙传》曰："初，代宗喜祠祀，未甚重佛，而元载、杜鸿渐与缙喜饭僧徒。代宗尝问以福业报应事，载等因而启奏，代宗由是奉之过当，尝令僧百余人于宫中陈设佛像，经行念诵，谓之内道场。其饮膳之厚，穷极珍异，出入乘厩马，度支具廪给。每西蕃入寇，必令群僧讲诵《仁王经》，以攘戎寇。苟幸其退，则横加锡赐。胡僧不空，官至卿监，封国公，通籍禁中，势移公卿，争权擅威，日相凌夺。凡京畿之丰田美利，多归于寺观，吏不能制。僧之徒侣，虽有赃奸畜乱，败戮相继，而代宗信心不易，乃诏天下官吏不得箠曳僧尼。"③在《不空三藏表制集》中，仍保存着不少度僧、建寺等内容的敕

---

① 《册府元龟》卷五二《帝王部·崇释氏二》，第576页。
② 贞元五年（789）三月，德宗又下诏："释道二教，福利群生，馆宇经行，必资严洁。自今州府寺观，不得宿客居住，屋宇破坏，各随事修葺。"显然这种情形屡禁不止。见《册府元龟》卷五二《帝王部·崇释氏二》，第578页。
③ 《旧唐书》卷一一八《王缙传》，第3417页。

牒与谢表。① 即便如此，代宗依然严禁僧道内部及他们与俗人的聚会，国家对聚众的高度警惕可见一斑。

《宋高僧传》记载了一件德宗建中（780—783）年间西川地方官对僧人聚众说法的态度："释难陀者，华言喜也，未详种姓何国人乎。其为人也，诡异不伦，恭慢无定。当建中年中，无何至于岷蜀，时张魏公延赏之任成都，喜自言我得如幻三昧，尝入水不濡，投火无灼，能变金石，化现无穷。初入蜀，与三少尼俱行，或大醉狂歌，或聚众说法，戍将深恶之，亟令擒捉。"② 难陀作为胡僧，有不少神异法力，日常行事也与众不同，故对于其聚众说法，西川的地方官深为厌恶，于是将其捕获。

《太平广记》卷七二收录了一则题为《骡鞭客》的故事：

> 茅山黄尊师，法箓甚高，于茅山侧修起天尊殿，讲说教化，日有数千人。时讲筵初合，忽有一人排闼叫呼，相貌麤黑，言辞鄙陋，腰插骡鞭，如随商客骡驮者，骂曰："道士，汝正熟睡耶？聚众作何物！不向深山学修道，还敢谩语邪？"黄尊师不测，下讲筵逊词，众人悉惧，不敢抵牾。良久，词色稍和，曰："岂不是修一殿，却用几钱？"曰："要五千贯。"曰："尽搬破甑釜及杂铁来。"约八九百斤，掘地为炉，以火销之，探怀中，取葫芦，泻出两丸药，以物搅之。少顷去火，已成上银。曰："此合得万余贯，修观计用有余。讲

---

① 久曾神昇编《不空三藏表制集》，东京：汲古书院，1993年。
② 赞宁：《宋高僧传》卷二〇《唐西域难陀传》，范祥雍点校，中华书局，1987年，第512页。

则所获无多，但罢之。"黄生与徒弟皆相谢，问其所欲，笑出门去，不知所之。后十余年，黄生奉诏赴京，忽于长街西见插骡鞭者，肩一幞子，随骑驴老人行，全无茅山气色。黄生欲趋揖，乃摇手，指乘驴者，复连叩头。黄生但遥楫礼而已。老人发白如丝，颜若十四五女子也。①

故事发生的时间不明，不过颇疑这位"茅山黄尊师"正是后来茅山派追认的第十五代宗师黄洞元，在元代刘大彬编《茅山志》卷一一有传，②据称他早年与李含光为师友，不过，他之所以出名，是因为一个比自己更早成仙得道的高徒——瞿童。最早记述黄洞元与瞿童故事的文献，当属德宗贞元元年（785）符载所撰《黄仙师瞿童记》，③其素材直接来自黄洞元本人的讲述，然则他大约活跃在代宗、德宗时期。

在这则故事中，黄尊师为了在茅山修建天尊殿，于是"讲说教化，日有数千人"，可见这种讲经活动规模之大，其性质当为俗讲，其目的则是为了筹集修殿经费。④值得注意的是，后来为其炼银的神奇人物骡鞭客骂他之语"聚众作何物"，而黄尊师及"众人悉惧，不敢抵牾"，可见，"聚众"的确为国家所严禁，被斥为聚众显然是严重的指控，故大家都很紧张。

---

① 《太平广记》卷七二，第451—452页。本条故事出自《逸史》。
② 刘大彬：《茅山志》卷一一，《道藏》第5册，文物出版社、上海书店、天津古籍出版社，1988年，第603页。
③ 《全唐文》卷六八九，第7059—7060页。
④ 《云笈七签》卷一一三上《黄尊师》条径称其"起天尊殿，置讲求资"，李永晟点校，中华书局，2003年，第2473页。

（二）俗讲之禁

到了宪宗时期，国家对僧道聚众的禁令进一步升级，这一次针对的是寺观的俗讲。如所周知，在唐代两京的寺观中，俗讲是佛道二教吸引信众、获取香火的一个重要手段。[①] 中晚唐时期，佛教俗讲尤其盛行，而道教俗讲虽不及佛教，但也颇为盛行，韩愈《华山女》长诗描述的正是这样一位善于俗讲的长安女道士，在她出马开俗讲之后，听众都从佛寺涌入道观来听讲，所谓"扫除众寺人迹绝，骅骝塞路连辎軿。观中人满坐观外，后至无地无由听"。[②] 敦煌文书中保存的众多佛教讲经文，应该就是俗讲的话本，而"变文之属，则其支裔"。[③] 当然其中也有少量的道教讲经文，学界对此已有不少研究。[④]

然而，对于朝廷来说，在天子脚下出现这样的聚众情形，无论如何也是一种潜在的危险，故开始加以禁断。元和十年（815）五月，宪宗下诏：

[①] 关于俗讲的研究极多，早期经典如向达《唐代俗讲考》，收入氏著《唐代长安与西域文明》，生活·读书·新知三联书店，1957年，第294—336页。关于俗讲的渊源，参看张弓《中古释门声业述略——从经导到俗讲》，收入氏著《汉传佛文化演生史丛稿》，社会科学文献出版社，2016年，第376—395页。
[②] 韩愈：《韩昌黎诗集编年笺注》卷一《华山女》，方世举编年笺注，郝润华、丁俊丽整理，中华书局，2012年，第10—11页。
[③] 向达：《唐代俗讲考》，第310页。
[④] 参看周西波《敦煌写卷BD.1219之道教俗讲内容试探》，程恭让主编《天问》丙戌卷，江苏人民出版社，2006年，第331—346页。郑阿财《唐五代道教俗讲管窥》，《敦煌学》第27辑，2008年，第331—346页。遊佐昇《道教の俗講に見られる劇場空間》，高田時雄主編《敦煌寫本研究年報》第10号，2016年，第205—218页。

> 京城寺观讲，宜准兴元元年九月一日敕处分。诸畿县讲，宜勒停。其观察使节度州，每三长斋月，任一寺一观置讲，余州悉停。恶其聚众，且虞变也。①

从此诏书来看，早在德宗兴元元年（784）九月就曾对京城诸寺观的俗讲有敕处分，可惜具体规定不详。至于诸畿县的俗讲，至此被全部勒停。而全国范围内，也只保留了观察使、节度使所在州的一寺一观，在三长斋月（正月、五月、九月）的俗讲，其他诸州的寺观俗讲则被全部勒停。禁令的出发点在诏书中有明确说明——"恶其聚众，且虞变也"，显然正是担心俗讲聚集的民众成为对抗朝廷的潜在威胁。

赵璘《因话录》记载了一位最负盛名的俗讲僧文淑的事迹：

> 有文淑僧者，公为聚众谭说，假托经论所言，无非淫秽鄙亵之事。不逞之徒，转相鼓扇扶树。愚夫冶妇，乐闻其说，听者填咽。寺舍瞻礼崇奉，呼为"和尚"。教坊效其声调，以为歌曲。其氓庶易诱，释徒苟知真理，及文义稍精，亦甚嗤鄙之。近日庸僧以名系功德使，不惧台省府县，以士流好窥其所为，视衣冠过于仇雠，而淑僧最甚，前后杖背，流在边地数矣。②

---

① 《册府元龟》卷五二《帝王部·崇释氏二》，第579页。
② 赵璘：《因话录》卷四《角部》，《唐国史补 因话录》，上海古籍出版社，1979年，第94—95页。

虽然受到赵璘的鄙视和批评，但也可见文淑在中晚唐长安受欢迎的程度，入唐求法的日僧圆仁就说："城中俗讲，此法师为第一。"① 他用生动浅近的故事来讲述佛教经典，通俗易懂，故"听者填咽"，甚至敬宗皇帝也曾前往兴福寺"观沙门文溆俗讲"。②

对于僧尼在三长斋月的俗讲，文宗时又有禁令，其《条流僧尼敕》曰：

> 朕斋居法宫，详念至理。……比来京城及诸州府，三长斋月，置讲集众，兼□戒忏，及七月十五日解夏后，巡门家提，剥割生人，妄称度脱者，并宜禁断。③

此敕具体年代不详，不过据圆仁称，武宗会昌元年（841）敕开俗讲，"从大和九年以来废讲，今上新开。正月十五日起首，至二月十五日罢"。可见文宗《条流僧尼敕》发布于大和九年（835），此敕要求禁断所有的三长斋月的俗讲，显然比宪宗的禁令力度更大。

然而，反复的禁令只说明了一个事实，即风尚所在，俗讲之禁实难彻底推行。经历了武宗会昌灭佛之后，宣宗开始复兴佛法，但

---

① 圆仁：《入唐求法巡礼行记》卷三，白化文等校注，花山文艺出版社，1992年，第369页。
② 《资治通鉴》卷二四三，敬宗宝历二年（826）六月己卯条，中华书局，1956年，第7850页。梅维恒（Victor Mair）先生坚持认为这位"文溆"与《因话录》中的"文淑"并非一人（见氏著《唐代变文：佛教对中国白话小说及戏曲产生的贡献之研究》，杨继东、陈引驰译，中西书局，2011年，第156—159页），但学界大多将二者勘同，梅维恒先生的论证并不充分。
③ 《唐大诏令集》卷一一三《条流僧尼敕》，第591页。

对俗讲依然有严格的限制。日本入唐求法僧圆珍在《佛说观普贤菩萨行法经记》卷上,就记载了宣宗时官府对俗讲的规定:

> 言讲者,唐土两讲:一俗讲,即年三月,就缘修之。只会男女,劝之输物,充造寺资,故言俗讲(僧不集也,云云)。二僧讲,安居月传法讲是(不集俗人类也。若集之,僧被官责)。上来两寺事皆申所司(京经奏,外申州也。一日为期),蒙判行之。若不然者,寺被官责。[1]

可见,宣宗时的寺院俗讲被置于官府的严格控制之下,两京需要向朝廷申请,而地方寺院则需要向所在州提出申请,获准之后才能举行,且时间都只有一天。

(三)念佛的社邑

除了备受欢迎的都邑寺观的俗讲之外,唐代民间更多的是以僧人为中心,聚集百姓的念佛组织。白居易就记载了他所目睹甚至亲身参与的一个规模巨大的"华严经社":

> 有杭州龙兴寺僧南操,当长庆二年,请灵隐寺僧道峰讲《大方广佛华严经》,至《华藏世界品》,闻广博严净事。操欢喜发愿,愿于白黑众中劝十万人,人转《华严经》一部。十万人又劝千人,人讽《华严经》一卷。每岁四季月,其众大

---

[1] 《大正新修大藏经》第56册,第227页。

聚会。于是摄之以社，齐之以斋。自二年夏至今年秋，凡十有四斋。每斋，操捧香，跪启于佛曰："愿我来世生华藏世界，大香水海上，宝莲金轮中，毗卢遮那如来前，与十万人俱，斯足矣。"又于众中募财，置良田十顷，岁取其利，永给斋用。予前牧杭州时，闻操发是愿。今牧苏州时，见操成是功。操自杭诣苏，凡三请于予曰："操八十一矣，朝夕迫尽。恐社与斋来者不能继其志，乞为记诫，俾无废坠。"予即十万人中一人也，宜乎志而赞之。噫！吾闻一毛之施，一饭之供，终不坏灭。况田千亩，斋四时，用不竭之征，备无穷之供乎？噫！吾闻一愿之力，一偈之功，终不坏灭。况十二部经，常出于〔百〕千人口乎？况十万部经，常入于百千人耳乎？吾知操徒必果是愿。若经之句义，若经之功神，则存乎本传。若社人之姓名，若财施之名数，则列于别碑。斯石之文，但叙见愿，集来缘而已。宝历二年九月二十五日，前苏州刺史白居易记。①

显然，这是一个以杭州龙兴寺僧南操为核心的佛教社邑，以聚众念《华严经》为主要活动，"每岁四季月，其众大聚会"，在斋会仪式上，要捧香在佛像前发愿往生华藏世界。在从长庆二年（822）到宝历二年（826）不过四年的时间里，这个"华严经社"动员的僧俗人众达到惊人的十万人，作为地方长官的白居易也是其中之一。而且，此社邑还"众中募财，置良田十顷，岁取其利，永给斋用"，建立了自我运行的经济基础。令人好奇的是，这样一个

---

① 白居易：《华严经社石记》，《白居易文集校注》卷三一，谢思炜校注，中华书局，2011年，第1834—1835页。

规模庞大的佛教社邑组织，居然没有引起官府的疑虑，甚至地方长官也加入其中，这或许与白居易本身就是虔诚的佛教徒有关。

然而，并非所有的佛教社邑都如此幸运，《旧唐书·高元裕传》就记载了稍后一起因百姓聚众念佛造成的冤案：

> 开成三年，充翰林侍讲学士。文宗宠庄恪太子，欲正人为师友，乃兼太子宾客。四年，改御史中丞，风望峻整。……寻而蓝田县人贺兰进与里内五十余人相聚念佛，神策镇将皆捕之，以为谋逆，当大辟。元裕疑其冤，上疏请出贺兰进等付台覆问，然后行刑，从之。①

如前所述，宗教性仪式中的聚众，往往被国家视为谋逆的渊薮，故被严加禁止。而这种聚众也往往成为恐吓索财的对象。对于这件冤案，《册府元龟》有更为详细的记载：

> 高元裕为御史中丞，时开成四年，左神策军护军中尉仇士良奏："得百姓赵伦状，告造妖贼贺兰进兴并徒党五十九人，妄说祸福，附会谶书，欲谋大逆，军司追捕推勘，各得伏款。"文宗虑冤滥，召于宣和殿亲自鞫问，然付军司，令于东市狗脊岭集众斩决。元裕上疏，其略曰："伏以左神策军所推妖囚，访闻其徒结党聚众，恣为凶狡，合就严刑，臣亦料军中推穷，必得情实，然狱宜公共，刑贵正名，今刑部、大理皆是

---

① 《旧唐书》卷一七一《高元裕传》，第4452页。据下文所引《册府元龟》五四七的记载，"贺兰进"当作"贺兰进兴"。

陛下掌狱之官，都不关知，便成其狱，三尺之法，无所凭依。伏乞以元恶三人付大理寺重加覆问，若无同异，便正刑书。则凡在中外，皆知事归有司，不废彝典。彰陛下慎刑之意，快兆人共弃之心。臣忝风宪，得议刑政，事关国体，不敢不论。"疏入未报。

起居舍人魏謩上疏曰："臣伏闻传说，官中捕捉造妖徒党，在外人情汹汹，深所不安，恐涉诖误之嫌，或忧爱憎而起。况事出军镇，未经台府，咸怀斯惧，逆不保生，滋蔓傥深，为患不小。今切在早去枝叶，不遣蔓延。呜呼！如事系军人，即委军中推勘，如名该百姓，宜从府县鞫寻，冀各尽情，免称冤死。臣伏以当今圣代，不宜有陷平人，如罪状昭然，始可从法。其间轻重，须有等差，臣窃知陛下近对法官，必将访狱，臣伏想此际，官吏岂能直言！如能直，即皆戴胄之守职也，且狱不在有司推勘，法官亦焉得细知。伏以陛下爱育生灵，不欲一物失所，此则事关刑戮，不可轻易处置。臣深虑旦夕诏下，忽有冤人，既当发生之时，切在审令详覆，成陛下好生之德，契前哲恤刑之心。伏请重敕法司，再令疎理，岂惟全其大体，冀不紊于刑章。"

疏奏，上遽降中使，宣令且停斩决。诏："军司所推鞫妖贼贺兰进兴等五十九人，昨令宰司详覆推状，款验节目，并无参差。缘是妖逆之徒，不同寻常刑狱，便令裁断，冀免停留。今高元裕及魏謩等论奏，请付法司覆问，重慎刑辟，与众弃之，斯亦旧章，雅当依允。其妖贼徒党除白身及官健四人依前军中及仗内推勘，余并宜付御史台重覆，限三日内闻奏。"翌日，台司奏差侍御史王初重覆，与军中所申无差，遂依前敕处置。先是蓝田县百姓贺兰进兴聚集乡村百姓为念佛会，因之妄有妖语，军镇捕捉，横及无辜，以要财贿，贫者多至自诬。及付台之后，皆望有所申明，然而推官怯懦，迎风听从，不敢异同其事，人皆惜之。①

《册府元龟》的这段引文很长，其重点是御史中丞高元裕、起居舍人魏謩的两篇上疏，关于案件本身的记载反而比较简略。结合《旧唐书·高元裕传》，可知案情大致是这样的：蓝田县人贺兰进兴聚集乡村百姓成立"念佛会"，在斋会念佛仪式中可能会有某些不当言论，于是被当地驻守的神策军将士捕获59人，认为他们是要谋逆造反，罪当大辟。军人们为了借机纳财，于是有意"横及无辜"。神策军给此案的定性，就是高元裕疏中所言的"妖囚……结党聚众"、魏謩疏中所谓的"造妖徒党"，以及文宗诏书所谓的"妖逆之徒"。此案起初在宦官掌握的左神策军中审理，高元裕、魏謩都建议文宗皇帝将此案移出军中，交由刑部与大理寺审理。文宗遂下诏，除了几位有军人身份者之外，其他人付御史台重审，可惜侍御史王初不敢有异议，所审与军中一致，于是冤案成立，这些人全被斩决。如前所述，绝大多数宗教仪式都需要聚众，但毫无疑问，此案对于所有进行宗教性聚众的人来说，都敲响了一个警钟，因为一旦被国家认定为结党聚众的妖逆之徒，其惩罚手段是极其严厉的。

---

① 《宋本册府元龟》卷五四七《谏诤部·直谏一四》，中华书局，1989年，第1501页。因本卷有宋本留存，且文字与明本颇异，故改用此本。

余　论

利用宗教仪式聚集百姓，并藉以对抗朝廷，是中国古代反复出现的现象。国家对此极为警惕，总是不遗余力加以约束。隋唐时期，这类禁约的资料显著增多，显然与隋唐王朝重新统一全国、重建中央集权的国家秩序有关。至晚从隋朝开始，国家律令就对聚众有明确的禁约，故地方官府也有切实执行，僧团对此也有清醒的认识，天台大师智顗遗书中的第五恨即为明证。隋唐时期对于各种类型的聚众也相继出台了诸多限制措施，《永徽留司格》中可能就有了对僧尼俗讲的限制措施，而目前所见《垂拱刑部格》与《开元户部格》也都有相关禁令，其对象包括了宿宵行道与白衣念佛的佛教斋会，也有隐逸人的广聚徒众，以及百姓的排山社等社邑组织。

当然，更多的限制措施来自一道道诏敕之中，早在开元之初，唐玄宗就严禁百官家召僧尼道士至家，有吉凶之事需要设斋，也须先向官府陈牒申请。开元十九年则扩大了禁令的范围，直接严禁僧道人士在所有俗家居止，而不仅是百官之家。与此同时，又严禁僧道离开所属寺观去山林兰若修炼。只是到了崇道高潮期的天宝七载，才稍微放宽了对"山林修道之士"的限制。

唐代中后期，国家的聚众之禁更加严格。代宗宝应元年，下诏不许州县公私借佛寺道观居止，并严禁僧尼道士进行斋会礼谒之外的"非时聚集"。从宪宗元和十年到文宗时，又陆续对两京与诸州寺观的俗讲聚众的时间、寺观数量等做出严格规定。对于唐代民间广泛存在的以僧人为中心并聚集百姓的佛教社邑，通常官府并不特别限制,甚至连地方长官也可能参与其中,如白居易与"华严经社",但一旦被人指控为造妖聚众,则后果不堪设想,蓝田县百姓成立的"念佛会"被处斩59人,就是一个极端的例子。

在五代时周世宗灭佛诏书中,除了一些对造寺、出家等的限制措施之外,还特别要求:"僧尼俗士,自前多有舍身,烧臂炼指,钉截手足,带铃挂灯,诸般毁坏身体,戏弄道具,符禁左道,妄称变现,还魂坐化,圣水圣灯,妖幻之类,皆是聚众,眩惑流俗。今后一切止绝,如有此色人,仰所在严断,递配边远,仍勒归俗,其所犯罪重者,准格律处分。"① 诏书中所提到的"烧臂炼指,钉截手足,带铃挂灯",系指一些僧人自残身体的现象,它们与那些"还魂坐化,圣水圣灯"的情形一样,都是这些僧人炫人耳目的手段,在朝廷眼里,这些都属于"聚众",必须严加禁断。

如所周知,日本律令是在学习、吸收唐代律令体系的基础上建立的。特别是唐代的"令"基本上已经散佚,日本的令则完整保存下来,因此数代中日学者在复原唐令时,都借助了日本的《养老令》。那么,唐代律令格式中的"聚众之禁"是否在《养老令》中有所继承?答案是肯定的。《养老僧尼令》第5条"非在寺院条"曰:

> 凡僧尼,非在寺院,别立道场,聚众教化,并妄说罪福,及殴击长宿者,皆还俗。国郡官司知而不禁止者,依律科罪。其有乞食者,三纲联署,经国郡司,勘知精进练行判许,京内

---

① 周世宗:《毁私建寺院禁私度僧尼诏》,《全唐文》卷一二五,第1255—1256页。

仍经玄蕃知。并须午以前捧钵告乞，不得因此更乞余物。[1]

这条令文的核心是对僧尼不在寺院修行，而别立道场聚众教化等行为进行禁止。这与前引开元十九年诏书中"惟彼释道，同归凝寂，各有寺观，自合住持。……如闻远就山林，别为兰若，兼亦聚众，公然往来，或妄托生缘，輙有俗家居止，即宜一切禁断"的规定如出一辙，颇疑此诏书是被编入开元二十五年《道僧格》之后，[2] 又被日本模仿，列入《僧尼令》的。

要言之，隋唐的聚众之禁趋向严厉，反映了国家对宗教性聚众的天然恐惧与警惕，官府总是希望将僧道人士固定于寺观之内，尽量限制他们与俗人之间的联系，更不愿他们与俗人过多往来。这一点，也对日本的律令有所影响。

本文原刊《文史哲》2022年第4期，第129—145页。

---

[1] 《令義解》卷二《僧尼令第七》，新订增补国史大系本，东京：吉川弘文馆，1987年，第82—83页。
[2] 郑显文先生据开元十九年敕及日本令，将其复原为《道僧格》第四条。见氏著《唐代〈道僧格〉研究》，《历史研究》2004年第4期，第48—49页。最近，赵晶对《道僧格》与《祠部格》的关系，以及《道僧格》的复原都有了新的讨论，值得重视。见氏著《唐代〈道僧格〉再探——兼论〈天圣令·狱官令〉"僧道科法"条》，《华东政法大学学报》2013年第6期，第127—149页。

从"京观"到佛寺
——隋与唐初战场尸骸的处理与救度

　　生与死，可能是人类面临的最大的问题。在中国中古史领域中，与死亡相关的课题已从许多不同的角度展开，如从礼制史角度出发的丧葬制度的研究，[①] 从考古学入手的帝王陵寝与墓葬的关注，[②] 又如对死后世界观的考察，[③] 当然也有从新文化史角度进行的整体解说。[④] 近年来，随着身体史与生命医疗史研究的展开，尸

[①] 例如：石見清裕《唐代凶礼の構造——〈大唐開元礼〉官僚喪葬儀礼を中心に》，收入福井文雅博士古稀・退職記念論集刊行会編《アジア文化の思想と儀礼——福井文雅博士古稀記念論集》，东京：春秋社，2005年，第117—142页。江川式部《唐代の上墓儀礼——墓祭習俗の礼典編入とその意義について》，《東方學》第120辑，2010年，第34—50页。吴丽娱《终极之典——中古丧葬制度研究》，中华书局，2012年。关于唐代帝王葬礼制度的第一手资料，参见金子修一主编《大唐元陵仪注新释》，东京：汲古书院，2013年。

[②] 如蒲慕州《墓葬与生死：中国古代宗教之省思》，台北：联经出版事业股份有限公司，1993年；沈睿文《唐陵的布局：空间与秩序》，北京大学出版社，2009年；程义《关中地区唐代墓葬研究》，文物出版社，2012年。

[③] 如余英时《东汉生死观》，侯旭东等译，上海古籍出版社，2005。龚韵蘅《两汉灵冥世界观探究》，台北：文津出版社，2006年。

[④] 如卢建荣《北魏唐宋死亡文化史》，台北：麦田出版，2006年。涂宗呈《神魂、尸骸与冢墓——唐代两京的死亡场景与丧葬文化》，台湾大学历史系博士论文，2012年。

体也成为一个重要的研究对象,例如李建民先生就讨论了中国古代的"掩骴"风俗,[①]陈昊先生则讨论了隋唐时期城市中的尸体与疾疫问题。[②]此外,谢世维、刘屹等先生对道教传统中的死后修炼问题进行了深入研究。[③]可以说,这些研究对于我们理解中古时期的死亡与尸体的问题提供了多元而丰富的考察视角。本文则主要讨论隋唐佛教对于战场尸体处理方式与亡魂救度的影响。

毫无疑问,战争与疾疫往往是造成尸体最多的因素,前者的数量尤其惊人。在中国古代,有一种相当特殊的处理方式,即战胜的一方经常将战败方将士的尸体或首级收在一起,堆积在大路两侧或战场上,然后覆土夯实,形成一个大大的土堆,这种方式被称为"京观"或"武军"。近年来,关于京观的成果颇多,[④]对其基本内涵、历史发展及其功能等问题,都有了较为细致的研究。不过,

---

① 李建民:《尸体·骷髅·魂魄——传统灵魂观新考》,《当代》第90期,1993年,收入氏著《方术·医学·历史》,台北:南天书局,2000年,第3—24页。同氏《中国古代"掩骴"礼俗考》,《清华学报》第24卷第3期,1995年,第319—343页;收入氏著《旅行者的史学——中国医学史的旅行》第五章,改题为《"掩骴"礼俗与疾病想象》,台北:允晨文化出版公司,2009年,第249—284页。
② 陈昊:《若隐若现的城市中被遗忘的尸体?——隋代中期至唐代初期的疾疫、疾病理论的转化与长安城》,收入氏著《疾之成殇:秦宋之间的疾病名义与历史叙事中的存在》第六章,上海古籍出版社,2020年,第249—283页。
③ 谢世维:《练形与炼度:六朝道教经典当中的死后修炼与亡者救度》,《"中研院"历史语言研究所集刊》第83本第4分,2012年,第739—777页。收入氏著《大梵弥罗:中古时期道教经典中的佛教》第二章,题为《太阴练形:六朝道教经典当中的死后修炼与亡者救度》,台北:台湾商务印书馆,2013年,第71—116页。关于道教的炼度,还可参看刘屹《死后成仙:晋唐至宋明道教的"炼度"主题》,荣新江主编《唐研究》第18卷,北京大学出版社,2012年,第225—247页。
④ 如周建江的系列论文:《杂谈"京观"》,《中国典籍与文化》2000年第2期,第120—121页;《"京观"及其文化表现》,《史学月刊》2000年第2期,第139—140页;《"京观"及其历史轨迹》,《古籍整理研究学刊》2005年第1期,第83—86、82页。另外还可参看安广禄《漫话京观》,《文史天地》2005年第3期,第

此前的研究没有注意的是，在隋代与唐初，京观的方式受到批评，对于敌方将士的尸骸，基本不再采取这种较为残忍的方式，进而开始在战场上建立佛寺，为双方阵亡者祈福。下面，本文即对这一变化略加梳理。

一、隋代之前的"京观"

京观的起源很早，目前学界大多将其追溯至《左传》宣公十二年（前597）的一条记载。当时楚军在邲之战中大败晋军，大臣潘党建议楚庄王："君盍筑武军而收晋尸以为京观？臣闻克敌必示子孙，以无忘武功。"楚庄王拒绝了这个建议，说："古者明王伐不敬，取其鲸鲵而封之，以为大戮，于是乎有京观以惩淫慝。今罪无所，而民皆尽忠以死君命，又可以为京观乎？"[1] 杜预注"京观"曰："积尸封土其上。"显然，这种将敌军尸体封土为丘、筑为京观，以宣扬武功、威慑敌人的方式在此之前就早已存在了。正如宋人高承《事物纪原》所云："《左传》：楚子曰：'明王伐不敬，取其鲸鲵而封之，于是乎有京观。'推此而言，则是有征伐以来，则有其事。"[2] 也就是说，当人类历史上出现了战争，可能就有了京观

52—53页；王亚林《"京观"和"狱坟"》，《文史知识》2010年第4期，第59—64页；朱兴和《中国古代的京观现象及其文化解析》，《社会科学家》2011年第9期，第57—61页。最近，吉川绘梨《京观——古代中国的怨叹之尸》强调了京观对敌人的惩罚性质，但对这一问题的研究并无多少实质性的推进，范一楠译，《中国古代法律文献研究》第11辑，社会科学文献出版社，2018年，第488—509页。

[1] 杨伯峻：《春秋左传注（修订本）》，中华书局，1990年，第744—747页。
[2] 高承：《事物纪原》卷九《京观》，李果订，金圆、许沛藻点校，中华书局，1989年，第509—510页。

的现象。

事实上，直到今天，我们仍可见到先秦时期京观的遗存。例如在河北省易县燕下都遗址城南解村附近，有14个高约10米，直径达数十米的圆形夯土墩台，其中就埋藏着大量的头骨，考古工作者称之为"人头骨丛葬"。1974年5月，考古工作者对其中的5号人头骨丛葬做了抢救性发掘，其地面封土尚有遗存，南北长18—19米，东西宽9.5—11米，高出现在的地面2.4米。在发掘的576平方米范围中，清理出头骨1446个，加上毁坏者，考古工作者推测人头骨在2000个以上。中国社会科学院考古研究所的体质人类学家韩康信、潘其风两位先生对较完整的221个进行了性别、年龄的检测，发现最小年龄大约在十七八岁，最大的有50岁，55岁以上的几乎没有，而头骨中最多的属于18—35岁的青壮年，约占观察数的80%，而且其中只有一例具有女性特征，"因此可以说这批人骨几乎全是男性成丁个体"。[①] 特别值得注意的是，许多人头骨都有明显的砍杀痕迹，有的头骨上还插有青铜箭头（图4a、图4b），[②] 使人不寒而栗。考古工作者根据5号人头骨丛葬掩埋数字推算，全部14座所掩埋的人头骨总数约有3万左右。至于其来历，目前学界还有争议，有学者认为是与公元前314年燕王哙时发生的"子之之乱"有关，[③] 也有学者认为它们可能是公元前284年燕将乐毅伐齐之战带回来的

---

① 河北省文物研究所编《燕下都》第三章第四节《燕下都都城南墓区的调查与发掘》，文物出版社，1996年，第749—774页。
② 图片参看网文《千古之谜"人头墩"》http://blog.sina.com.cn/s/blog 4941b57e0100098c.html。
③ 石永士：《初论燕下都大中型墓葬的分期——兼谈人头骨丛葬的年代及其性质》，《辽海文物学刊》1996年第2期，第23—44页。

齐军首级，[①]还有人认为是燕将秦开东征之后以貊人之首献祭的残余。[②]无论如何，这些伤痕累累的人头骨，显然属于战场上的战士，而将其筑为高台，正是典型的"京观"传统，其目的自然是宣扬军功。

汉代关于京观的材料不多，目前所见仅两例，其一是在西汉末，另一次则发生在东汉末年的黄巾起义中。当然前者更为有名，当时王莽居摄当权，前宰相翟方进之子翟义于东郡起兵，"移檄郡

a　　　　　　　　　　　　b

图4　河北省易县燕下都遗址出土人头骨

[①] 赵化成：《"燕下都人头骨丛葬遗迹"性质刍议》，《中国文物报》1996年4月21日第3版。
[②] 赵凌烟、王建新：《对燕下都人头骨丛葬性质与成因的初步探讨》，《西部考古》第10辑，科学出版社，2016年，第102—112页。

国,言莽鸩杀孝平皇帝,矫摄尊号,今天子已立,共行天罚。郡国皆震,比至山阳,众十余万。莽闻之,大惧"。在失败之后,翟氏被"夷灭三族",王莽又下诏曰:

> 盖闻古者伐不敬,取其鲸鲵筑武军,封以为大戮,于是乎有京观以惩淫慝。乃者反虏刘信、翟义悖逆作乱于东,而芒竹群盗赵明、霍鸿造逆西土,遣武将征讨,咸伏其辜。惟信、义等始发自濮阳,结奸无盐,殄灭于圉。赵明依阻槐里环隄,霍鸿负倚盩厔芒竹,咸用破碎,亡有余类。其取反虏逆贼之鲸鲵,聚之通路之旁,濮阳、无盐、圉、槐里、盩厔凡五所,各方六丈,高六尺,筑为武军,封以为大戮,荐树之棘。建表木,高丈六尺,书曰"反虏逆贼鲸鲵",在所长吏常以秋循行,勿令坏败,以惩淫慝焉。[1]

这条材料很可能是关于"京观"最为具体的史料了。不难看出,王莽所立的五座京观,都位于翟义等起兵过程中的关键地点:濮阳、无盐(今山东省东平县东平镇无盐村南)、圉县(今河南杞县南五十里)、槐里(今陕西兴平东南)、盩厔。从上述记载来看,这些京观属于方台,按照新莽时期度量衡的换算,一尺略约合今23.1厘米,[2] 然则一丈相当于2.31米,六丈即13.86米,相当于每

---

[1] 《汉书》卷八四《翟方进附翟义传》,中华书局,1962年,第3439页。翟义起兵一事,在新出汉简中也有记载,参看刘乐贤《金关汉简中的翟义同党陈伯阳及相关问题》,《中国史研究》2014年第1期,第199—204页。
[2] 参看郭正忠《三至十四世纪中国的权衡度量》,表3—1,中国社会科学出版社,1993年,第231页。

座京观的底座面积为192平方米，高度六尺，则为1.39米。显然，其规模比燕下都的京观遗址要小不少，特别是在高度上。不过，王莽还特意命令在这些京观前树立一丈六尺（约3.7米）的"表木"，这在某种程度上弥补了高度的不足。值得注意的是，地方政府必须在每年秋季巡视这些京观，防止其年久失修。毫无疑问，这些极具视觉冲击力的具有惩戒性的纪念性建筑，对于发生过叛乱的地区无疑具有很强的威慑作用。直到唐代，仍可以看到王莽所建的这些京观的遗迹，中唐的李吉甫就记载了滑州韦城县中的一座："京观。在县北二百步。王莽篡汉，东郡太守翟义举兵，莽遣将王邑等八将败义于此，乃筑焉，俗号髑髅台。"[①] 显然，这座京观应即《汉书·翟方进传》所载圉县的那座。

从东汉末开始，经历三国两晋南北朝，直到隋朝重新统一，中国历史经历了一个朝代更迭频繁的动荡时期，其间大小战争不计其数，而"京观"也更加频繁地出现在史籍之中。为简略起见，我们先列表如下（表1）：

---

① 李吉甫：《元和郡县图志》卷八，贺次君点校，中华书局，1983年，第199页。

表1 汉隋之间的京观资料表

序号	时间	相关记事	出处	备注
1	东汉中平元年（184）	皇甫嵩"与巨鹿太守冯翊郭典攻（张）角弟宝于下曲阳，又斩之。首获十余万人，筑京观于城南"。	《后汉书》卷七一《皇甫嵩传》	在恒州鼓城县，见《元和郡县图志》卷一七
2	魏明帝景初二年（238）	七月，司马懿征公孙渊，"既入城，立两标以别新旧焉。男子年十五已上七千余人皆杀之，以为京观"。	《晋书》卷一《宣帝纪》	
3	蜀后主炎兴元年（263）	邓艾平蜀后，"使于绵竹筑台以为京观，用彰战功。士卒死事者，皆与蜀兵同共埋藏"。	《三国志》卷二八《魏志·王毌丘诸葛邓钟传》	京观立于汉州德阳县，见《元和郡县图志》卷三一、《通典》卷一七六
4	前赵光兴元年（310）	刘聪破洛阳，刘曜"害诸王公及百官已下三万余人，于洛水北筑为京观"。	《晋书》卷一〇二《刘聪载记》	《太平御览》卷一一九引崔鸿《十六国春秋·前赵录》
5	义熙三年（407）	赫连勃勃率军伐秃髪傉檀，"大败之，追奔八十余里，杀伤万计，斩其大将十余人，以为京观，号髑髅台"。	《晋书》卷一三〇《赫连勃勃载记》	
6	义熙十四年（418）	赫连勃勃入长安，令太子赫连璝与大将王买德追击刘义真，"积人头以为京观"。	《晋书》卷一三〇《赫连勃勃载记》	唐时仍存，见《元和郡县图志》卷六"虢州阌乡县"条

056 永念群生：隋唐礼俗与信仰论集

续表

序号	时间	相关记事	出处	备注
7	宋元嘉二十年（443）	凤州河池县，"髑髅堆，在县东北四十三里，后魏讨仇池于此，大破其军，筑为京观，俗号其地为髑髅堆"。	《元和郡县图志》卷二二	
8	宋孝武帝大明三年（459）	孝武帝刘骏讨竟陵王刘诞，"久乃拔之，斩诞传首。诞母殷、妻徐并自杀。城内诛者数千人，或先鞭杀而行戮。并移首于石头南岸，以为京观，至于风晨雨夜，辄闻哀号之响"。	《魏书》卷九七《岛夷刘裕传》	《宋书》卷七九《竟陵王诞传》
9	侯景之乱中（548）	"侯景渡江，先屠（扬州）东门，一城尽毙，置其首于西明门外，为京观焉。"	《太平广记》卷九一《通公》	
10	绍泰元年（555）十二月	江宁令陈嗣、黄门侍郎曹朗据姑熟反，陈霸先"命侯安都、徐度等讨平之，斩首数千级，聚为京观"。	《陈书》卷一《高祖本纪》上	
11	北齐河清三年（564）	是年冬，北齐大将斛律光大破周军于邙山，"斩捕首虏三千余级，……尽收其甲兵辎重，仍以死者积为京观"。	《北齐书》卷一七《斛律金传附斛律光传》	

从"京观"到佛寺——隋与唐初战场尸骸的处理与救度　057

续表

序号	时间	相关记事	出处	备注
12	北周天和元年（566）	天和初，信州蛮、蜒据江峡反，陆腾率军讨之，"所向摧破，乃筑京观以旌武功"。"腾乃积其骸骨于水逻城侧，为京观，后蛮蜒望见，辄大号哭，自此狼戾之心辍矣"。	《周书》卷二八《陆腾传》；《周书》卷四九《异域上·蛮传》	
13	北周	周赵王在益州，有郫人与王厚，便欲反。……时赵王据西门楼，令精兵三千骑往。……至盘陀，斩郫兵千余为京观，今塔东特高者是。	《续高僧传》卷二七《周益州沙门释僧度传》[①]	

如上表所示，从汉末到隋代之前有13个建立京观的例子，涉及的尸骸数量相当惊人，最少的也有数千具，而上万者有3例，例1中皇甫嵩所立京观的尸骸竟达到十余万之多，规模之大可想而知。在这些例子中，大多没有明确记载是以整具尸骸还是仅以首级筑成京观，不过也有4例明确记载是用敌军人头垒成，如例6中赫连勃勃即"积人头以为京观"，例8中宋孝武帝刘骏也是"移首于石头南岸，以为京观"，例9中侯景亦"置其首于西明门外，为京观"，例10中，陈霸先在姑苏也是"斩首数千级，聚为京观"。在这一点上，与燕下都发现的以敌军头骨堆聚的京观一脉相承。

魏晋南北朝时期，民族问题始终是一个核心问题，在上述建

---

① 道宣：《续高僧传》卷二七《周益州沙门释僧度传》，第1043—1044页。

立京观的事例中，那些少数民族政权的比例超过半数，如例4中出自匈奴冒顿单于之后的刘曜，例5、例6中出自匈奴铁弗部的赫连勃勃，例7中出自鲜卑族的北魏，例9中鲜卑化的羯人侯景，例11中出自高车族的斛律光，例13中出自鲜卑宇文部的北周赵王等。这一方面表明各支出自北方草原的少数民族的确是这一时期政治舞台的主角，另一方面似乎也意味着"京观"这种方式与这些民族发展早期所具有的某种原始性有契合之处。人类学研究的成果早已表明，在许多古老民族中，将战俘杀死甚至肢解后献祭是常见的一种行为。在斯基泰人的传统中，武士会剥下敌人尸体右手的皮来覆盖自己的箭筒，又会喝死人的血，割下尸体的头颅，据说这些行为可以增强他们自己的力量。[1] 许多原始民族在取得战争胜利之后，由于担心被自己杀死的敌人鬼魂来报复自己，会采取很多措施，或隔离并洁净自己，或祭祀所猎敌人之首级，或击鼓喧噪、吓走亡魂。[2] 将敌军尸骸或首级夯土为台的现象，似乎也可以置于这样一个人类学的视野中来考察。事实上，如王亚林先生所言，京观本身不仅是为了炫耀武功，也有厌胜的意味，即封镇住敌军亡魂，不让他们出来复仇或作祟，这体现了原始巫术的影响和积淀。[3] 对于活人而言，京观又是一种惩戒与规训的手段，如例12中北周大将陆腾在平蛮之后，于水逻城侧为京观，"后蛮蜑望见，辄大号哭，自此狼戾之心辍矣"，可见京观的震慑力之大。

---

[1] 布鲁斯·林肯（Bruce Lincoln）:《死亡、战争与献祭》，晏可佳译，上海人民出版社，2002年，第303页。
[2] 参见詹姆斯·乔治·弗雷泽《金枝：巫术与宗教之研究》第二十章第五节《杀人者的禁忌》，徐育新等译，大众文艺出版社，1998年，第202—206页。
[3] 参看前引王亚林《"京观"和"狱坟"》，特别是第60—61页。

在这一时期，建立京观成为证明一位帝王或武将功业的表征，在徐陵《劝进梁元帝表》中，亦有"青羌赤狄，同界豺狼；胡服夷言，咸为京观"之语，[①]而在梁敬帝太平二年（557）时，徐陵为陈霸先所写的《册陈王九锡文》亦曰：

> 大同之末，边政不修，李贲狂迷，窃我交、爱。敢称大号，骄恣甚于尉他；据有连州，雄豪炽于梁硕。公英谟雄算，电扫风行，驰御楼船，直跨沧海。新昌、典彻，备履艰难；苏历、嘉宁，尽为京观。三山獠洞，八角蛮陬，邈矣水寓之乡，悠哉火山之国，马援之所不届，陶璜之所未闻，莫不惧我王灵，争朝边候，归睬天府，献状鸿胪。此又公之功也。[②]

可见京观之立，是帝王赫赫武功的证明。当然，京观也是武将功勋的纪念碑，所以在南北朝时期的一些墓志资料中，也常以"京观"之置来夸耀志主的武功，例如建义元年（528）《魏故使持节仪同三司都督相州诸军事车骑大将军相州刺史元公墓志铭》就称赞志主元端"功坚易于折枯，摧强甚于汤雪，偃骸积尸，野成京观，获将献俘，千有余级。实乃殊机异诡，应时剋捷也"。[③]《齐故齐沧二州刺史高公墓铭》也说志主高建"入参谋画，出摧妖旅，歼彼鲸鲵，迺为京观"，[④]这都表明，无论当时是否真的建立过京观，在墓志的书写中，它们都已成为宣扬军功的重要修辞。

---

① 《徐陵集校笺》卷四，许逸民校笺，中华书局，2008年，第265页。
② 《徐陵集校笺》卷一二，第1494页。
③ 赵超：《汉魏南北朝墓志汇编》，天津古籍出版社，1992年，第234页。
④ 赵超：《汉魏南北朝墓志汇编》，第400页。

然而，此期也开始有不同的声音出现。东晋安帝义熙十二年（416），刘裕率军北伐，以名将檀道济为前锋，"至成皋，伪兖州刺史韦华降。径进洛阳，伪平南将军陈留公姚洗归顺。凡拔城破垒，俘四千余人，议者谓应悉戮以为京观。道济曰：'伐罪吊民，正在今日。'皆释而遣之。于是戎夷感悦，相率归之者甚众"。[①] 从"议者谓应悉戮以为京观"一语观之，当时人们对筑京观的现象早已习以为常。不过，檀道济面对的并不是已经在战场上阵亡的敌军将士，而是四千多名俘虏，要杀死他们来建京观，显然过于残忍，故他决定将这些俘虏释放，这种仁德之举使他赢得了北方各族百姓之心。

在京观问题上显得更为仁慈的皇帝，无疑是梁武帝萧衍。在永元三年（501）十二月起兵征讨南齐东昏侯的战役胜利之后，他就下令："以义师临阵致命及疾病死亡者，并加葬敛，收恤遗孤。"这是要厚葬己方阵亡将士。对于敌方阵亡将士，萧衍又下令曰："朱爵之捷，逆徒送死者，特许家人殡葬；若无亲属，或有贫苦，二县长尉即为埋掩。建康城内，不达天命，自取沦灭，亦同此科。"[②] 在初唐许敬宗所编《文馆词林》中，保留了任昉为萧衍所撰这两道命令的原文，后者全文如下：

> 令：近朱雀之捷，义勇争奋，离心之众，敢距王师。钲钺一临，望尘奔陷，睢水不流，只轮莫反。求之政刑，允兹孥戮。但于时白旗未悬，凶威犹壮，驱逼所至，非有祸心。凡厥

---

① 《宋书》卷四三《檀道济传》，中华书局，1974年，第1342页。
② 《梁书》卷一《武帝本纪上》，中华书局，1973年，第14页。

从"京观"到佛寺——隋与唐初战场尸骸的处理与超度　061

逆徒于阵送死者，可特使家人收葬。若无亲或有贫苦无以敛骸，二县长尉即为埋掩。仁及枯骨，非所敢慕，尚或瑾之，庶几可勉。凡建康城内诸不逆（达）天命自取沦亡者，亦同此科，便可施行。①

可见，萧衍在建国之初的征战中，就对敌军的尸骸怀有慈悲之心，不仅不立京观，而且令其家人收葬或由地方官府加以掩埋，这当然也是攻下建康之后安抚人心的一项举措。

类似的场景后来多次出现。天监十年十二月，梁军在朐山（今江苏省连云港西南海州）大破北魏军队，取得了"斩馘十余万，尅复朐山城"的胜利。②十一年（512）四月戊子，梁武帝下诏曰："去岁朐山大歼丑类，宜为京观，用旌武功。但伐罪吊民，皇王盛轨，掩骼埋胔，仁者用心。其下青州，悉使收藏。"③从战果来看，朐山之战无疑是一场大捷，在当时京观频现的语境中，建立京观来宣扬军功似乎是顺理成章之事，梁武帝的诏书也承认"宜为京观，用旌武功"，只不过他强调了中国古代政治文化中仁德之君当"掩骼埋胔"的传统，因为没有掩埋的骸骨不仅会造成疾疫，还有可能成为危害人间的厉鬼。④

到了天监十二年（513）二月，梁武帝再次下诏："掩骼埋胔，义重周经，槥椟有加，事美汉策。朕向隅载怀，每勤造次，收藏之

---

① 任昉：《梁武帝掩骼埋胔令一首》，收入《日藏弘仁本文馆词林校证》，罗国威整理，中华书局，2001年，第446页。
② 《梁书》卷二《武帝本纪中》，第51页。
③ 《梁书》卷二《武帝本纪中》，第52页。
④ 参看前引李建民《"掩骴"礼俗与疾病想象》。

命,疚下哀矜;而宇县遐深,遵奉未洽,髐然路隅,往往而有,言憝沉枯,弥劳伤恻。可明下远近,各巡境界,若委骸不葬,或蒜衣莫改,即就收敛,量给棺具。庶夜哭之魂斯慰,霑霜之骨有归。"[1] 显然是要将"掩骼埋胔"的恩德从朐山战场扩大到全国。我们推测,梁武帝此举似乎可能受到佛教的影响。如所周知,梁武帝是魏晋南北朝史上最为崇佛的皇帝,他不仅亲受菩萨戒,先后四次舍身同泰寺为奴,而且试图建立一个真正意义的"佛教国家"。[2] 虽然在两份诏书中都没有明言他掩骼埋胔、不立京观是受到佛教的影响,但其背后的佛教因素是不能忽视的。这一点,到了隋与唐初就更为明显了。

二、鲸鲵之观,化为微妙之台:隋文帝的举措

与梁武帝一样,隋文帝杨坚也是中国古代崇佛最力的帝王之一。由于他本人由神尼智仙抚养成人,故对佛教有着天然的亲切情感。在建立大隋帝国、结束了中国三百年的分裂局面之后,杨坚没有依据儒家的政治文化传统去泰山登封告成,而是以护持佛法的转轮圣王自居,并模仿历史上最著名的转轮圣王——阿育王的做法,

---

[1] 《梁书》卷二《武帝本纪中》,第53页。
[2] 关于梁武帝与佛教的关系,可参看颜尚文《梁武帝》,台北:东大图书股份有限公司,1999年。

在全国范围内颁发舍利、建立佛塔。① 在他的努力之下，大隋帝国的新都大兴城也成为全国佛教的新的中心。② 事实上，佛教的影响在当时已经深入到隋王朝的方方面面，而在一些曾经的战场上，出现了一些特殊的佛寺。

据开皇十七年（597）成书的费长房《历代三宝纪》记载，开皇元年（581）七月，杨坚即位不久，就下诏在其父生前征战之地——襄阳、隋郡、江陵、晋阳，各"立寺一所，建碑颂德"。③ 诏书由李德林所撰，全文保存在初唐高僧道宣所编的《广弘明集》中，诏书首先追忆了杨忠作为北周大将东征西讨的一生，并称："积德累功，福流后嗣。俾朕虚薄，君临区有，追仰神猷，事冥真寂。降生下土，权变不常。用轮王之兵，伸至人之意。百战百胜，为行十善。故以干戈之器，已类香华。玄黄之野，久同净国。思欲崇树宝刹，经始伽蓝。增长福因，微副幽旨。昔夏因导水，尚且铭山；周曰巡游，有闻勒石。帝王纪事，由来尚矣。其襄阳、随州、江陵、晋阳，并宜立寺一所，建碑颂德。庶使庄严宝坊，比虚空而不

---

① 关于隋文帝与佛教的关系，研究成果很多，重要者如山崎宏《支那中世仏教の展開》第一部第六章《隋の高祖文帝の佛教治國策》，东京：清水书店，1942年，第331—346页。Arthur Wright, "The Formation of Sui Ideology", in *Chinese Thought and Institutions*, ed. J. K. Fairbank, Chicago: University of Chicago Press, 1957, pp.101-104. Chen Jinhua, *Monks and Monarchs, Kinship and Kingship: Tanqian in Sui Buddhism and Politics*, Kyoto: Italian School of East Asian Studies, 2002.
② 参看塚本善隆《隋文帝の宗教復興特に大乗佛教振興——長安を中心にして》，《南都佛教》第32号，1974年，第29—53页。关于这个问题，最新的成果是孙英刚《从"众"到"寺"——隋唐长安佛教中心的成立》，荣新江主编《唐研究》第19卷，北京大学出版社，2013年，第5—39页。
③ 费长房：《历代三宝纪》卷一二，高楠顺次郎、渡边海旭监修《大正新修大藏经》第49册，第107页。

坏；导扬茂实，同天地而长久。"① 为了纪念其父功业，隋文帝下诏在杨忠生前四次最重要的战役之所各建一座佛寺，不仅要建碑颂德，也有"增长福因，微副幽旨"，为杨忠祈求冥福之意。

如果说隋文帝所立的四所佛寺主要还是为了歌颂其父的功业，那么，他在次月下诏于相州所立的一所佛寺就明确与京观联系起来了。费长房《历代三宝纪》记载了此事，② 但诏书亦为节文，其全文则同样保存在《广弘明集》中：

> 门下：昔岁周道既衰，群凶鼎沸。邺城之地，寔为祸始。或驱逼良善，或同恶相济，四海之内，过半豺狼。兆庶之广，咸忧吞噬。朕出车练卒，荡涤妖丑。诚有倒戈，不无困战。将士奋发，肆其威武。如火燎毛，始无遗烬。于时朕在廊庙，任当朝宰，德惭动物，民陷网罗。空切罪己之诚，唯增见辜之泣。然兵者凶器，战实危机。节义之徒，轻生忘死。干戈之下，又闻徂落。兴言震悼，日久逾深。永念群生，蹈兵刃之苦；有怀至道，兴度脱之业。物我同观，愚智俱愍。思建福田，神功祐助。庶望死事之臣，菩提增长；悖逆之侣，从闇入明。并究苦空，咸拔生死。鲸鲵之观，化为微妙之台；龙蛇之野，永作颇梨之镜。无边有性，尽入法门。可于相州战地建伽蓝一所，立碑纪事。其营构制度、置僧多少、寺之名目，有司

---

① 李德林：《隋文帝为太祖武元皇帝行幸四处立寺建碑诏》，《广弘明集》卷二八，《大正新修大藏经》第52册，第328页。
② 费长房：《历代三宝纪》卷一二，第107页。

详议以闻。①

相州即今河南安阳一带，在杨坚建立大隋帝国的道路上，相州具有特殊的意义，因为就在一年之前，他刚刚以北周静帝外祖父的身份掌管朝政，宇文泰的外甥——坐镇山东的关陇宿将尉迟迥在相州誓师，声讨杨坚。郧州总管司马消难、益州总管王谦很快起兵响应，一时之间，三方并乱，"半天之下，汹汹鼎沸"。在这三方之中，尉迟迥所在的相州是杨坚最主要的用兵方向，他派遣名将韦孝宽全力进攻，很快攻破邺城，尉迟迥自杀身亡。可以说，正是此战的胜利，为杨坚扫清了夺取帝位的最大障碍。

然而，对于杨坚而言，战争所造成的巨大伤亡还是使其心生怜悯，于是下诏在相州的战场上建立佛寺一所，并立碑纪事。特别值得注意的是，伽蓝之设，不仅仅是为了己方阵亡将士祈福——"庶望死事之臣，菩提增长"，还希望"悖逆之侣，从闇入明"。显然，这已经比梁武帝"掩骼埋胔"的举措又前进了一大步，因为他要进一步救度他们的亡魂。不仅如此，杨坚还自觉将这座佛寺与此前政治文化传统中的"京观"对立起来，诏书对此有清晰而有力的表述："鲸鲵之观，化为微妙之台；龙蛇之野，永作颇梨之镜。"化京观而为伽蓝，这可能是在佛教世界观的影响之下，中国历史上第一次对敌军亡魂有救度的观念产生，也就是诏书所说的"并究苦空，咸拔生死"，"无边有性，尽入法门"。

---

① 《广弘明集》卷二八《隋高祖于相州战场立寺诏》，第328页。引文标点有改动。另，诏书中"物我同观，愚智俱愍"，原作"物我同遇，观智俱愍"，据《历代三宝纪》卷一二改。

隋文帝对于京观的态度影响颇大，虽然在隋朝短短的三十多年时间里取得了许多重大战争（如对突厥的战争、平陈之役、平定西南蛮之战等）的胜利，但几乎没有建立京观的记载。然而，到了炀帝大业末年，在镇压农民起义的过程中，京观又重新出现在历史舞台。例如大业中，"彭城贼帅张大彪、宗世模等众至数万，保悬薄山，寇掠徐、兖"，大将董纯奉旨率军征讨，"合战于昌虑，大破之，斩首万余级，筑为京观"。[1] 同样在大业中，屈突通任左骁卫大将军，"时秦、陇盗贼蜂起，以通为关内讨捕大使。有安定人刘迦论举兵反，据雕阴郡，僭号建元，署置百官，有众十余万。稽胡首领刘鹞子聚众与迦论相影响。……通候其无备，简精甲夜袭之，贼众大溃，斩迦论并首级万余，于上郡南山筑为京观，虏男女数万口而还"。[2] 另一个例子来自李渊，大业十一年（615），他任山西河东道抚慰大使，"后至龙门县，有贼母端儿众数千人奄至城下，时诸军无备，为贼所乘，高祖亲率十余骑横出击之，所射应弦而倒，贼大溃，逐北数十里，伏尸相继于道。时高祖射七十发，明日斩首，筑为京观，于尸上尽得所射箭，其妙如此"。[3] 可以看出，随着大业年间各地反隋武装力量的兴起，隋王朝也开始利用"京观"这个传统的工具来震慑敌人。虽然隋炀帝与其父一样，对佛教推崇备至，但在京观的问题上却与其父立场不同，在军事斗争的残酷现实面前，他已无法对敌军做到宽仁大度，更不用说像其父那样，建立

---

[1] 《隋书》卷六五《董纯传》，中华书局，1973年，第1540页。
[2] 《旧唐书》卷五九《屈突通传》，第2320页。
[3] 《册府元龟》卷四四《帝王部·神武》，第499页。具体时间据《新唐书》卷一《高祖本纪》，中华书局，1975年，第2页。

佛寺为敌军亡魂祈福了。①

三、立七寺与毁京观：唐太宗的努力

唐承隋制，在许多方面，唐太宗继承了隋文帝开皇年间的制度，在化京观为佛寺一事上亦是如此。唐初佛教史上一个重要事件是在贞观初年，太宗下诏在其开国征战之地建立七所佛寺。李淞先生对这一事件的相关材料有大致的梳理，②但论证并不十分严密，且未能将立寺与废毁京观联系起来。我们在此将进一步讨论这个问题。

（一）太宗在战场置立七寺的基本情况

经过十多年的隋末农民战争，在遍布全国的战场上残存了许多未及时掩埋的尸骸。唐高祖武德三年（620）六月诏曰："自隋室不纲，政刑荒废，戍役烦重，师旅荐兴，元元无辜，堕于涂炭，转死沟壑，暴骨中原，宗党沦亡，邑居散逸，坟陇靡托，营魂无归。朕受命君临，为民父母，率土之内，情均亭毒，一物失宜，寝兴轸

---

① 据《隋书》卷四《炀帝纪下》记载，大业十年（614）二月戊子，隋炀帝下诏收葬在第一次征辽战争后未及掩埋的将士遗骸，并"设祭于辽西郡，立道场一所"（第86页）。案隋炀帝曾诏改佛寺为"道场"，然则隋炀帝也曾在战场建立佛寺，但从诏书中来看，其祈福的对象似乎并不包括高丽阵亡将士。
② 李淞：《唐太宗建七寺之诏与彬县大佛寺石窟的开凿》，原刊台北《艺术学》1994年第12期，后收入氏著《长安艺术与宗教文明》，中华书局，2002年，第13—49页。赵和平先生对此文将彬县大佛寺与豳州昭仁寺联系起来的观点进行了有力的质疑，见氏著《彬县大佛寺大佛雕塑年代探讨》，收入中央文史研究馆、敦煌研究院、香港大学饶宗颐学术馆编《庆贺饶宗颐先生九十五华诞敦煌学国际学术研讨会论文集》，中华书局，2012年，第300—308页。

虑，念兹道殣，义先吊恤，虽复久已颁下，普遣葬埋，犹恐吏不存心，收葬未尽，宜令州县官司所在巡行，掩骼埋胔，必令周悉，使邮亭之次，无复游魂，窀穸之下，各安所厝。姬文惠化，恩及枯骸，庶踵于前，此为非类。"① 唐太宗登基之后，也多次发出诏令来安葬战场骸骨。贞观二年四月诏曰："隋运将尽，群凶鼎沸，干戈不息，饥馑相仍，流血成川，暴骸满野。朕往因军旅，周览川原，每所临视，用伤心虑，自祗膺宝命，义切哀矜，虽道谢姬文，而情深掩骼。诸有骸骨暴露者，宜令所在官司收敛埋瘗，称朕意焉。"② 显然，直到贞观初年，隋末农民战争给社会留下的创伤依旧难以平复，各地川原之上还是"暴骸满野"，所以太宗还得命令地方官负责收葬。

与此同时，太宗还命令在他一生所经历的最重要的七次大战的战场上建立佛寺。如学者所言，七寺之置是受到高僧明赡的诱导。③ 明赡是隋朝大禅定寺的知事上座，在大业时沙门是否应该致敬王者的问题上，曾面对隋炀帝的威势持正不回，有护法之名。据道宣《续高僧传》记载：

  贞观之初，以赡善识治方，有闻朝府，召入内殿，躬升御床。食讫对诏，广列自古以来明君昏主制御之术，兼陈释门

---

① 《册府元龟》卷四二《帝王部·仁慈》，第476页。
② 《册府元龟》卷四二《帝王部·仁慈》，第476页。又见《资治通鉴》卷一九二，第6049页。
③ 参见史丹利·外因斯坦（Stanley Weinstein）《唐代佛教：王法与佛法》，释依法译，台北：佛光文化事业有限公司，1999年，第22—23页。以及李淞《长安艺术与宗教文明》，第22页。

大极，以慈救为宗。帝大悦，因即下敕："年三月六，普断屠杀。行阵之所，皆置佛寺。"登即一时七处同建，如豳州昭仁、晋州慈云、吕州普济、汾州弘济、洺州昭福、郑州等慈、洛州昭觉，并官给匠石，京送奴隶，皆因赡之开发也。①

也就是说，七寺之立是在明赡的建议下实现的。不过，太宗之所以会听从他的建议还要从他自己的立场来考察。

关于此事最基本的史料，当然是太宗的《为殒身戎阵者立寺刹诏》。此诏在许多文献中都有记载，如《唐会要》卷四八、②《册府元龟》卷五一、③《唐大诏令集》卷一一三、④《全唐文》卷五⑤等，但详略各异。最完整的诏书被收录在唐初道宣所编的《广弘明集》卷二八中，题为《唐太宗于行阵所立七寺诏》，全文如下：

> 门下：至人虚己，忘彼我于胸襟；释教慈心，均异同于平等。是知上圣恻隐，无隔万方。大悲弘济，义犹一子。有隋失道，九服沸腾。朕亲总元戎，致兹明罚。誓牧登陑，曾无宁岁。其有桀犬愚惑，婴此汤罗。衔须义愤，终于握节。各殉所奉，咸有可嘉。日往月来，逝川斯远。虽复项藉放命，封树纪于丘坟；纪信捐生，丹青著于图像。犹恐九泉之下，尚沦鼎镬；八难之间，永缠冰炭。愀然疚怀，用忘兴寝。思所以树立

---

① 道宣：《续高僧传》卷二五《唐终南山智炬寺释明赡传》，第936—937页。
② 《唐会要》卷四八《寺》，第994—995页。
③ 《册府元龟》卷五一《帝王部·崇释氏一》，第574页。
④ 《唐大诏令集》卷一一三《为殒身戎阵者立寺刹诏》，第586页。
⑤ 《全唐文》卷五《为战阵处立寺诏》，第59—60页。

福田，济其营魄。可于建义已来交兵之处，为义士、凶徒陨身戎阵者，各建寺刹，招延胜侣。望法鼓所振，变炎火于青莲；清梵所闻，易苦海于甘露。所司宜量定处所，并立寺名、支配僧徒及修造院宇，具为事条以闻，称朕矜愍之意。

　　破薛举，于豳州立昭仁寺。

　　破宋老生，于台（吕）州立普济寺。

　　破宋金刚，于晋州立慈云寺。

　　破刘武周，于汾州立弘济寺。

　　破王世充，于邙山立昭觉寺。

　　破窦建德，于郑州立等慈寺。

　　破刘黑泰（闼），于洺州立昭福寺。

　　右七寺并官造。又给家人车牛田庄，并立碑颂德。[1]

可惜的是，《广弘明集》没有留下此诏发布的时间，而在其他史籍中，时间则有不同记载，如《唐会要》记载为贞观三年十二月一日，《册府元龟》《旧唐书·太宗本纪》均记载为三年十二月癸丑，《新唐书·太宗本纪》则记载为贞观三年闰月癸丑，《唐大诏令集》则记载为三年闰十一月。合而观之，我们大致可以判定，此诏

---

[1] 《广弘明集》卷二八，第328—329页。引文标点有所改动。

发出的时间当为贞观三年（629）闰十二月癸丑（十七日）。①

另外，《广弘明集》也没有记录这七所佛寺立碑的具体情况，《唐会要》的记载则弥补了这一缺憾，我们可据以列表如下（表2），并以其他文献略加说明：②

表2 唐太宗所立战场七寺表

寺名	地点	战功	碑铭作者	备注
弘济寺	汾州	破刘武周	宗正卿李百药	
普济寺	吕州霍邑县	破宋老生	著作郎许敬宗	参见《元和郡县图志》卷一二"晋州霍邑县"条，第340页。
慈云寺	晋州	破宋金刚	起居郎褚亮	《唐会要》卷四八《寺》误作褚遂良。
昭觉寺	洛州邙山	破王世充	著作郎虞世南	

---

① 李凇先生对此诏发布的时间有所考辨，他更倾向于贞观二年底，见氏著《长安艺术与宗教文明》，第17—26页。他主要的立论基础是宋代的金石学著作如欧阳修《集古录》、赵明诚《金石录》等的记载，不过，他忽视了各种史料本身性质的差异，在没有特别坚实的反证之前，还是应该相信两《唐书》《唐会要》及《册府元龟》这样的官方史料，尤其是诏敕之类的王言直接来自实录和国史。至于欧、赵所记之碑刻年月，相互之间就有矛盾，出错的机率只会更大。事实上，王双怀《两〈唐书〉纠谬三则》（《陕西师范大学学报》2002年第2期，第73页）、武秀成《〈旧唐书〉辨证》（上海古籍出版社，2003年）均已指出，《旧纪》所载当作贞观三年闰十二月癸丑。参见詹宗佑《点校本两唐书校勘汇释》，中华书局，2012年，第11页。
② 见《唐会要》卷四八《寺》，第994—995页。按表中《慈云寺碑》的作者褚亮，《唐会要》原作"褚遂良"，据《旧唐书·太宗本纪上》、《册府元龟》卷五一《帝王部·崇释氏一》改。另外，《唐会要》的记载少了关于破薛举立昭仁寺条，按《元和郡县图志》卷三："昭仁寺，在县西十步浅水原上，王师讨平仁杲，诏于此置寺。碑，谏议大夫朱子奢之词也。"第64页。

续表

寺名	地点	战功	碑铭作者	备注
等慈寺	郑州汜水县	破窦建德	秘书监颜师古	参见《元和郡县图志》卷五"洛州汜水县"条,第147页。《等慈寺碑》今存全文,《全唐文》卷一四八。
昭福寺	洺州永年县	破刘黑闼	中书侍郎岑文本	参见《元和郡县图志》卷一五"洺州永年县"条,第431页。
昭仁寺	豳州宜禄县（今咸阳市长武县）	破薛举	谏议大夫朱子奢	参见《元和郡县图志》卷三"邠州宜禄县"条,第63页。《昭仁寺碑铭（并序）》今存全文,《全唐文》卷一三五。

不难看出,当时受命撰写碑文者是虞世南、许敬宗、颜师古、岑文本等第一流的文臣,足见太宗对此事的重视。中唐李吉甫《元和郡县图志》只记载了其中的四座寺院,即昭仁寺、等慈寺、普济寺和昭福寺,其他三所寺院没有记载,不知是否当时已经败落。到了宋代,欧阳修在《集古录》中著录了三通碑文,即《唐豳州昭仁寺碑》《唐吕州普济寺碑》《唐颜师古等慈寺碑》,① 而赵明诚《金石录》则著录了四通碑文,除了欧阳修所录三碑之外,还有李百药所撰的《唐弘济寺碑》,只是其年代作"贞观十四年七月",② 颇

---

① 《集古录跋尾》卷五,《石刻史料新编》第1辑第24册,台北:新文丰出版公司,1977年,第17877页。
② 分见《金石录校证》卷三"第五百五十五唐豳州昭仁寺碑""第五百五十六唐吕州普济寺碑""第五百五十七唐等慈寺碑""第五百八十四唐弘济寺碑"条,赵明诚撰,金文明校证,上海书画出版社,1985年,第52、54页。

疑"十"为衍文，这样也与《唐会要》"已上并贞观四年五月建造毕"大略相合。可惜的是，唐初的七通建寺碑如今仅朱子奢的《昭仁寺碑铭》原碑保存至今，颜师古的《等慈寺碑》有拓本存世，其他五通碑文我们今天已无由得见了。

（二）立七寺与毁京观

如诏书所言，唐太宗在战场立七寺是"为义士、凶徒陨身戎阵者，各建寺刹"，也就是说，不仅要为唐军阵亡将士祈福，也要为敌军阵亡将士祈福，这一点，也体现了诏书开首所谓"释教慈心，均异同于平等"的观念，与隋文帝在相州所立寺院如出一辙。在佛教生死观的关照之下，这道诏书充满了佛教的思想和用语，太

图5　《昭仁寺碑》碑亭

宗担心这些亡魂"九泉之下，尚沦鼎镬；八难之间，永缠冰炭"，故"思所以树立福田，济其营魄"，也就是要通过立寺来救拔这些亡魂，"望法鼓所振，变炎火于青莲；清梵所闻，易苦海于甘露"。显然，这正是高僧明赡为太宗所讲述的"释门大极，以慈救为宗"的具体内容。所谓"慈救"，即慈悲与救度，对众生慈悲，对亡魂救度。

太宗诏书中所表达的观念，在朱子奢、颜师古所撰写的相关碑铭上得到了呼应和进一步发挥。昭仁寺是在平定薛举的战场浅水原上所立，至今仍然矗立在陕西咸阳市长武县东街，其中大雄宝殿依然是唐时旧貌。《昭仁寺碑》上有碑亭覆盖（图5），至今保存完好。碑体通高4.56米，其中碑首1.26米，碑身2.64米，基座0.66米；碑宽顶部为1.1米，底部为1.22米。对于这场关系到新建立的唐王朝生死命运的大战，朱子奢用了三千多字来讲述，极具铺陈之能事，气势宏大，文字华美。在内容上，更突出了这次立寺祈福与中国掩骼埋胔传统的不同，在盛陈太宗"顺天道好生之德，体周王掩胔之仁"，应该封禅立碑之后，碑文曰：

然则事止寰中，道流物外，未辨西方之圣，莫知东被之法。求真之理，我则未闻。虽御辨崆峒，非趋涅槃之岸；乘云谷口，宁游波若之门？……今我所以仰胜缘于千号，纪武功于七德，真俗二谛，兼而两之。皇上昔居因地，早宏誓力，应迹忍土，荷负群生。属忧火燎原，稽天方割，飚林无自静之木，震海岂澄源之水？东戡西翦，南征北怨，旄钺所次，酣战兹邦。君轻散千金之赏，士重酬九死之命。莫不竞凌锋镝，争蹈

从"京观"到佛寺——隋与唐初战场尸骸的处理与救度　　075

水火。虽制胜之道，允归上略，而兵凶战危，时或殒丧。褰裳不顾，结缨荒野，忠为令德，没有余雄。同艰难于昔晨，异欢泰于兹日。有怀亮烈，用切疏庝，仍于战地，爰搆神居。变秽土于宝城，开莲花于火宅。高烽罢照，慈灯载朗，戴莚缀警，胜幡斯立，拔无明于棘林，导焦热于渴井，尽诸有结，永除苦际。虽复去顺效逆，同归各徒，中涓颍从，实惟义重。而上忍所被，旃檀与利刃兼忘；大慈所罩，怨贼将义夫齐指。俱润法雨，同乘大辕，回向菩提，无上平等。①

显然，在佛教的影响下，太宗对于敌军阵亡将士与唐军同样对待，也就是碑文所云"上忍所被，旃檀与利刃兼忘；大慈所罩，怨贼将义夫齐指"，最终使双方亡魂"永除苦际"，"俱润法雨"（图6a，图6b）。

事实上，太宗能做到这一点实属不易，因为他一生中最惨烈的一次败仗就是拜薛举所赐。据《资治通鉴》记载，武德元年（618）七月，"薛举进逼高墌，游兵至于豳、岐，秦王世民深沟高垒不与战。会世民得疟疾，委军事于长史·纳言刘文静、司马殷开山，……壬子，战于浅水原，八总管皆败，士卒死者什五六，大将军慕容罗睺、李安远、刘弘基皆没。世民引兵还长安，举遂拔高墌，收唐兵死者为京观。"② 这座京观，应该是在李唐开国的历次战役中，唯一一座由唐军阵亡将士筑成的京观，肯定会在李世民心

---

① 《全唐文》卷一三五，第1362—1366页。按《昭仁寺碑》的拓本已经出版，见《昭仁寺碑宋拓本》，天津人民美术出版社，1999年。此宋拓不全，系以明拓补足，印刷相当精美。
② 《资治通鉴》卷一八五，第5800—5801页。

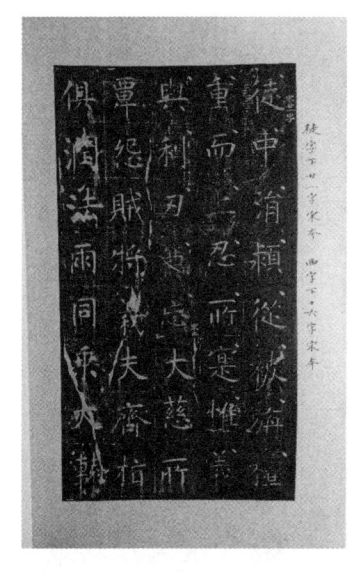

图6 宋拓《昭仁寺碑》拓片

中留下惨痛的记忆。另据《旧唐书》记载，当薛举大破唐军之后，正准备乘胜进军长安之时，"临发而举疾，召巫视之，巫言唐兵为祟，举恶之，未几而死"。[①] 可见，当时就传言薛举暴病身亡是被筑为京观的唐军亡魂所为，这很可能也给李世民留下了极其深刻的印象。十年之后，当他在最终平定薛举的战场上置立佛寺时，遂不仅为己方"义夫"祈福，也为敌方"怨贼"祈福，这或许正是考虑到薛举的前车之鉴，而随后太宗全面废毁京观，或亦与此相关。

在文字铺陈上，颜师古《等慈寺碑》与朱子奢《昭仁寺碑铭》如出一辙，首先盛赞太宗皇帝的功德，接着讲述平定窦建德之战的胜利，最后说明建立等慈寺的背景：

---

① 《旧唐书》卷五五《薛举传》，第2247页。

思广舟航，无隔幽显。静言官首，或握节以殉忠；追悼行间，有薤轮而弃野。愍疏属之罪，方滞迷途；念刑天之魂，久沦长夜。以为拔除苦累，必藉胜因，增益善根，实资净土。乃命克敌之处，普建道场，情均彼我，恩洽同异。爰立此寺，俾号等慈。境实郑州，县称汜水。……岂惟致罚之野，获免汙豭，淫慝所惩，赦其京观。乃令深入缘起，永脱盖缠；普赖法财，同归妙乐。①

如颜师古所言，此寺之所以名为"等慈"，是为了"情均彼我，恩洽同异"，可见此寺名最真切体现了太宗诏书中"释教慈心，均异同于平等"的本意。在颜师古看来，这些克敌的战场本是"致罚之野"，在太宗的宽仁之下，才得以"淫慝所惩，赦其京观"（图7），并以立寺之功德，来为这些亡魂"拔除苦累"，使其"永脱盖缠"，"同归妙乐"。碑文后面的第六首铭文有类似的表述，曰："魔众既摧，胜幡斯立。释兹罪垢，俾申幽

图7 宋拓《等慈寺碑》拓片

---

① 《全唐文》卷一四八，第1497—1498页。此碑拓本也已出版，见《等慈寺碑》，天津古籍出版社，1988年。

执。施以无畏，断其余习。即此戎墟，招提攸葺。"显然是将敌军阵亡将士比作"魔众"，太宗立寺，也是为了"释兹罪垢，俾申幽执"，即赦免他们的罪过，并为他们祈祷冥福。不难看出，正如杨坚希望化京观为伽蓝一样，唐太宗及其大臣们也将立寺之举与京观传统自觉进行了对照。

到了贞观五年（631）二月十四日，唐太宗正式下诏废毁全国京观。诏书曰：

> 甲兵之设，事不获已，义在止戈，期于去杀。季叶驰竞，恃力肆威。锋刃之下，恣情翦馘。血流漂杵，方称快意，尸若乱麻，自以为武。露骸封土，多崇京观，徒见安忍之心，未宏掩骸之礼，静言念此，悯叹良深。但是诸州有京观处，无问新旧，宜悉划削，加土为坟，掩蔽枯朽，勿令暴露。仍以酒脯，致祭奠焉。①

显然，这次废除京观的政策是全国性的，而且是"无问新旧，宜悉划削"，可见其彻底性。在被划削的京观中，应该包括了薛举以唐军尸骸所筑的那座，因为对于李世民来说，这座京观可说是他的耻辱柱。另据《旧唐书·太宗本纪》上记载："秋八月甲辰，遣使毁高丽所立京观，收隋人骸骨，祭而葬之。"② 可见，这次划削京

---

① 太宗：《令诸州划削京观诏》，《全唐文》卷五，第62页。此诏发布的具体时间，参见《册府元龟》卷四二《帝王部·仁慈》，第477页；《资治通鉴》卷一九三，第6086—6087页。
② 《旧唐书》卷三《太宗本纪》，第41页。据《旧唐书》卷一九九上《高丽传》记载，当时所派的使者是"广州都督府司马长孙师"，第5321页。

观范围之广,甚至已经超越了唐朝国境,此举甚至引起了高丽方面的警觉,史称高丽王"建武惧伐其国,乃筑长城,东北自扶余城,西南至海,千有余里"。①

在太宗划削京观的诏书中,没有明确提到佛教的影响,然而,当我们将此事与一年多前建立七寺一事联系起来考察,则其中的关联昭然若揭。欧阳修在朱子奢《唐幽州昭仁寺碑》的跋文中说:

> 唐自起义与群雄战处,后皆建佛寺,云为阵亡士荐福。汤武之败桀纣,杀人固亦多矣,而商周享国各数百年,其荷天之祐者,以其心存大公,为民除害也。唐之建寺,外虽托为战亡之士,其实自赎杀人之咎尔。其拨乱开基,有足壮者,及区区于此,不亦陋哉!②

显然,欧阳修对于唐太宗立七寺之举颇不以为然,认为他名义上是为战亡之士祈福,实际上是为了自赎杀人之过。的确,太宗在削除群雄的战争中杀敌极多,颜师古《等慈寺碑》描绘他平窦建德的场景说:"陷坚挫猛,刮野扫地,喋血僵尸,填坑满谷。禽兹元恶,未及旋踵,仍执丑虏,曾靡孑遗。"而朱子奢《昭仁寺碑铭》描写太宗平薛举之战的场景说:"逆顺斯悬,轰然大溃,僵尸蔽莽,委甲成山,拥秦泾而不流,投过涧而自满。焚巢扫窟,野无遗寇。"这些描写虽然不无夸饰之词,但战争的残酷却是实情。在这些战争中,李世民亲手杀死的敌军就有近千人,所以贞观二年三

---

① 《旧唐书》卷一九九上《高丽传》,第5321页。
② 《集古录跋尾》卷五,第17877页。

月,他还曾专门为这些亡魂设斋行道,文曰:

> 门下:刑期无刑,皇王之令典;以战止战,列圣之通规。是以汤武干戈,济时静乱。岂其不爱黔首,肆行诛戮,禁暴戢兵,盖不获已。朕自隋末(末)创义,志存拯溺。北征东伐,所向平殄。然黄钺之下,金镞之端,凡所伤殪,难用胜纪。虽复逆命乱常,自贻殒绝,恻隐之心,追以怆恨,生灵之重,能不哀矜?悄然疚怀,无忘兴寝。且释氏之教,深尚慈仁。禁戒之科,杀害为重。承言此理,弥增悔惧。今宜为自征讨以来,手所诛剪,前后之数,将近一千,皆为建斋行道,竭诚礼忏。朕之所服衣物,并充檀舍。冀三途之难,因斯解脱;万劫之苦,藉此弘济。灭怨障之心,趣菩提之道。①

显然,太宗自赎杀人之过是很有可能的,不过这与为亡魂祈福救度并不冲突,因为立寺祈福正是自赎罪过的最佳途径。

除了赎罪的因素之外,在太宗的心中,置立七寺或许还有一个潜在的更深层的因素,即昭示他登上皇位的正当性。如所周知,太宗是通过杀兄逼父的玄武门之变登上皇位的,为了堵住天下悠悠之口,他一方面篡改国史,将自己登基说成是高祖本意,另一方面,也更加广泛地宣传自己的军功,凸显自己在李唐建国过程中的核心作用。在此背景下,这七处战场上所立的寺院及其中的七座巨碑,

---

① 《广弘明集》卷二八《唐太宗为战亡人设斋行道诏》,第329页。此诏的具体时间,见《佛祖统纪校注》卷四〇,志磐撰,释道法校注,上海古籍出版社,2012年,第908页。

就共同构成了李世民丰功伟业的表征,而划削天下京观之举,更是树立其仁德之君形象的重要举措,一毁一立,相辅相成。毕竟,唐太宗是中国历史上唯一一位明确下诏划削天下京观的皇帝。

余论:唐太宗之后的京观

然而,建立京观的传统根深蒂固,唐太宗新举措的影响却不够深远。没过多久,在一些战场上又重新出现了京观。例如,高宗永徽五年(654)十月,契丹大破高丽军队,并"聚其尸,筑为京观"。① 当然这不算是唐军所筑。仪凤三年(678)九月,因吐蕃数寇边,年轻的太学生魏元忠上书言用兵之要,其中有云:"向使将能杀敌,横尸蔽野,敛其头颅以为京观,则此虏闻官军钟鼓,望尘却走,何暇前队皆死哉!"② 然则魏元忠依然坚持了以京观震慑敌军的传统观念,而这一建议在二十年后的武则天时期,就在与吐蕃的战场上实现了。久视元年(700)秋,凉州都督唐休璟与吐蕃大将麹莽布支战于昌松县,"与贼六战六克,大破之,斩其副将二人,获首二千五百级,筑京观而还"。③ 这可能是在贞观五年太宗下诏毁天下京观70年之后,由唐军所筑的第一座京观。

到了唐玄宗时,常年带兵在外征战的大宦官杨思勖也曾多次建造京观,如开元十年(722)八月,"安南贼帅梅叔鸾等攻围州县,遣骠骑将军兼内侍杨思勖讨之,思勖募群蛮子弟,得兵十余万,袭

---

① 《册府元龟》卷九九五《外臣部·交侵》,第11686页。
② 《新唐书》卷一二二《魏元忠传》,第4342页。魏元忠上封事的具体时间,据《资治通鉴》卷二〇二,第6386—6388页。
③ 《旧唐书》卷九三《唐休璟传》,第2979页。

击，大破之，斩叔焉，积尸为京观而还"。① 开元十四年（726），"邕州贼帅梁大海拥宾、横等数州反叛，思勖又统兵讨之，生擒梁大海等三千余人，斩余党二万余级，复积尸为京观"。② 显然，这些京观主要是在西南边陲建立的。在《杨思勖墓志》中，京观之立是彰显志主辉煌战功的证据："七总戎律，一勘内难；鹰扬五岭，武镇六州，斩级二十万，京观八十一，可谓禁暴戢兵，保大定功者也。"③ "京观八十一"的说法显然过于夸张，但杨思勖素以"残忍好杀"著称，史称他"性刚决，所得俘囚，多生剥其面，或劈发际，掣去头皮"，残忍如此，则其多次以敌军尸骸建立京观也在情理之中。然而，到了天宝年间，唐军也曾因战败而被筑为京观。天宝十载（751）四月，剑南节度使鲜于仲通率精兵八万讨南诏，战于西洱河，结果"军大败，士卒死者六万人，仲通仅以身免。杨国忠掩其败状，仍叙其战功。阁罗凤敛战尸，筑为京观，遂北臣于吐蕃"。④ 天宝十三载（754）六月，剑南留后李宓又将兵七万击南诏，结果兵败被擒，全军皆没，南诏又积尸为冢。⑤ 今天云南大理市还有两座"大唐天宝战士冢"，一座是在市区天宝公园内的"万人冢"（图8），另一座在地石曲村西，又称"千人冢"，均为省级文物保护单位，两者直线相距约6公里，有学者认为它们正是这两次

---

① 《资治通鉴》卷二一二，第6751页。
② 《旧唐书》卷一八四《宦官·杨思勖传》，第4756页。
③ 《唐故骠骑大将军兼左骁卫大将军知内侍事上柱国虢国公杨公墓志铭并序》，周绍良主编《唐代墓志汇编》开元515号，上海古籍出版社，1992年，第1509页。
④ 《资治通鉴》卷二一六，第6907页。
⑤ 事见《资治通鉴》卷二一七，第6926—6927页。亦见《蛮书校注》卷一，樊绰撰，向达校注，中华书局，1962年，第7—10页。《云南志校释》卷一，樊绰著，赵吕甫校释，中国社会科学出版社，1985年，第4—13页。

图8 云南大理"大唐天宝战士塚"

战争中南诏所筑京观的遗存。①

玄宗之后，京观又多次出现在历史舞台上，如代宗大历八年（773），岭南将哥舒晃反，路嗣恭被任命为岭南节度观察使，负责平叛，"遂斩晃及诛其同恶万余人，筑为京观，俚洞之宿恶者皆族诛之，五岭削平"。②德宗兴元元年（784），江西节度使李皋进击淮西大将杜少诚，"斩首万级，封尸为京观"。③到了烽火连天的唐末五代，京观的出现更为频繁，几乎每一次大战之后都会建立京观。直到宋代，京观仍多次出现，最著名的当属狄青在讨伐侬智高之乱

---

① 何金龙《天宝战争京观"大唐天宝战士冢"》，《大众考古》2020年第1期，第66—68页。
② 《旧唐书》卷一二二《路嗣恭传》，第3500页。
③ 《旧唐书》卷一三一《李皋传》，第3639页。

时,在邕州城北隅以敌军5341具尸体所建之京观。① 元明清三朝,虽仍偶有京观之立,如明万历三年(1575)四月,明军在镇压了广西柳州鹿寨百姓的叛乱之后,就曾用五百一十多颗人头建立了京观,并在以摩崖刻"京观"二字(图9a,图9b),② 以震慑当地民众,但总体来说,次数已经极少,渐至消亡。③ 当我们看到这一条条史料,不禁惋惜唐太宗立佛寺、废京观之仁政未能泽被后世,但无论如何,这显示了他在中国的政治文化传统之外,利用外来的佛教资源来超越传统的努力。

---

① 《续资治通鉴长编》卷一七四,仁宗皇祐五年(1053)正月条,中华书局,1992年,第4192—4193页。
② 原石在广西柳州鹿寨县中渡镇肖家山,拓本收入程州主编《柳州石刻集》,广西人民出版社,2014年,第145页。据该书介绍,原石已于"文革"学大寨期间被毁,拓片高165厘米,宽110厘米。图9a系在网上找到的老照片。图9b似乎为近年新刻者,第一行小字的行款与老照片有异。
③ 在日本京都东山区有一座古迹"耳塚",位于丰臣秀吉所建的方广寺和将丰臣秀吉作为神而祭祀的丰国神社前。据学者研究,里面埋葬的是1592—1598年丰臣秀吉发动的侵略朝鲜半岛的壬辰战争中,被日军屠杀的朝鲜与明军将士的耳朵与鼻子(据说里面也有一部分朝鲜重要将领的首级),由于路途遥远,它们代替首级,作为军功的象征被带回日本。大河内的《朝鲜物语》下卷记载,其中的朝鲜人有十八万多,明军近三万人,总数高达二十一万。丰臣秀吉令人将这些耳、鼻、首级葬于一处,是为耳塚(初名鼻塚),后来在其上又立五轮塔以镇之。耳塚的建造目的自然是为了向日本国内民众宣扬朝鲜战争的军功和战绩,后来又成为震慑朝鲜赴日使者的工具,可谓另一种形式的京观。1799年刊行的中井竹山《逸史》所云"朝鲜人与明兵士们的耳朵被割下来集中埋在京都方广寺前以为京观",即为明证。1597年9月,丰臣秀吉命令相国寺主持西笑承兑领衔京都五山僧人,为耳塚中的魂灵举行了施饿鬼法事活动,同样显示了佛教对京观传统的影响。当然也有不同,如学者所言,"将敌人的尸体收敛进行祭祀的行为是中世的武士文化,同时也含有免除自己罪恶的这种异人杀害的民俗理念"。详见韩国蔚山大学教授鲁成焕所著《被丰臣秀吉祭祀的耳冢的灵魂》,李敏译,收入李卓主编《南开日本研究2014》,天津人民出版社,2014年,第327—352页。另参赵彦民《壬辰战争:耳冢历史记忆的再建构、越境与交涉》,《民俗研究》2018年第4期,第95—101页。

图9a　　　　　　　　　　　图9b

图9　广西柳州鹿寨县"京观"摩崖

围绕着战场上的尸骸，我们可以在中国古代政治文化中看到两个并列的传统：一是建立京观的传统，即通过将战败被杀的敌军将士尸首夯土为台，以宣扬武功、震慑敌人；另一个则是仁德之君掩骼埋胔的传统，通过这种方式，塑造出泽及枯骨的仁君形象。从隋到唐初，佛教因素开始与这两个传统产生交集。杨坚于相州战场建立佛寺，希望"鲸鲵之观，化为微妙之台"，并特别强调，通过立寺的功德使那些"悖逆之侣，从闇入明"，最终实现对亡魂的救度。

这一影响的顶峰，无疑出现在唐太宗贞观之初。在高僧明赡的影响下，太宗下诏在自己创业开国的七大战场上置立佛寺，并由虞世南、许敬宗、颜师古等第一流文臣撰写碑文，昭示天下。[①]与隋文帝时一样，这些佛寺的祈福对象是"义士、凶徒陨身戎阵者"，不仅包括唐军阵亡将士，也包括敌军的亡魂，而这七所寺院的名称如昭仁、慈云、普济、弘济、昭福、等慈、昭觉，无不真切反映了太宗诏书中"释教慈心，均异同于平等"的观念。通过"慈悲""平等"与"救度"这样的佛教话语，唐太宗完成了对"掩骼埋胔"传统的超越。不仅如此，太宗非但自己不造京观，还建七寺救度战地亡魂，进而又在全国范围内划削新旧京观。通过实际行动，唐太宗也完成了对京观传统的超越，因为置寺立碑同样能够实现京观那种昭示武功的功能。从隋文帝到唐太宗，从置立佛寺到废毁京观，清晰显示了中古时期佛教对中国传统政治文化深刻影响的一个侧面。

本文原刊武汉大学中国三至九世纪研究所编《魏晋南北朝隋唐史资料》第31辑，上海古籍出版社，2015年，第163—182页。日文本：《"京観"から仏寺へ——隋唐時期の戦場遺体の処理と救済》，江川式部译，收入古瀬奈津子编《東アジアの礼・儀礼と支配構造》，东京：吉川弘文館，2016年，第234—268页。英文本：Lei Wen, "From Jingguan 京觀 to Buddhist Temples: Dealing with Providing Salvation to

---

[①] 唐太宗在贞观十五年五月十四日幸弘福寺并与五位大德谈话时，解释了自己推行的道先佛后的政策，并安慰这些僧人说："自有国已来，何处别造道观？凡有功德，并归寺家。国内战场之始，无不一心归命于佛。今天下大定，战场之地，并置佛寺。"可见，他是有意将为战场亡魂祈福的功德归于佛寺，而非道观。参见道宣《集古今佛道论衡校注》卷丙《太宗幸弘福寺，手制愿文，并叙佛道后先八》，刘林魁校注，中华书局，2018年，第229页。

Fallen Soldiers during the Sui and Early Tang", in *Transmission of Buddhism in Asia and Beyond: Essays in Memory of Antonino Forte (1940–2006)*, edited by Jinhua Chen, Singapore: World Scholastic Publishers, 2022, pp. 279–346.

走入传奇

——新刊《窦琰墓志》与《冥报记》"豆卢氏"条的解读

唐临的《冥报记》是唐初一部非常重要的小说集,它借助一些引人入胜的故事,来宣扬佛教的因果报应。此书在中国早已失传,却如同张文成的《游仙窟》一样,长期保存在日本的寺院中。在藤原佐世的《日本国见在书目录》(889—897年成书)中就著录有此书,① 应该是由遣唐使或留学生、学问僧带回日本的。1948年,岑仲勉先生曾撰《唐唐临〈冥报记〉之复原》,对此书进行了较为深入的研究。② 1992年,方诗铭先生以今天能见到的最古写本——日本高山寺藏古写本为底本,并校以另外两个日本古写本及《法苑珠林》《太平广记》《弘赞法华传》《法华传记》等的引文,制成了一

---

① 孙猛:《日本国见在书目录详考》0548号,上海古籍出版社,2015年,第808—812页。
② 岑仲勉:《唐唐临〈冥报记〉之复原》,《中研院历史语言研究所集刊》第17本,1948年,第177—194页;收入《岑仲勉史学论文集》,中华书局,1990年,第753—776页。

个便于学界使用的通行本。①

与一般的灵验故事不同,唐临在记录一则则故事时,态度相当严肃,他在《自序》中指出:"今俗士尚有或(惑)之,多习因而忘果,疑耳而信目,是以闻说后报,则若存若亡;见有受验,则惊嗟信服。"为了使故事更加可信,他"具陈所受及闻见由缘,言不饰文,事专扬确"。② 也就是说,唐临对每则故事的来源都做了认真交代,这在中古时期众多"释氏辅教之书"中是非常突出的。

在近些年出版的唐代墓志中,有一方长寿三年(694)的《唐故司卫正卿田府君夫人扶风窦氏墓志铭并序》(下文简称《窦琰墓志》,图10),③志主窦琰来自隋与唐初政坛上地位煊赫的贵戚家族窦氏,其曾祖窦荣定、祖父窦抗都是关陇集团中的重要人物。此外,窦琰之夫田仁汪的墓志也同时刊布。④ 这两方墓志有助于加

---

① 《冥报记·广异记》,方诗铭辑校,中华书局,1992年。《冥报记》的英译与研究,参看Donald E. Gjertson, *Miraculous Retribution: A Study and Translation of T'ang Lin's Ming-pao chi*, Centers for South and Southeast Asia Studies, University of California at Berkeley, 1989。最近的日译本见《冥報記全釋》,伊野弘子译,东京:汲古书院,2012年。近年来,学界又对日本藏《冥报记》古抄本进行了调查和研究,如李铭敬《〈冥报记〉的古抄本与传承》,《文献》2000年第3期,第80—91页;李铭敬《日本知恩院藏〈冥报记〉古写本的传承与著录考略——兼谈台湾故宫博物院所藏杨守敬旧持本》,《文献》2006年第2期,第171—181页。另参徐俊《日本侯爵前田家藏本〈冥报记〉斠研》,《文史》2003年第1辑,第112—121页。
② 《冥报记》卷上,第2页。
③ 此志图版见《隋唐五代墓志汇编·陕西卷》第3册,天津古籍出版社,1991年,第114页。录文见周绍良、赵超主编《唐代墓志汇编续集》长寿012号,上海古籍出版社,2001年,第328—329页;吴钢主编《全唐文补遗》第3辑,三秦出版社,1996年,第498—500页。按此志今藏长安博物馆,故录文与图版亦收入西安市长安博物馆编《长安新出墓志》,文物出版社,2011年,第128—129页。
④ 《故兼司卫正卿田君墓志》,图版见《隋唐五代墓志汇编·陕西卷》第3册,第73页。录文见《唐代墓志汇编续集》乾封006号,第160—161页;吴钢主编《全唐文补遗》第3辑,第399—400页。此志今亦藏于长安博物馆,录文与图版见《长安新出墓志》,第86—87页。

深我们对初唐关陇集团核心家族之间紧密关系的认识，而《窦琰墓志》中保留的一段志主幼年时的灵验故事，更可与《冥报记》的相关记载对读，二者叙事的不同，使我们得以还原故事的情境和细节。与此同时，对故事背景、人物家世及故事来源的分析，也可使我们对唐初的佛教信仰及《冥报记》的传播与阅读有更为具体的理解。

图10　《唐故司卫正卿田府君夫人扶风窦氏（琰）墓志铭并序》

一、《窦琰墓志》录文

为方便讨论,我们先将墓志录文如下:①

　　夫素月涵精,授明玑而动色;白虹凝艳,感温瑾而生光。是以仙牓起于东南,神台出于朝暮。凤兆延其休绪,鹊巢扬其懿德。若遒式主中馈,爰驰内范,暎金社而贻福,超石窌以疏荣。具美攸归,见于兹矣。

　　夫人讳琰,字令璋,扶风平凌人也。西京后族,大丞相之英威;东汉功臣,大将军之旄节。封侯尚主,列鼎鸣钟。曾祖荣定,随开府仪同三司、左卫大将军、秦渭成武五州诸军事、秦州刺史、右卫大将军、洛郑怀汴广和熊八州诸军事、洛州刺史、上柱国、驸马都尉、陈国公、赠冀赵沧瀛四州诸军事、冀州刺史,谥懿公。辰纬降灵,爪牙分职。建隼旗于神甸,誉动邮谣;谐凤管于仙楼,荣标帝戚。爵疏茅社,礼褥松扃。大父抗,随千牛备身、吏部员外郎、开府仪同三司、幽易燕檀四州诸军事、幽州刺史,唐朝右光禄大夫、纳言、将作大匠、左右武候大将军、上柱国、陈国公,赠司空。公材高六艺,官达两朝,冠映丰貂,门施行马。阐还珠之化,人吏怀恩;著执金之威,权豪敛迹。显考,唐朝请大夫、秦府左亲卫别将、左骁卫中郎将、东宫左内率、银青光禄大夫、右光禄大夫、平陵县开

---

① 前引《唐代墓志汇编续集》《全唐文补遗》《长安新出墓志》等书的录文略有不同,本文据图版有所订正,或择善而从,不再一一说明。

国公。丞万石之业，总伯玉之行。升班凤邸，列侍龙楼。七萃掌其韬钤，四履光其带砺。

夫人含芳蕙圃，擢彩芝田。神授都闲，天资婉顺。年在童幼，志感神明。祖妣豆卢氏夜中读经，遽而灯灭，有取火者，久而不至。夫人在侍，因往催之。将出户庭，空里有烛影，随夫人所召，直指经处，读之乃毕。列于唐临《冥宝记》焉。昔汲彼江流，涌清泉于舍侧；今命兹宵烛，发丹焰于空中。较以征祥，固非连类。洎乃艺该私室，训洽公宫，曹诚持情，张箴勖己。雕文似雪，爰裁《柳絮》之歌；缲札如云，几勒《椒花》之颂。玉梭动春机之韵，金燧通晨煋之晖。言合典谟，行成表式。既而礼膺羔雁，义叶松萝，载偶鸣篦，爰申举案。陋瑶碧而轻珠翠，洁苹藻而事纮綖。金夫以职总八屯，望高九列，式从令典，爰开邑号。显庆五年七月，册授安丰县君。麟德元年四月，又迁扶风郡君。遽以偕老褰期，哭朝延痛。结泛舟之誓，流徙宅之规。光庭禀其慈旨，耀掌洽其仁训。所冀贻祯享福，兰陔就养于永年；岂期降祸延灾，蒿里凝悲于大夜。粤以垂拱二年九月十日，遘疾薨于洛州嘉善里第，春秋六十有七。呜呼哀哉！惟夫人率性温柔，执心廉退，奉上以勤敬，抚下以宽仁。标听车之识，弘窥牖之鉴。虽寡慈大袚，取乐长筵，而迅景不留，徽风遽戢。嗣子上柱国始州阴平县丞臣节，次子文昌库部郎中臣福，次子梓州司功参军臣元等，玉昆金友，光国荣家。望隆题凤，既预握兰之宠；哀延吊鹤，载衔吹棘之悲。式遵先远之期，言备送终之典。粤以大周长寿三年岁次壹月乙酉朔廿五日己酉，合葬于西京南杜陵之原，礼也。背铁凤之严城,分玉龟之极浦。日黯黯而山晦,云苍苍而树古。
阅鸾匣于泉台,掩翚车于地户。勒玄石兮无沬,庶清猷之可
观。其铭曰:

  观津茂绪,安丰盛族。袭祉簪裾,降灵州渎。管吟飞凤,
辐驰尽鹿。紫卫爪牙,丹庭启沃。其一。克诞贞质,载表柔
仪。花飞词苑,波偃书池。扬兹蕙问,穆彼兰规。琼梭曙警,
银烛宵移。其二。委雁循礼,乘龙叶庆。琴瑟以合,室家以
正。爰总四德,聿光六行。既拥鱼轩,奄分鸾镜。其三。训照
孟里,赏洽潘筵。俄晞晨露,遽泣寒泉。双虬剑水,两鹤松
阡。式符故实,载辟荒埏。其四。呜咽凝笳,飘飘飞幰。宰树
风急,空山日晚。大夜方染,幽魂讵返。唯有徽烈,长存翠
琬。其五。

二、关陇集团的贵戚世家:窦氏

  志主窦琰出身于关陇集团的一个核心家族,虽然这个家族的历
史往往被追溯至东汉的外戚窦氏,但实际上,这个家族出自匈奴费
也头的纥豆陵氏,[①]与北周、隋、唐三朝皇室都有着姻亲关系。例
如,窦毅任定州总管、神武公,娶北周武帝之姊襄阳长公主,而其
女正是唐高祖李渊之妻太穆皇后窦氏。窦毅从弟窦荣定,则尚隋文
帝姊安成长公主。荣定自幼与杨坚一起长大,情意深重,杨坚曾说:

[①] 参看石见清裕《唐の建国と匈奴の費也頭》,《史學雜誌》第91卷第10号,1982
年,第74—97页。中译本见氏著《唐代北方问题与国际秩序》第一部第一章,
胡鸿译,复旦大学出版社,2019年,第13—46页。

"朕少恶轻薄，性相近者，唯窦荣定而已。"①

窦荣定之子窦抗则自幼与李渊感情深厚，大业之末，当听说李渊攻下长安的消息，他很得意地对大家说："此吾家妹婿也，豁达有大度，真拨乱之主矣。"由于与李唐皇室有着千丝万缕的关系，窦氏在唐初获得了极大的荣宠，"时抗群从内三品七人，四品、五品十余人，尚主三人，妃数人，冠冕之盛，当朝无比"。②而这种荣宠一直延续到盛唐时期，睿宗昭成皇后（即玄宗生母）窦氏就是窦抗之曾孙女，因此，"窦氏自武德至今，再为外戚，一品三人，三品已上三十余人，尚主者八人，女为王妃六人，唐世贵盛，莫与为比"。③

据《旧唐书·窦抗传》记载，窦抗有三子：长子窦衍，袭爵陈国公，官至左武卫将军。次子窦静，封信都男，官至民部尚书。三子窦诞，封安丰郡公，尚高祖女襄阳公主，贞观初，召拜右领军大将军，转大理卿、莘国公。④事实上，窦抗并不只有这三个儿子，据《元和姓纂》卷九记载："[窦]善，西魏华州刺史，永富公。善生荣定，隋冀州刺史、陈公。荣定生抗、庆、珤。抗，纳言、陈公，生衍、靖、诞、幹、师纶、师武、师仁。"⑤窦抗卒于武德五年（622）三月，其墓志早在《金石录》中就有跋文。⑥如今，窦抗诸子的墓志相继出土，为我们提供了窦氏一门宝贵的新资料。1985

---

① 《隋书》卷三九《窦荣定传》，第1150页。
② 《旧唐书》卷六一《窦抗传》，第2369页。
③ 《旧唐书》卷六一《窦抗传》，第2371页。
④ 《旧唐书》卷六一《窦抗传》，第2369—2370页。
⑤ 林宝：《元和姓纂（附四校记）》，郁贤皓、陶敏整理，中华书局，1994年，第1371页。
⑥ 《金石录校证》卷二三，第419页。

年,《窦诞墓志》从顺陵出土。[①] 最近,以创制唐代服饰中"陵阳公样"闻名于世的窦师纶之墓志也被刊布和研究。[②] 2011年,其兄窦幹的墓志又在西安市长安区出土,志盖题曰"大唐故率更令上开府窦府君之墓志铭",开头就说:"君讳幹,字师幹",[③] 颇疑"师纶""师武""师仁"也是字,而其名则无"师"字。

《窦琰墓志》只记载了其曾祖窦荣定、祖窦抗的历官情况,却没有记载其父的名字,其所历官职为"唐朝请大夫、秦府左亲卫别将、左骁卫中郎将、东宫左内率、银青光禄大夫、右光禄大夫、平陵县开国公"。那么,窦琰之父究竟是窦抗的哪个儿子呢?其实,除了《元和姓纂》记载七子之外,窦抗还另有一子。1992年,陕西省考古研究所在长安县南里王村发掘了窦皦墓,其中发现了异常精美的金玉宝钿带和水晶坠十字铁刀,也出土了《大唐上柱国左卫府中郎将平陵县公窦公(皦)墓志铭》,[④] 由于各种原因,此墓的材料始终未曾正式公布。令人惊喜的是,最近这方墓志终于被刊布了,[⑤] 其记载窦皦生平如下:

　　公讳皦,字师明,扶风平陵人也。……大业之季,补国

[①] 《窦诞墓志》的录文,见吴钢主编《全唐文补遗》第2辑,三秦出版社,1995年,第94—96页。关于这方墓志,参看鲁才全《窦诞职官年表——以〈窦诞墓志〉为中心》,武汉大学魏晋南北朝隋唐史研究室编《魏晋南北朝隋唐史资料》第16辑,武汉大学出版社,1998年,第114—122页。
[②] 参看王庆卫《新见初唐著名画家窦师纶墓志及其相关问题》,中国文化遗产研究院编《出土文献研究》第10辑,中华书局,2011年,第392—405页。
[③] 张婷:《新见唐〈窦师幹墓志〉录释》,《文博》2012年第3期,第53—56页。
[④] 参看负安志《陕西长安县南里王村与咸阳飞机场出土大量隋唐珍贵文物》,《考古与文物》1993年第6期,第45—52、24页。
[⑤] 李明主编《新中国出土墓志·陕西》(肆)第53号,文物出版社,2021年,图版在上册第54页,录文在下册第49页。

子学生。十二年秋，于灵州从骠，策勋楙赏，蒙授朝散大夫。义宁元年，大唐光启，以推毂畴庸，授银青光禄。二年，破梁师都贼，迁右光禄大夫。即为千牛，便繁左右。武德元年，从平薛举，即蒙授上柱国。二年十月，授秦王府左亲卫、车骑将军。三年，从破刘武周，先登陷阵，用锡茅社，封平陵县公。四年，从平王世充，庸勋未序。七年，改授左亲卫别将，内领禁兵。九年，迁左亲卫中郎将，仍检校东宫左内率，通籍两宫，方搏八翅。贞观元年九月十日，遘疾云亡，时年卅一。即以其年太岁丁亥十月庚辰朔五日甲申，葬于万年县洪固乡樊川之北原，礼也。①

可以看出，窦皦字师明，与他的几个兄弟一样，都以"师"字排行。从其贞观元年（627）三十一岁去世来计算，则其当生于隋开皇十七年（597）。志文记载其履职如"秦王府左亲卫""东宫左内率""银青光禄大夫""右光禄大夫"等，均与《窦琰墓志》完全一致，而墓志称其爵为"平陵县公"，亦与《窦琰墓志》相合。唯一的差异，是《窦琰墓志》称其父曾任"左骁卫中郎将"，而《窦皦墓志》则为"左亲卫中郎将"，这一字之差，可能只是在六十年之后窦琰墓志撰写时的疏误。我们可以肯定，窦琰之父应该就是这位窦皦。

在武德年间，窦抗及其诸子多追随李世民东征西讨，如窦抗"寻从太宗平薛举，勋居第一。四年，又从征王世充。及东都平，

---

① 录文见李明主编《新中国出土墓志·陕西》（肆）下册，第49页。

册勋太庙者九人，抗与从弟轨俱预焉，朝廷荣之"。① 三子窦诞亦随秦王平薛举，任元帅府司马。另一子窦师纶也曾担任过"秦府咨议参军"及"元帅府录事参军"。② 不过，窦抗的另一子窦师幹却为太子建成之心腹，据其墓志记载："及义师克京，即日利见，即蒙授陇西公府咨议参军，从征崤陕。二年正月，蒙授朝请大夫。……其年六月大唐受禅，世子正位春宫，即迁为率更令。"按"陇西公"即李渊世子建成，然则窦师幹多次随其出征，颇受信任。武德四年他又从征稽胡，闰十月，在随建成抚军的路上，"以疾驰致祸"而死。在太子建成与秦王世民的斗争中，窦师幹的立场与父兄有异，这可能与建国之初太子与秦王的矛盾尚未激化有关。至于窦暽，据其墓志及《窦琰墓志》的记载，他长期为秦王效力，曾任"秦王府左亲卫、车骑将军"，随李世民平薛举、刘武周、王世充，几乎无役不与，显然关系密切。至于墓志所云，他在武德九年（626）担任过"东宫左内率"，因为没有记载月份，这里的"东宫"之主是建成还是世民，尚不确定。不过，从其履历与素来的立场推测，他担任"东宫左内率"，很大可能是在六月四日玄武门之变结束，李世民被高祖立为皇太子之后。③

三、窦琰夫家田氏

窦琰卒于垂拱二年（686），享年67岁，则她生于武德三年

---

① 《旧唐书》卷六一《窦抗传》，第2369页。
② 参看王庆卫《新见初唐著名画家窦师纶墓志及其相关问题》，第393页。
③ 从武德九年六月甲子日到八月癸亥日，李世民是太子身份。因此，窦暽"迁左亲卫中郎将，仍检校东宫左内率"当在此期间。

（620），当其父于贞观元年去世时，她年方七岁。对于一个小女孩来说，这无疑会带来巨大的创痛，好在窦氏家族在当时贵盛一时，在生活上她自然衣食无忧。长大以后，窦琰嫁给了同样来自关陇集团的田仁汪，这应该是由其家族中的长辈做主的。值得庆幸的是，田仁汪的墓志也已出土，即乾封元年（666）十一月的《故兼司卫正卿田君墓志》（图11）：①

> 君讳仁汪，字履贞，北平人也。合符釜山，寿丘之基乃峻；肆觐群后，河滨之化亦隆。及诗传鹭羽，西周之荣可袭；繇启凤飞，东秦之业弥远。婴文嗣德，横广分雄。眷言良史，无遗绝代。曾祖敬，后魏奉朝请、车骑将军、和州刺史、唐阳公，隐括士林，淄渑教义。列社开赋，露冕兴仁。祖轨，周骠骑大将军、右光禄大夫、冢宰府司武功·槃龙·范阳·宜君·信都五郡守、灵州刺史、唐阳郡公，随仪同三司、信都郡公。缉鼎槐庭，分符玉塞。书戈可述，铭鼎遥然。父植，随原陵郡赞治，皇朝正议大夫、荆襄道总管府长史。理尚玄默，风裁夷简。政高北部，誉重南荆。虽九原不追，而一德何远。君诞秀华绪，韫神上哲，岐发簪缨，照通绮袖。初从撰屦，凤赡横经。览儒墨之英华，辨求由之政事。遂用戢鳞俟雾，刷羽晞风。义宁之初，任右亲卫，贞观之始，授右卫兵曹参军。侍戟丹陛，飞缨紫阙。寻因诏举，移任右领军卫长史。银牓高悬，瑑盃广宴。承华托乘，望苑参裾。属幽钥晚寒，甘泉祠祭，崇

---

① 前引《唐代墓志汇编续集》《全唐文补遗》《长安新出墓志》等书的录文略有不同，本文据图版有所订正，或择善而从，不再一一说明。

图11 《故兼司卫正卿田君(仁汪)墓志》

汉官之卤簿，掩轩驾于明庭。时藉干能，遂膺天眄，蒙授九成宫副监，任遇为重。交门夜祠，献享无阙；林光晓阛，宿设不亏。及王赫辰韩，师由渤尾，奋身占募，为平壤道行军兵曹。寻而凯捷，躬奉旋驾。西涉泥河，埋塞称旨。时蒙赏劳，皆自神衷。西临夏墟，□沛斯在。特纡纶绋，授太原县令。虽地则一同，而壤惟都会。操刀之美，此焉可观。秩满推迁，又为蓝田令,怀县邻都,安阳近邺,翔鸾起政,乳雉兴嗟。诏除朝散大夫,仍为茂府司马。蜀国西部,当羌北垂,玉垒听其不空,灵关传其展骥。寻授洛阳宫总监。又除司农少卿,三川朝帝,九鼎迁移,尧禹豫游,姬刘卜食。圣朝銮驾,肃事禋宗,林藿所□,允膺斯任,至如显阳正殿、寿安离宫,穷匠石之宏规,得翚飞于前咏。皇心有悦隆方,加授兼司卫正卿。列亚槐庭,荣超棘寺。刘桢逸气,且沉痾于漳滨;鲁阳撝戈,奄沦晖于昧谷。以麟德二年八月廿一日,薨于东都河南里之私第。呜呼哀哉!疏庡凝酸,缙绅竚歔。赗赠之礼,葬典毕加。惟君远崇堂绪,内睦闺庭,幼而强力,长兼不器。历居繁总,美政克宣。遂复天顾,油然龙光,显及绩著,终始名擅。高华在其延誉,士流推重然诺。延吴心许,无替九泉;季路所言,远轻千乘。长安郊驿,郑洗马之宾从;洛下园林,潘黄门之宴席。平阳吹笛,更起秦声;巴姬□弦,或成渝舞。怊怅秋绪,留连春旭。意尽当年,话兴隅坐。子臣忠等,夙倾慈荫,慕缠栾棘。卜远遄及,攀风不追。粤以乾封元年十一月十日,迁厝于高阳原所之茔。呜呼哀哉!晨喧编驷,风卷丹旐。扈屯骑于霜野,咽边箫于御沟。迷津水咽,古树云愁。图遗芳于永夜,结沉痛于千秋。其词曰:

二姚参化,三恪因基。箫韶韵乐,击鼓陈诗。骠骑明哲,原陵宣慈。传戈铸鼎,袭组藏龟。笃生君子,夙负奇誉。绝景载驰,望云迥蔼。仁则由己,几将研虑。习拟嘉肴,升追连茹。翊参云陛,旋奉星陈。竹宫初夜,河阳始春。甘泉颂美,景福词新。谚门夕奏,棘寺清尘。槐路虚景,栢途起禩。兆发玄庐，悲兴丹禁。曾城崩雉，乔阽颓荫。蘧慕直临，原阡斜枕。曲台晨挽，上路哀笳。飘霜起铎，画柳移车。永夜难曙，驰光易斜。流微波于桂水，托芳蘂于瑶华。

不难看出，田仁汪也来自一个比较典型的关陇贵族家庭，其祖田轨、其父田植，都以军功起家。在隋与唐初，门荫仍然是入仕的正途，由于祖、父的地位，田仁汪得以从三卫出身。他的政治履历颇为丰富，参加过征高丽之役，任平壤道行军兵曹，也做过地方官如蓝田县令、茂府司马，不过他最重要的履历，还是担任洛阳宫总监、司农少卿。

其墓志曰："寻授洛阳宫总监。又除司农少卿，三川朝帝，九鼎迁移，尧禹豫游，姬刘卜食。圣朝銮驾，肃事禋宗，林藋所□，允膺斯任，至如显阳正殿、寿安离宫，穷匠石之宏规，得翚飞于前咏。皇心有悦隆方，加授兼司卫正卿。"可见，田仁汪应该在土木工程方面有长才，在这一点上，他与窦氏的几位重要成员应该有些共同语言，因为窦氏在工程营造方面有着家族传统。① 例如，窦炽在北周时担任过京洛营作大监，负责宫苑制度的设计，其子窦威亦博物多识。窦抗曾担任将作大匠，其子窦诞则在贞观时负责营修太庙，另一子窦师纶则"性巧绝，草创之际，乘舆皆阙，敕兼益州大行台检校修造。凡创瑞锦宫绫，章彩奇丽，蜀人至今谓之陵阳公样。……高祖、太宗时内库瑞锦，对雉、斗羊、翔凤、游麟之状，

---

① 参看王庆卫《新见初唐著名画家窦师纶墓志及其相关问题》，第399—400页。

创自师纶,至今传之"。[1] 此外,窦抗季弟窦琎"贞观初,授太子詹事。后为将作大匠,修葺洛阳宫。琎于宫中凿池起山,崇饰雕丽"。[2] 田仁汪之所以能与窦氏为婚,或许不仅是因为他的关陇贵族的出身,其精通建筑工程的专长,应该更易使他获得窦家长辈的好感。

在担任司农少卿时,田仁汪仍主要负责东都洛阳宫的工程建设事务,如据《唐会要》记载:"显庆元年,敕司农少卿田仁汪,因旧殿余址修乾元殿,高一百二十尺,东西三百四十五尺,南北一百七十六尺。至麟德二年(665)二月十二日,所司奏乾元殿成。其应天门先亦焚之,及是造成,号为则天门。"[3] 可惜的是,田仁汪在乾元殿修建工程完成的半年之后就去世了,也许正是因为此工程浩大,他不得不殚精竭虑所致。

据《窦琰墓志》记载:"金夫以职总八屯,望高九列,式从令典,爰开邑号。显庆五年七月,册授安丰县君。麟德元年四月,又迁扶风郡君。"然则窦琰曾随着丈夫田仁汪的官阶提升,也先后受县君、郡君之邑号。田仁汪的享年在墓志中没有明文,他于麟德二年八月去世时,窦琰46岁。在《田仁汪墓志》中只提到一个儿子臣忠,没有提到夫人窦琰和其他子女,而《窦琰墓志》则记载他们有三个儿子:"嗣子上柱国始州阴平县丞臣节,次子文昌库部郎中臣福,次子梓州司功参军臣元等",却没有前者提到的"臣忠"之名。这或许暗示了臣忠并非窦琰所生,而是田仁汪庶出之子,因为

---

[1] 张彦远:《历代名画记》卷一〇,俞剑华注释,上海人民美术出版社,1964年,第196页。
[2] 《旧唐书·窦抗传》所附《窦琎传》,第2371页。
[3] 《唐会要》卷三〇《洛阳宫》,第642—643页。

嗣子是窦琰的儿子臣节。当然还有另一个可能：窦琰是田仁汪的续弦，臣忠或为前妻所生之子。不过，田仁汪的葬事应该是窦琰来主持的，其墓志却不提自己和另外三个儿子，这无论如何也令人有些费解。

田仁汪有一个更为有名的从兄——田仁会，此人在《旧唐书》中有传："田仁会，雍州长安人。祖轨，隋幽州刺史，信都郡公。父弘，陵州刺史，袭信都郡公。仁会武德初应制举，授左卫兵曹，累迁左武候中郎将。"① 田轨"信都郡公"之爵由田仁会之父田弘继承，而不是由田仁汪之父田植继承，可见田弘应该是嫡长子。据田仁会本传记载："贞观十八年，太宗征辽，发后，薛延陀数万骑抄河南，太宗令仁会及执失思力率兵击破之，逐北数百里，延陀脱身走免。太宗嘉其功，降玺书慰劳。永徽二年授平州刺史，劝学务农，称为善政，转鄌州刺史。"他后来在中央与地方多处为官，所在皆以善政闻名。与田仁汪相比，田仁会身上关陇贵族那种出将入相、才兼文武的特色更为明显。

要言之，北平田氏虽然也属于关陇集团，但并非核心家族，其地位与人才无法与声势煊赫的窦氏相比。即使在田氏家族内部，田仁汪也并非袭爵的嫡系，后来的仕途亦无多少出彩之处，窦琰的尊长将其嫁给田仁汪，或许意味着她在窦家并未受到多大的重视。

---

① 《旧唐书》卷一八五上《良吏传上》，第4793页。

四、祖母豆卢氏的灵验故事

在《窦琰墓志》中，最令人瞩目的是下面这段记载：

> 夫人含芳蕙圃，擢彩芝田。神授都闲，天资婉顺。年在童幼，志感神明。祖妣豆卢氏夜中读经，遽而灯灭，有取火者，久而不至。夫人在侍，因往催之。将出户庭，空里有烛影，随夫人所召，直指经处，读之乃毕。列于唐临《冥宝记》焉。昔汲彼江流，涌清泉于舍侧；今命兹宵烛，发丹焰于空中。较以征祥，固非连类。

志文中的《冥宝记》，显然应该是《冥报记》之误，这则故事正是该书卷中收录的"唐豆卢氏"条：

> 陈公太夫人豆卢氏，芮公宽之姊也。夫人信福，诵《金刚般若经》，未尽卷一纸许，久而不彻。后一日昏时，苦头痛，四体不安，夜卧愈甚。夫人自念傥死遂不得终经，欲起诵之，而堂烛已灭。夫人因起，命婢燃烛，须臾婢还，厨中无火。夫人命开门，于人家访取之，又无火，夫人益深叹恨。忽见庭中有燃火烛，上阶来入堂内，直至床前，去地三尺许，而无人执，光明若昼。夫人惊喜，头痛亦愈，即取经诵之。有顷，家人钻燧得火，燃烛入堂中，烛光即灭。便以此夜诵竟之，自此日诵五遍以为常。后芮公将死，夫人往视，公谓夫人曰："吾

姊以诵经之福,当寿百岁,好处生。"夫人至今尚康,年八十年矣。夫人自向临嫂说之云尔。①

据岑仲勉先生研究,《冥报记》成书于永徽四年(653),且在当年十一月癸丑之前。② 豆卢氏的故事在唐代流传颇广,它很快就出现在唐临同时代的高僧道宣、道世的著作中。例如,高宗麟德元年(664)道宣的《集神州三宝感通录》中,就收录了此条:

> 陈公太夫人豆卢氏信福,诵《金刚般若》,一纸未度(竟)。后日昏时头痛,四支不安,自念傥死经不终耶,即起强诵,而灯已灭。命婢然烛,厨中、外院觅火俱绝。夫人深恨,忽见庭中有然火烛上阶入堂,至床前三尺许,无人执,而光明若昼。夫人惊喜,所苦亦除,取经诵之。有顷,家人钻燧得火,燃灯入堂,堂中烛火即灭,便以此夜诵竟。因此日诵五遍为常云云。③

与《冥报记》原文相比,上述引文非常简略,显然是经过道宣改写加工后的文本。相比之下,总章元年(668)成书的道世《法苑珠林》所载更接近唐临原文:

---

① 《冥报记》卷中,第42页。
② 见岑仲勉《唐唐临〈冥报记〉之复原》,《岑仲勉史学论文集》,第771页。
③ 道宣:《集神州三宝感通录》卷下《瑞经录》,《大正新修大藏经》第52册,第429页。同样文字亦见于道宣同年所撰的《大唐内典录》卷十《历代众经应感兴敬录第十》,《大正新修大藏经》第55册,第341页。

唐窦家大陈公夫人豆卢氏，芮公宽之姊也。夫人信罪福，每诵《金刚般若经》，未尽卷一纸许，久而不彻。后一日昏时，苦头痛，四体不安，夜卧逾甚。夫人自念傥死遂不得终经，欲起诵之，而堂烛已灭。夫人因起，令婢然灯。须臾婢还，厨中无火。夫人开门，于家人房取之，又无火，夫人深益叹恨。忽见厨中有然火烛上阶来，入堂内，直至床前，去地三尺许，而无人执，光明若昼。夫人惊喜，头痛亦愈，取经诵之。有顷，家人钻燧得火，然烛入堂，烛光即灭。便以此夜诵竟之。自此日诵五遍，以为常法。后芮公将死，夫人往视，公谓夫人曰：吾姊以诵经之福，当寿百岁，生好处也。夫人至年八十，方卒于宅。①

此外，开元六年（718）孟献忠编纂的《金刚般若经集验记》亦征引了《冥报记》此条，除个别文字差异外，几乎没有进行多少改动。②值得注意的是，在法藏敦煌文书P.2094《持诵金刚经灵验功德记》所集的19则灵验故事中，最后一则正是豆卢氏的故事：

昔窦氏夜患头痛，令婢厨中取火，言无。忽见阶前有一炬火，遂上阶来，如昼日，夫人头痛便愈，莫不精（惊）心，已

---

① 《法苑珠林校注》卷一八《敬法篇第七》，第606—607页。《太平广记》卷一〇三《报应二·金刚经》"豆卢夫人"条亦据《珠林》收入，第693页。
② 孟献忠：《金刚般若经集验记》卷上《延寿篇第二》，《卍续藏经》第87册，台北：新文丰出版公司，1976年，第453页。

走入传奇——新刊《窦瑗墓志》与《冥报记》"豆卢氏"条的解读　107

（以）此皆是常持《金刚经》力也。[1]

与《冥报记》原文比较，这里的记载过于简略，且错误颇多，如将"豆卢氏"误作"窦氏"，更重要的是，《冥报记》本条原来的主题一是神异的烛火助豆卢氏读《金刚经》，二是宣扬读此经可获长寿，而P.2094本条却是说读《金刚经》可医治头痛。这表明，对于同一则故事，不同文本所强调的重点是有差异的，它们都有各自的逻辑，如前引《集神州三宝感通录》在引述《冥报记》本条时，就略去了豆卢氏与其兄关于读经长寿的对话，因为道宣看重的是虚空而来的烛火之神异感通。虽然如此，P.2094《持诵金刚经灵验功德记》的记载仍显示这则故事在敦煌民间亦有流传，其传播的广度可见一斑。

下面，我们来具体分析这则故事的背景与要素。如岑仲勉先生所言，"陈公"系指窦抗，而"芮公"则指豆卢宽，故事的主人公豆卢氏即豆卢宽之姊，窦抗之妻。据《隋书·豆卢绩传》记载：豆卢氏"本姓慕容，燕北地王精之后也。中山败，归魏，北人谓归义为'豆卢'，因氏焉"。[2] 北周明帝时，齐王宇文宪纳豆卢绩之妹为妃。隋文帝时，又为汉王杨谅纳豆卢绩之女为妃。豆卢绩之兄豆卢

---

[1] 杨宝玉：《敦煌本佛教灵验记校注并研究》，甘肃人民出版社，2009年，第257页。关于P.2094写卷，还可参看郑阿财：《敦煌写卷〈持诵金刚经灵验功德记〉研究》，中正大学中文系编《全国敦煌学研讨会论文集》，1995年，第251—275页；《敦煌本〈持诵金刚经灵验功德记〉综论》，《敦煌学》第20辑，1995年，第119—146页；《敦煌灵应小说的佛教史学价值——以〈持诵金刚经灵验功德记〉为例》，荣新江主编《唐研究》第4卷，北京大学出版社，1998年，第31—46页。这些论文均已收入氏著《见证与宣传——敦煌佛教灵验记研究》，台北：新文丰出版公司，2010年。

[2] 《隋书》卷三九《豆卢绩传》，第1155页。

通，尚隋文帝杨坚之妹昌乐长公主，他正是豆卢宽之父。

豆卢宽，两唐书无传，其事迹见载于《旧唐书》卷九〇《豆卢钦望传》：

> 豆卢钦望，京兆万年人也。曾祖通，隋相州刺史、南陈郡公。祖宽，即隋文帝之甥也。大业末，为梁泉令。及高祖定关中，宽与郡守萧瑀率豪右赴京师，由是累授殿中监，仍诏其子怀让尚万春公主。高祖以宽曾祖苌魏太和中例称单姓，至是改宽为卢氏。贞观中，历迁礼部尚书、左卫大将军，封芮国公。永徽元年卒，赠特进、并州都督，陪葬昭陵，谥曰定。又复其姓为豆卢氏。父仁业，高宗时为左卫将军。①

关于豆卢宽的资料过于简略，所幸其碑今存于昭陵博物馆，额曰"唐故特进芮定公之碑"。② 此碑由李义府撰文，虽漫漶过甚，但仍保留着许多重要信息。据碑载，他在武德元年之后，任秦王府司马，后来还担任李世民"天策上将府从事中郎"，先后从太宗平定窦建德、徐圆朗、刘武周、刘黑闼，屡立战功，是李世民的心腹。碑文又说：豆卢宽"永徽元年六月四日薨于京城之弘德里第，春秋六十有九"。事实上，豆卢宽的夫人也非等闲之辈，据《豆卢宽碑》记载，她是隋朝名臣观王杨雄之女。入唐之后，豆卢氏的地位仍很显赫，其子豆卢怀让尚唐高祖之女万春公主即为明证。

---

① 《旧唐书》卷九〇《豆卢钦望传》，第2921—2922页。
② 张沛编著《昭陵碑石》，三秦出版社，1993年，第117—119页。图版见同书第19页。

不难看出，豆卢氏与窦氏这两大家族具有极大的相似性，他们都出自北方胡族，都是关陇集团中最核心的家族，与北周、隋、唐三代皇室也都有着密切的姻亲关系。这二家可谓门当户对，在隋代，窦荣定与豆卢通分别娶了隋文帝杨坚的姐、妹，则两大家族的关系已经很近。而豆卢通之女（即本节讨论的豆卢氏）嫁给窦荣定之子窦抗，正是关陇集团中贵戚家族的典型联姻。

岑仲勉先生指出，《法苑珠林》的引文将《冥报记》本条的末句改为"夫人至年八十，方卒于宅"，"盖道世修书时，夫人已卒，故云然"。① 按豆卢宽卒于永徽元年（650），享年69岁，而《冥报记》成书于永徽四年（653），故能记载豆卢宽临终时与其姊的对话，从"夫人至今尚康，年八十年矣"的记载来看，此时豆卢氏年已八十。麟德元年（664）道宣的《集神州三宝感通录》与《大唐内典录》均不涉及豆卢氏的年寿，到了四年之后成书《法苑珠林》（668），则说她"至年八十方卒于宅"，无论如何，《冥报记》说她"当寿百岁"的预言并未真正实现。

在一些细节上，《法苑珠林》所引文字与《冥报记》原文的出入并不仅仅如岑先生所指出的那些。例如，唐临的记载是："夫人命开门，于人家访取之，又无火，夫人益深叹恨。"而道世的引文却是："夫人开门，于家人房取之，又无火，夫人深益叹恨。"前者是说豆卢氏命人打开府门去别人家借火种，而后者则是夫人自己开门，去府中家人房内取火，意思并不相同。此外，《法苑珠林》还将故事的来源"夫人自向临嫂说之云尔"删去了，而注明故事来源

---

① 岑仲勉：《唐唐临〈冥报记〉之复原》，《岑仲勉史学论文集》，第762页。

恰恰是《冥报记》最重要的特色之一。

如今,《窦琰墓志》的出现,给豆卢氏故事提供了一个相互印证的版本,也增加了新的细节。在唐临讲述的故事中,主角只有一位即豆卢氏,但在《窦琰墓志》中,主角除了豆卢氏外又增加了一位,即窦琰本人,其戏份甚至超过了祖母豆卢氏。在《冥报记》中,殿庭中出现的神秘火烛是自己来到堂内豆卢氏床前供其读经的,但在志文中,却说是"随夫人所召,直指经处",显然强调的是窦琰"年在童幼,志感神明"。虽说二者版本不同,但《窦琰墓志》明确指出,具体故事"列于唐临《冥宝(报)记》焉",并未打算改变其原来的叙事,只是为了强调志主也在这则故事中占有一席之地。对于自己能成为故事中的一分子,窦琰生前可能相当得意,故墓志的撰写者就说:"昔汲彼江流,涌清泉于舍侧;今命兹宵烛,发丹焰于空中。较以征祥,固非连类。"

邵颖涛先生曾对《窦琰墓志》及《冥报记》本条略作比较,他认为:

> 此则墓志为窦琰亲眷在其死后请人撰写,所记窦琰祖母豆卢氏异事可信度较高。借助两处记载,我们由传达信仰观念之文学形式得知:唐作文字略作夸张,增饰佛经愈病、延寿情节,将信仰导引至宗教皈依面向;而墓志所记则较平实,仅言空中烛影之事,勾勒普通人的信仰心理。唐临完善了故事情节,增加了墓志中未提及的豆卢氏诵经得验灵异,体现了作家的艺术设想。诸处文字增衍与情节设计,揭示文人在传闻基础上屡作改易之文学特征,他们将自己的信仰世界完整地倾注于

文字之中。①

然则邵先生认为《窦琰墓志》的记载属实，而唐临《冥报记》则进行了加工。不过，这个看法恐怕有未安之处。其实，读经愈病、延寿之验，恐非唐临妄加改易。从时间上看，《冥报记》成书在前，《窦琰墓志》的撰作在后，而且志文明确说此事"列于唐临《冥宝记》焉"，可见作者熟谙《冥报记》，他特意提及此事，其目的并不是要提供一个不同的版本，而是提醒读者：志主窦琰也是这则故事的剧中人！

从今天我们能看到的史籍与新出土的墓志资料来看，窦抗共有八子，孙辈众多，为何只有窦琰出现在其祖母豆卢氏的灵验故事中？或许，这是因为其父窦瞰在贞观元年就去世了，当时的窦琰年仅七岁，故得以经常随侍在其祖母身边，这也使得她能有机会成为这则神异故事的剧中人。只是，为何窦琰没有出现在《冥报记》中？究竟是作者唐临将这个小女孩的戏份删去了，还是故事的真正主角豆卢氏压根没有跟唐临之嫂提到这位孙女的角色，我们今天已无从知晓了。但无论如何，成为这则灵验故事的主要角色，或许是窦琰一生的骄傲，因此在她去世之后，墓志的作者还专门提到这一点。

---

① 邵颖涛：《唐代叙事文学与冥界书写研究》，中国社会科学出版社，2014年，第92页。

五、初唐的《金刚般若经》信仰

在《窦琰墓志》中，只说其祖母豆卢氏"夜中读经"，并未说明具体是哪部佛经，不过在《冥报记》中则明确说她读的是《金刚般若经》。《金刚般若经》，一卷，全称《金刚般若波罗蜜经》，也就是著名的《金刚经》，它是印度大乘佛教的早期经典——般若类佛经的一种，先后曾六次翻译，最早的当属后秦姚兴弘始九年（407）鸠摩罗什的译本，后来北魏菩提流支、陈朝真谛、隋代达摩笈多都有新译本，入唐之后，又有玄奘、义净的新译本。不过，仍以鸠摩罗什的译本最为流行，在敦煌两千多号《金刚经》卷子中，绝大多数是这个译本。[1] 在这些写卷中，题记最早的是隋大业九年（613）四月的，[2] 其次是大业十二年（616）优婆夷刘圆净的题记："大隋大业十二年七月廿三日，清信优婆夷刘圆净敬写此经。以兹微善，愿为一切众生转读。闻者敬信，皆悟苦空，见者受持，俱胜常乐。又愿刘身早离边荒，速还京辇，罪鄣消除，福庆臻集。"[3] 可见在隋末，《金刚经》信仰已开始在敦煌地区流传。

到了唐代，《金刚经》受到佛教各宗派的普遍崇奉，在民众佛教信仰世界中亦占据着重要地位。专门就信仰某一部佛经编集灵验

---

[1] 方广锠：《敦煌文献中的〈金刚经〉及其注疏》，《世界宗教研究》1995年第1期，第73—80页。玄奘所译《金刚经》收入其翻译的六百卷《大般若经》的第五七七卷。
[2] 池田温编《中國古代寫本識語集録》第472条，东京大学东洋文化研究所，1990年，第176页。这件写经藏于天津博物馆。
[3] 池田温编《中國古代寫本識語集録》，第177页。这件写经藏于英国图书馆，编号是S.2605。

故事，是六朝以来的传统，其中尤以宣扬《观音经》的灵验记为多。[1] 从唐初开始，记述《金刚经》灵验的作品集也大量出现，如萧瑀《金刚般若经灵验记》、郎余令《冥报拾遗》、孟献忠《金刚般若经集验记》、戴孚《广异记》、段成式《金刚经鸠异》、卢求《报应记》及法藏敦煌文书P.2094《持诵金刚经灵验功德记》等。[2] 目前所知现存最早的雕版印刷品是咸通九年（868）的《金刚经》，亦从一个侧面显示了其在唐代佛教信仰中的重要地位。

在豆卢氏的故事中，除了以虚空而来的烛火助其读经来宣扬《金刚经》的不可思议之外，故事宣扬的另一个主题是读此经可以长寿，也就是豆卢宽临终时所说："吾姊以诵经之福，当寿百岁，好处生。"诵读《金刚般若经》会长寿，是中古时期一个流行的观念。[3] 开元初孟献忠《金刚般若经集验记》"延寿篇"记录的第一则故事就是豆卢氏本条，可见他看重的实际上是这一点。而在《广异记》中，作者戴孚甚至借冥吏之口，将《金刚经》称为"续命经"。[4]

值得一提的是，《冥报记》中涉及《法华经》的故事则有12则，且着重宣扬的是观世音信仰，但关于《金刚经》的灵验故事却

---

[1] 参看董志翘《〈观世音应验记三种〉译注》，江苏古籍出版社，2002年。
[2] 参看杜正乾《唐代的〈金刚经〉信仰》，《敦煌研究》2004年第5期，第52—57页。另参邵颖涛《唐代叙事文学与冥界书写研究》，第230—243页。
[3] 刘亚丁：《佛教灵验记研究——以晋唐为中心》第八章《金刚经类灵验记》，巴蜀书社，2006年，第227—251页。另参高橋佳典《唐代における〈金剛經〉信仰と延命祈願》，《宗教研究》第71卷第4輯，1998年，第239—241頁；《玄宗朝における〈金剛經〉信仰と延命祈願》，《東洋の思想と宗教》第16号，1999年，第38—56頁。
[4] 《广异记》"张御史"条，第29页。

仅"豆卢氏"一条。① 显然，尽管敦煌文书中已有隋末写本，但初唐时《金刚经》信仰显然仍无法与《法华经》相比。在高宗之前的唐代《金刚经》写本中，有明确题记的只有贞观三年（629）二月的王华写本，以及贞观十五年（641）四月沙门慈忍的写本，② 远远少于当时《妙法莲华经》《大般涅槃经》等的数量，这也从一个侧面反映了这一事实。那么，豆卢氏为何与众不同，如此着迷于《金刚般若经》呢？我们推测，这或许与其弟豆卢宽的僚友萧瑀有关。

众所周知，萧瑀出自累世奉佛的兰陵萧氏，他本人同样是位虔诚的佛教徒。③ 据《旧唐书·萧瑀传》载："（瑀）好释氏，常修梵行，每与沙门难及苦空，必诣微旨。……太宗以瑀好佛道，尝赉绣佛像一躯，并绣瑀形状于佛像侧，以为供养之容。又赐王褒所书《大品般若经》一部，并赐袈裟，以充讲诵之服焉。"④ 另据《太平广记》引卢求《报应记》云，萧瑀最重视的佛经之一正是《金刚经》：

萧瑀，梁武帝玄孙，梁王岿之子。梁灭入隋，仕至中书令，封宋国公，女（姊）炀帝皇后。笃信佛法，常持《金刚

---

① 邵颖涛：《〈冥报记补遗〉辨伪五则》，《长江学术》2011年第3期，第149—152页。其实，除了"唐豆卢氏"条之外，在《冥报记补遗》中还有一则"唐陆怀素"与《金刚经》有关，称贞观二十年失火，屋宇尽焚，惟一函《金刚般若波罗蜜经》独存。见《冥报记》，第85页。
② 题记分别见池田温《中國古代寫本識語集錄》第492号，第181页；第506号，第184页。
③ 关于萧瑀的佛教信仰，参看愛宕元《隋末唐初における蘭陵蕭氏の仏教受容：蕭瑀を中心にして》，福永光司编《中國中世の宗教と文化》，京都大学人文科学研究所，1982年，第539—573页。
④ 《旧唐书》卷六三《萧瑀传》，第2398—2402页。

经》。议伐高丽，不合旨，上大怒，与贺若弼、高颎同禁，欲寘于法。瑀就其所，八日念《金刚经》七百遍。明日，桎梏忽自脱，守者失色，复为著。至殿前，独宥瑀，二人即重罚。因著《般若经灵验》一十八条。乃造宝塔贮经，檀香为之，高三尺，感一鍮石像，忽在庭中，奉安塔中，获舍利百粒。贞观十一年，见普贤菩萨，冉冉向西而去。（出《报应记》）①

可见，萧瑀曾著有一部《金刚般若经灵验记》，据李剑国先生研究，此书当成书于贞观中。② 事实上，前引《旧唐书·豆卢钦望传》记载："及高祖定关中，（豆卢）宽与郡守萧瑀率豪右赴京师"，二人共同率领关中豪右迎接李渊大军入长安，关系自然相当密切。我们有足够的理由认为，豆卢氏之所以会信奉此经，很可能受到其弟豆卢宽的好友萧瑀的影响。

当然，豆卢氏的夫家窦氏也与佛教有着不解之缘，据唐僧惠详

---

① 《太平广记》卷一〇二"萧瑀"条，第688页。按卢求《报应记》即《金刚经报应记》，三卷，关于本书及其作者，参看李剑国《唐五代志怪传奇叙录》，南开大学出版社，1993年，第753—757页。
② 李剑国：《唐五代志怪传奇叙录》，第185—186页。《金刚般若经灵验记》今天虽已亡佚，但其中的15则灵验故事被收录在孟献忠《金刚般若经集验记》中。关于此书，参看鹤岛俊一郎《萧瑀〈金刚般若经靈验记〉について》，《明海大学外国語学部論集》第4集，1992年，第121—129页；邵颖涛《萧瑀〈金刚般若经灵验记〉文献辑佚》，《中国典籍与文化》2011年第4期，第117—123页。值得一提的是，在李盛铎旧藏敦煌文献中就有《诵持金刚般若波罗蜜经灵验记》一卷，见武田科学振兴财团杏雨书屋《敦煌秘笈·影片册》3，编号羽184，大阪：武田科学振兴财团，2010年，第175—178页。据季爱民研究，这个写卷共有8则故事，全部来源于《金刚般若经灵验记》，估计抄写于中晚唐时期，与萧瑀《金刚般若经灵验记》比较，基本情节相同，但经过简编或改编。见氏著《隋唐长安佛教社会史》第二章第二节《佛教宣传与社会的互动——〈金刚般若经灵验记〉的编写与流传》，中华书局，2016年，第68—87页。

《弘赞法华传》记载：

> 司空陈容公窦抗，早出中衢，宿知宝所，虽贵极台辅，而凝心妙觉，爰舍净财，立静法寺，庄严轮奂，将美天宫。其弟琎，行尽色难，志穷恶道，奉为考安丰公、妣成安公主敬造《法花》、《金刚般若》各一部。乃妙思神稞，幽情独悟，每菡萏将发，澡雪身衣，自寒池内白莲花叶，洁净曝干，捣以为纸。于是严饰道场，躬自抄写，刺心取血，用以为墨，斯事振古罕俦，理多祥瑞。而琎谦损慎密，不许外传，使后代无闻，惜哉！其经，缄之宝藏，于今尚在。①

可见其夫窦抗曾舍家财立静法寺，② 显然与豆卢氏一样有着共同的佛教信仰。窦抗幼弟窦琎奉佛尤谨，武德年间他曾出任益州总管镇守巴蜀，与从兄窦轨一起供养过高僧道因。③ 从《弘赞法华传》的记载来看，他曾为父母造《法华经》和《金刚般若经》各一部来追福，后者尤其值得注意，结合本文讨论的其嫂豆卢氏读《金刚经》的灵验故事，可见初唐的高门贵族已经开始崇奉《金刚经》了。这一切，或许都是萧瑀影响的结果。

有趣的是，窦抗和豆卢氏的另一位孙辈是另一则佛教灵验故事的主角，可惜并不十分光彩。据唐代僧人怀信《释门自镜录》卷下

---

① 惠详：《弘赞法华传》卷十《书写第八》，《大正新修大藏经》第51册，第44页。"成安公主"当为"安成公主"之误。
② 静法寺位于长安延康坊东南隅，乃窦抗于隋开皇十年所立。参看徐松撰、李健超增订《最新增订唐两京城坊考》，三秦出版社，2019年，第268、271页。
③ 《宋高僧传》卷二《唐益州多宝寺道因传》，第25—26页。

《悭损僧物录十》记载：

> 孝赟，俗姓窦，华（莘）国公诞之子也。弱而笃志经戒，驰心释教。贞观二十三年出家，住胜光寺。寺既密迩壖闲，兄弟亲姻往来颇剧，赟数以寺菓噉之，无几得呕血之疾，发便仅死。气息绵绵，哀叫酸楚，见者莫不股慄。少间，苏而血止，自说云：辄欲吐血前，觇赤衣使者，将赟往黑林中，扇大风，吹赟肢节，使令分散。俄顷复引赟向一明处，台观闲敞，上有人，仪容可畏，厉声谓赟曰："何乃以寺家菓饲亲等耶？"言已而失。如此经月，以为常候。显庆五年六月二十四卒于寺，春秋二十一。①

按窦孝赟为窦诞之子，也就是窦琰的堂兄弟。窦诞的儿子们都以"孝"排行，如长子孝慈、少子孝谌等，只是孝赟虽已在圣光寺出家为僧，却似乎并未另起法名。尽管他在这则故事中扮演了一个负面角色，但其出家为僧本身亦反映了窦氏家族的佛教信仰情况。

余　论

唐临之所以能够创作出《冥报记》这部宣扬佛教因果报应的书，与他的家世背景密不可分。据《旧唐书·唐临传》记载："唐临，京兆长安人，周内史瑾孙也。其先自北海徙关中。伯父令则，

---

① 怀信：《释门自镜录》卷下《悭损僧物录十》"唐西京胜光寺孝赟取菓噉亲得报事"条，《大正新修大藏经》第51册，第822页。

开皇末为左庶子,坐谄事太子勇诛死。临少与兄皎俱有令名。"①从唐临之祖父唐瑾在北周担任内史一职来看,其家族很早就加入了关陇集团,更重要的是,唐临的外公正是隋朝名相高颎,长安名刹化度寺就是高颎舍宅而立,②《冥报记》"唐释慧如"条语及化度寺即云:"此寺临外公所立,常所游观,每闻舅氏说云尔。"③唐临的佛教信仰无疑是受到母族高氏的影响,而作为高颎之外孙,他显然有了一个高起点的平台,与关陇集团中的核心家族密切往来,并得以记录下发生在这些家族周边的故事。内山知也先生早就注意到,从《冥报记》每则故事的传承人的身份可以看出,与唐临交往的大多是中央官僚,这种情况也是初唐时期小说集的特色。④

据唐临说,豆卢氏的故事是"夫人自向临嫂说之"。据《新唐书·宰相世系表》记载,唐临有三位兄长:唐简"字本元,河南令";唐炎;唐皎"字本明,尚书左丞、益州长史";另有一弟唐严,"字本亲,记室"。⑤在三位兄长中,无疑以唐皎最为知名:"兄皎,武德初为秦府记室,从太宗征讨,专掌书檄,深见亲待。贞观中,累转吏部侍郎。先是,选集无限,随到补职,时渐太平,选人稍众,皎始请以冬初一时大集,终季春而毕,至今行之。历迁益州

---

① 《旧唐书》卷八五《唐临传》,第2811页。关于唐临的生平,还可参看户崎哲彦《唐临事迹考——两〈唐书·唐临传〉补正》,荣新江主编《唐研究》第8卷,北京大学出版社,2002年,第81—107页。
② 关于此寺,参看徐松撰、李健超增订《最新增订唐两京城坊考》,第314—315页。另参辛德勇《〈冥报记〉报应故事中的隋唐西京影像》,《清华大学学报》2007年第3期,第31页。
③ 《冥报记》卷上"唐释慧如"条,第5—6页。
④ 内山知也:《隋唐小说研究》第二章第二节《唐临与〈冥报记〉》,益西拉姆等译,复旦大学出版社,2010年,第60—61页。
⑤ 《新唐书》卷七四下《宰相世系表下》,第3238—3242页。

长史。卒,赠太常卿。"[1] 唐临并未明言是哪位嫂夫人告诉他豆卢氏的故事,不过,在《冥报记》中,多次出现唐皎的身影,故这里的"临嫂"或即唐皎之妻。无论如何,她能与豆卢氏相熟,可见唐氏与窦氏、豆卢氏家族均有密切往来。据《新唐书·袁朗传》记载:"武德初,隐太子与秦王、齐王相倾,争致名臣以自助。太子有詹事李纲、窦轨,庶子裴矩、郑善果,友贺德仁,洗马魏徵,中舍人王珪,舍人徐师謩,率更令欧阳询,典膳监任璨,直典书坊唐临。"[2] 显然,唐临在武德年间,曾与窦抗的从弟窦轨一样,都是太子建成的东宫僚属,与窦氏应该非常熟悉。事实上,在《冥报记》中还收录了《窦轨》一则。[3]

后世将《冥报记》视作小说,但至少在唐初,此书还是被视作当代史,[4] 它不是故意编写的以娱乐大众为目的的"小说"或传奇,故《旧唐书·经籍志》将其列入《史部·杂传类》"鬼神二十六家"之一。[5] 到北宋编《新唐书》时,两次著录此书,一方面列入史部杂传类,[6] 另一方面又列入子部"小说家类",[7] 可见对其性质认识已有变化。

---

[1] 《旧唐书》卷八五《唐临传》,第2813页。
[2] 《新唐书》卷二〇一《文艺上·袁朗传》,第5727页。
[3] 《冥报记》卷下,第69页。不过,岑仲勉先生因此条未标明故事来源,故认为此条"当非临书",见氏著《唐唐临〈冥报记〉之复原》,《岑仲勉史学论文集》,第765页。
[4] 有学者甚至认为《冥报记》就是一部口述史学的作品,见何锡光《唐代有意识的口述历史著作范本:〈冥报记〉》,《重庆三峡学院学报》2006年第6期,第35—39页。
[5] 《旧唐书》卷四六《经籍志上》,第2006页。
[6] 《新唐书》卷五八《艺文志二》,第1484页。
[7] 《新唐书》卷五九《艺文志三》,第1540页。

《窦琰墓志》与《田仁汪墓志》的发现，使我们得以具体考察唐临《冥报记》中一则故事的来源、背景、传播及其变化。窦琰出身于北周、隋唐时期最为显赫的关陇高门，其祖母豆卢氏及其夫田仁汪也都来自关陇集团的重要家族。作为这个集团中的一分子，《冥报记》作者唐临忠实记录了发生在他身边各贵族之家口耳相传的灵验故事。在成书以后不久，《冥报记》就"大行于世"，不仅同时人道世、道宣等屡屡称引其书，[①] 且不到十年就出现了郎余令《冥报拾遗》这样的续作（661—662年成书）。如今，《窦琰墓志》的记载表明，当时人对于能成为《冥报记》书中的角色不无得意之情，这无疑也是《冥报记》一书迅速广泛流行的佐证。

豆卢氏之夫窦抗及其弟窦琎都深信佛法，其孙窦孝赞甚至出家为僧，可见窦氏家族具有奉佛的传统。不过，与《冥报记》中大多数故事记录《法华经》的灵验不同，豆卢氏故事与《金刚经》有关，这应该是受了其弟豆卢宽的僚友萧瑀之影响，后者所撰的《金刚般若经灵验记》更开唐代诸多关于此经灵验记的先河。值得一提的是，在窦琰的墓志中，略去了故事中《金刚经》之名，更只字未提她本人的信仰世界，这或许意味着，尽管她希望在其祖母豆卢氏的灵验故事中占据一席之地，但自己却未必对《金刚经》有何特殊的信仰与情感。这从另一个侧面表明，《金刚经》要真正走向民

---

① 除了前引道宣《集神州三宝感通录》和道世《法苑珠林》之外，道宣《广弘明集》也多次引用了《冥报记》，如卷六《辩惑篇》第二之二《列代王臣滞惑解》上、卷七《辩惑篇》第二之三《叙列代王臣滞惑解》下、卷十《辩惑篇》第二之六"周祖平齐召僧叙废立抗拒事"条等，分别见《大正藏》第52册，第124、135、154页。

众,尚需时日。①

本文原刊荣新江主编《唐研究》第18卷,北京大学出版社,2012年,第281—303页。

---

① 《金刚经》在唐代的进一步发展,一方面与禅宗的兴起密不可分,另一方面,也与唐玄宗亲自为其做注有关。另据郑阿财先生研究,《金刚经》最为盛行的时段,是在唐高宗至宋真宗之间,见氏著《敦煌灵应小说的佛教史学价值——以〈持诵金刚经灵验功德记〉为例》,第38页。

国家宫观网络中的西州道教
——唐代西州道教补说

在吐鲁番学研究中，佛教是备受关注的热点之一，随着材料的不断刊布，道教研究也日益受到重视，但真正有分量的成果还不是很多，到目前为止，除了小笠原宣秀、西胁常记等先生对一些相关文献的整理分析之外，[①] 最有价值者当属荣新江先生的力作《唐代西州的道教》，[②] 该文对于西州的道观、斋醮活动及吐鲁番出土唐代道经等进行了全面深入的探讨。此后，刘屹先生《唐前期道教与周边国家、地区的关系》对西州道教亦有所涉及，[③] 而吐鲁番出土

[①] 小笠原宣秀：《吐魯番出土の道教関係資料數種》，《福井博士頌寿記念東洋思想論集》，1960年，第142—150页；《吐魯番出土の宗教生活文書》，《西域文化研究》第三卷，京都：法藏馆，1960年，第249—262页。西胁常记：《ベルリン・トルファン・コレクション道教文書》，《京都大学総合人間学部紀要》第6卷，1999年，第47—66页，收入氏著《ドイツ将来のトルファン漢語文書》，京都大学学术出版会，2002年，第108—135页。

[②] 荣新江：《唐代西州的道教》，《敦煌吐鲁番研究》第四卷，北京大学出版社，1999年，第127—144页。

[③] 刘屹：《唐前期道教与周边国家、地区的关系》，韩金科主编《'98法门寺唐文化国际学术讨论会论文集》，陕西人民出版社，2000年，第780—789页。

道教文书的比定工作也在继续推进。① 本文拟在此基础上，结合敦煌吐鲁番文书与传世文献，将西州道教置于唐帝国的整体宫观网络中，来考察两个具体问题。

一、唐代西州道观的始建年代

荣先生指出，目前所见吐鲁番文书中，最早提到道观的纪年文书是阿斯塔那189号墓出土的《唐开元四年（716）籍后勘问道观主康知引田亩文书》，他据此推断唐代西州道观的建立始于唐玄宗时期，并分析了其中的两点原因：一方面，唐朝诸帝中，玄宗崇道最力；另一方面，开天时期唐朝已经在西域站稳脚跟，新王朝的思想意识也渐渐输入并流传。② 显然，这一结论建立在对吐鲁番文书坚实研究的基础上，不过，将唐代西州道观的始建年代定在玄宗时期则似略嫌保守，我们可以换个角度来思考这个问题。文书固然非常重要，但由于目前所见到的文书大多出自墓葬，破碎断残者多，这就决定了它们留存至今也只是一种偶然，因此，我们需要将这些文书镶嵌在历史本身的大框架中来观察其内容。也就是说，如果将

---

① 参看王卡《已知吐鲁番道教文书》，氏著《敦煌道教文献研究——综述·目录·索引》，中国社会科学出版社，2004年，第282—283页。另外，关于日藏吐鲁番文书中道教文献比定的最新成果，参看陈国灿、刘安志主编《吐鲁番文书总目·日本收藏卷》，武汉大学出版社，2005年。張娜麗《西域出土文書の基礎的研究》第IV部《大谷文書中に見られる佛典·道書斷片——吐鲁番出土の遺文》，东京：汲古书院，2006年，第387—463页。都築晶子等《大谷文書の整理と研究》二《大谷文書の道経写本斷片》，《龍谷大学佛教文化研究所紀要》第44集，2005年，第84—110页。
② 荣新江：《唐代西州的道教》，第130页。本件文书见中国文物研究所、新疆维吾尔自治区博物馆、武汉大学历史系编《吐鲁番出土文书》（肆），文物出版社，1996年，第109页。

西州道教放在大唐帝国的政治、文化与宗教体系之中,特别是置于国家的宫观网络之中来考察其存在与活动,我们或可得出不同的结论。

在乾封元年(666)封禅大典顺利完成之后,离开泰山之前,唐高宗曾下诏:"兖州界置紫云、仙鹤、万岁观,封峦、非烟、重轮三寺。天下诸州置观、寺一所。"① 按兖州所置三座道观之得名来自封禅时的所谓祥瑞——当时封禅的三坛也因之改名:山下的封祀坛改为鹤舞台,岱顶的封祀坛(亦称介丘坛)改为万岁台,社首山上的降禅坛则改为景云台。② 在高宗封禅活动中,有着相当浓厚的道教因素,③ 而封禅大典之后在天下诸州置立寺观的诏令对于道教尤其意义非常,正如巴瑞特(T. H. Barrett)先生所说,这使道教首次在全国范围内有了国家支持的道观网络,而这种网络对于佛教而言,早在隋代就已具备了。④ 我们认为,在这样一个全国性的道观网络之中,应该会有西州的一席之地。如所周知,在贞观十四年(640)平灭高昌、设立西州之后,为巩固统治,唐王朝迅速将一整套政治军事制度推行到吐鲁番盆地,⑤ 到了高宗封禅的乾封元年,唐王朝统治西州已近三十年,对于朝廷政令的贯彻无疑会更加彻底,那么西州应该会按照诏书的规定,在公元666年建立一座

---

① 《旧唐书》卷五《高宗纪下》,第90页。
② 《旧唐书》卷二三《礼仪志三》,第888页。
③ 参看拙撰《唐代道教与国家礼仪——以高宗封禅活动为中心》,《中华文史论丛》2001年第4辑,上海古籍出版社,2002年,第62—79页。
④ T. H. Barrett, *Taoism under the T'ang: Religion & Empire during the Golden Age of Chinese History*. London: Wellsweep, 1996, p.31.
⑤ 参看张广达《唐灭高昌国后的西州形势》,收入氏著《西域史地丛稿初编》,上海古籍出版社,1995年,第113—173页。

道观。

那么，这座道观的名字是什么？对此，虽文献无征，但我们可以从法藏敦煌文书P.2005《沙州都督府图经》"瑞石"条的记载获得一些信息："右，乾封元年有百姓严洪爽于城西李先王庙侧得上件石。其色翠碧，上有赤文，作古字云：'下（卜）代卅，卜年七百。'其表奏为上瑞，当为封岳，并天〔下〕咸置寺观，号为'万寿'。此州以得此瑞石，遂寺观自号'灵图'。"① 据此，高宗封禅之后在全国各州新建立的寺、观皆以"万寿"为名，惟独沙州是个例外，因有"瑞石"之祥，遂以"灵图"为号。可以想见，当时西州所立道观的名字也当为"万寿观"，或许这正是西州最早的官立道观，虽然我们目前尚未在吐鲁番文书中发现其直接证据。

如同荣先生指出的那样，在吐鲁番文书中有"龙兴观"的资料存在，即阿斯塔那509号墓出土的《唐西州高昌县出草帐》第4行中"龙兴观七束"的记载。② 如所周知，龙兴观是唐代国家在全国范围内建立的官方道观，据《旧唐书·中宗纪》记载，神龙元年（705）二月"丙子，诸州置寺、观一所，以'中兴'为名"。③ 到了神龙三年（707）二月，"庚寅，改中兴寺、观为龙兴，内外不得言'中兴'"。④ 文书解题认为此帐必在神龙之后，并姑置于开元之前。不过，荣先生则认为："这件文书系拆自开元二十五年（737）

---

① 李正宇：《古本敦煌乡土志八种笺证》，台北：新文丰出版股份有限公司，1998年，第33页。案李氏录文脱"以"字，现据图版补入。
② 荣新江：《唐代西州的道教》，第130页。本件文书见《吐鲁番出土文书》（肆），第262—263页。
③ 《旧唐书》卷七《中宗纪》，第137页。
④ 《旧唐书》卷七《中宗纪》，第143—144页。从"中兴"到"龙兴"，反映了当时武氏势力的重振，详见《唐会要》卷四八《寺》，第992—993页。

入葬的张君之纸鞋，拆自同一只鞋的其他二十二件文书多在开元十九年以后，所以年代似亦应当在开元十九年以后。……龙兴观作为官立道观，它的出现，或与玄宗兴道运动有关，不过官立寺观尚未改称'开元'（开元二十六年改），仍以'龙兴'为号。"① 我个人认为，文书中的内容肯定要早于文书本身，易言之，即使这件文书自身的年代在开元十九年之后，但文书中提到的"龙兴观"却仍然应该是神龙三年诏书之后就已经存在的，其出现似与玄宗崇道运动无关。至于它是完全新建，抑或由此前其他道观（如"万寿观"）易额而来，则已不得而知。②

此外，阿斯塔那518号墓出土《唐西州某县事目》（三）（图12）中的相关记载值得重视：③

（前缺）

1 □□□为长行马□□□□
2 □□牒为给白水屯种子支供讫□□□□
3 □□□为柳谷镇守捉兵元怀□停给粮□□□
4 □□□当县百姓、部□□客等仰县长官□□□□
5 □□□县所管寺观部曲并十八中男速点堪□□□

---

① 荣新江：《唐代西州的道教》，第131页。
② 唐代官立道观有些是新建的，有些则系从原有道观改名而成。沙州的开元观与龙兴观则同时并存，二者并无承继关系，参看李正宇《唐宋地区古代祠庙寺观简志》，《敦煌学辑刊》1988年1、2期合刊，第73页。关于两京的龙兴观与开元观，参看拙撰《唐两京龙兴观略考》，《隋唐辽宋金元史论丛》第6辑，上海古籍出版社，2016年，第138—159页；《帝乡灵宇——唐两京开元观略考》，《首都师范大学学报》2021年第5期，第16—27页。
③ 《吐鲁番出土文书》（叁），第464页。

6 ☐☐☐☐ 今月十六日 ☐☐☐☐

（后缺）

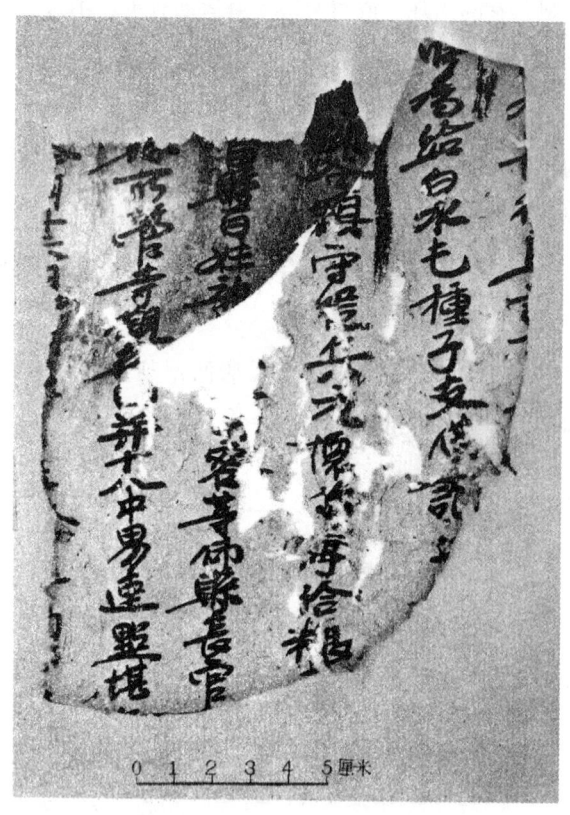

图12 阿斯塔那518号墓出土《唐西州某县事目》（三）

本墓所出文书有纪年者，最早为高宗麟德三年（666），最晚为中宗神龙二年（706），然则这件《唐西州某县事目》文书的时间也当距此不远，据文书整理者分析，其年代"当在神龙二年或稍后"。① 在此我们不拟对其内容进行详细分析，但从第5行"所管寺观部曲"来看，我们可以肯定地说，早在玄宗登基之前，西州不仅已有道观的存在，而且颇具规模，因为其中已经有了"部曲"这样的依附人口。显然，这与我们前文所分析高宗下诏天下各州建立"万寿"寺、观，以及中宗下诏建立"龙兴"寺、观的情况也是吻合的。②

要言之，我认为唐代西州官立道观的始置年代很可能是在高宗封禅的乾封元年，其名称应与全国其他各州一样，以"万寿"为号。到了中宗神龙年间，西州又有龙兴观的建立。它们都是唐王朝全国宫观网络的组成部分。

二、西州道观的转经、斋醮与国忌行香

与内地宫观一样，西州的道观在官方的支持下，也在从事着

---

① 《吐鲁番出土文书》（叁），第457页。
② 518号墓还出土有一件与道教有关的文书《唐醮辞》："神，愿为/禁摄，莫使杞（犯）人，生死路别，不得相因。今书名字付上左/神，速摄囗，主人再拜，酌酒行觞。/敢告上方，照垂神（后缺）。"这件醮辞的另一面则有"天""地"两个大字，应该也与此有关。见《吐鲁番出土文书》（叁），第467页。此外，阿斯塔那225号墓出土文书《唐合计僧尼道士女官数帐》云："僧一白（百）四一，尼卅二；道士六十七，女官十四。"（《吐鲁番出土文书》（叁），第411页）陈国灿先生认为，该墓文书均来自敦煌，多为沙州豆卢军军衙的文案，他推测墓主人可能为西州人，任官沙州，卒于任上，故以沙州文案入殓，然后运回西州归葬。参看氏著《武周时期的勘田检籍活动——对吐鲁番所出两组敦煌经济文书的探讨》，唐长孺主编《敦煌吐鲁番文书初探二编》，武汉大学出版社，1990年，第370页；同氏《略论吐鲁番出土的敦煌文书》，收入项楚、郑阿财主编《新世纪敦煌学论集》，巴蜀书社，2003年，第52—53页。荣先生同意此说，故虽然这件文书年代早在武周时期，但并不作为西州的材料使用（参看荣新江《唐代西州的道教》，注释17，第142页）。

各种斋醮活动,对此,荣先生已对相关的文书材料进行了细致的勾勒,在此我们试结合文献材料略作补充。

(一)转经

作为大唐帝国宫观网络的组成部分,按照制度,西州的道观无疑会经常举行转经、斋醮等法事活动来为国祈福。早在贞观时期,唐太宗就曾下诏:"今百谷滋茂,万宝将成,犹恐风雨失时,字养无寄。敢藉圣明,介兹多祉,宜为普天亿兆,仰祈嘉祐。可于京城及天下诸州寺观,僧尼、道士等七日七夜转经行道,每年正月、七月,例皆准此。"① 显然,这次转经行道是为了祈求风调雨顺,且此后成为常制。当高宗乾封元年西州建立道观、进入国家宫观体系之后,这类活动自然是其分内之事。

玄宗时期,曾屡次下敕转读《本际经》,如开元二十九年(741)十二月敕:"宜令天下诸观,起来年正月一日至年终以来,常转《本际经》,其四大斋日,每百官斋之日,常令讲诵。"② 天宝元年(742)十月又下诏:"善利万物,莫先乎大道;孚佑兆庶,实赖于尊经。朕每念黎庶,无忘惠养,尝冀尽登富寿之域,永无冻馁之虞。所以去年具有处分,令天下诸观,转《本际》仙经。逮至今秋,果闻有岁。自非大圣昭应,孰臻於此?宜令天下道士及女道士等,待至今岁转经讫,各于当观设斋庆赞,仍取来年正月一日至年终已来,依前转《本际经》,兼令讲说。"③ 对于这种通令全国的诏

---

① 唐太宗:《令诸州寺观转经行道诏》,《全唐文》卷九,第107页。
② 《册府元龟》卷五三《帝王部·尚黄老一》,第596页。
③ 《册府元龟》卷五四《帝王部·尚黄老二》,第598页。

书的要求，西州道观也自然会遵行。在目前已经比定的吐鲁番文书中，恰好就有两片《太玄真一本际经》的残片，即大谷文书4085号和德国国家图书馆藏吐鲁番文书Ch.243＋286号（图13），分别属于该经的卷五和卷八，[①] 这些经典或即当时西州道观在转经时所行用者。

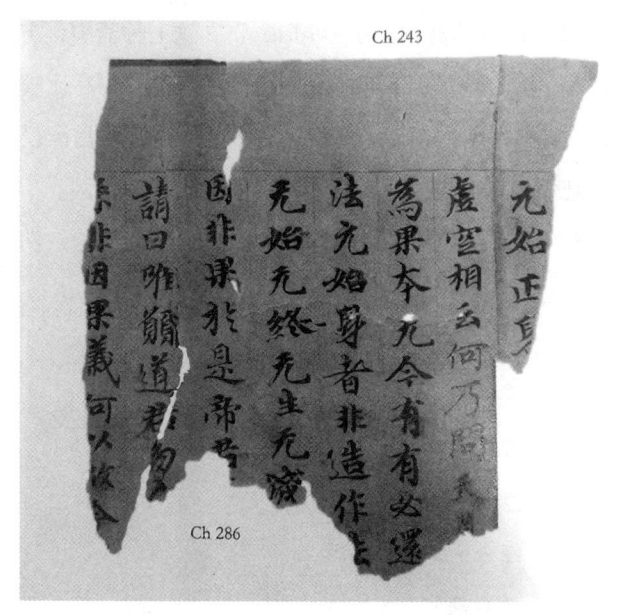

图13　德藏Ch.243＋286号《太玄真一本际经》卷八残片

（二）斋醮活动

唐代道观举行的各种斋醮仪式名目颇多，据《唐六典》卷四记

[①] 参看荣新江《唐代西州的道教》，第138页；王卡《敦煌道教文献研究——综述·目录·索引》，第282—283页。都築晶子等《大谷文書の整理と研究》，第94页。德藏《太玄真一本际经》卷八残片的彩版，见荣新江、史睿主编《吐鲁番出土文献散录》，中华书局，2021年，书前图版第41页。

载，斋就有七种："斋有七名，其一曰金录（箓）大斋，调和阴阳、消灾伏害，为帝王国土（主）延祚降福。其二曰黄录（箓）斋，并为一切拔度先祖。其三曰明真斋，学者自斋齐先缘。其四曰三元斋，正月十五日天官为上元；七月十五日地官为中元；十月十五日水官为下元，皆法身自忏谴罪焉。其五曰八节斋，修生求仙之法。其六曰涂炭斋，通济一切急难。其七曰自然斋，普为一切祈福。"①这七种斋中，与国家政权关系最为密切的当属金箓斋，这一点在石刻史料中有比较清楚的反映，如在泰山《岱岳观碑》上就有许多道士奉敕往岳渎投龙、设斋行道的记载，其中修"金箓斋"者占了相当大的比例。② 荣先生和刘屹都曾经提示我们注意日本静嘉堂中梁素文旧藏的一件《灵宝斋愿文》，我们先将录文如下：③

（前缺）
1　帝修建灵□□□□
2　愿祈恩请福，日夜□□□□
3　经念诵，伏唯功德上□□□□
（后缺）

---

① 《唐六典》卷四"祠部郎中员外郎"条，第125页。
② 参看拙撰《五岳真君祠与唐代国家祭祀》，荣新江主编《唐代宗教信仰与社会》，上海辞书出版社，2003年，特别是第66—70页的图表。
③ 这个录文系刘安志学兄根据静嘉堂文库的图版帮我做的订正本，与刘屹《唐前期道教与周边国家、地区的关系》所录（第785页）颇有不同，据安志兄来函教示："按1行'灵'只存上部，但绝非'斋'字；2行'福'仅存'示'字旁；3行'伏唯'仅存半部。"在此特向安志兄表示感谢。这件文书如今已收入荣新江、史睿主编《吐鲁番出土文献散录》，第306页。

这件文书的年代不详，①反映了西州道观如同内地的道观一样，积极举行了为国家、皇帝"祈恩请福"的斋醮活动，这不仅是一种"功德"，在某种意义上，这也是道教宫观对国家所尽的义务。我们推测这里所修之"斋"，可能就是以为国祈福为目的的"金箓斋"，当然也属于灵宝斋的系统。

荣先生曾通过对英藏敦煌文书S.2703《唐天宝八载（749）十二月敦煌郡典王隐牒为分付合郡应遣上使文解总九道事》的分析，讨论了西域各郡在朝廷所派"修功德使"的监督下进行斋醮的情况。这件文书相当重要，值得我们作进一步分析。先将有关部分转录如下：②

1　合郡廿三日应遣上使文解总九道
2　一上北庭都护府为勘修功德使取宫观斋醮料事
3　一牒交河郡为同前事　一牒伊吾郡为同前事
4　一牒中书门下为勘修功德使墨敕并驿家事
5　一上御史台为同前事　一上节度使中丞衔为同前事
（中略）
9　右各责得所由状，具上使事
10　目如前。
11 牒件状如前，谨牒。

---

① 荣先生和刘屹都将这件文书当作唐代文书使用，而陈国灿、刘安志主编《吐鲁番文书总目·日本收藏卷》则将本件文书拟名为《六朝写祈愿文（？）残片》，第517—518页，据安志兄见告，他在定名时沿用了该册书名"六朝人写经残字"的说法，可能有误。
② 荣新江：《唐代西州的道教》，第132—133页。

12　　　　　　　　十二月　日，典王隐牒。
13 当郡应上使及诸郡文牒共九道，附
14 长行坊取领如牒，常乐馆检领递过
15 讫□

我们先来看"修功德使"的问题。开元时期，玄宗曾经设立了"修功德院"来管理和推行与道教相关的有关事务。在敦煌文书中，我们也可以看见功德院写经的例子，例如P.2457开元二十三年（735）的《阅紫录仪》题记（图14）云：①

阅紫录仪三年一说
　　开元廿三年太岁乙亥九月丙辰朔十七
　　日丁巳，于河南府大弘道观，
　　敕随　驾修祈攘保护。功德院奉为
　　开元神武皇帝写一切经。用斯福力，保
　　国宁民。经生许子颙写。
　　　　　修功德院法师蔡茂宗　初校
　　　　　京景龙观上座李崇一　再校
　　　　　使京景龙观大德丁政观三校

在这件文书中，有"功德院"和"修功德院"两种称呼，前者似为后者的简称，也就是说，"修功德院"当为"功德院"的全称或

---

① 录文据池田温编《中國古代寫本識語集録》第843号，第295页。

134　永念群生：隋唐礼俗与信仰论集

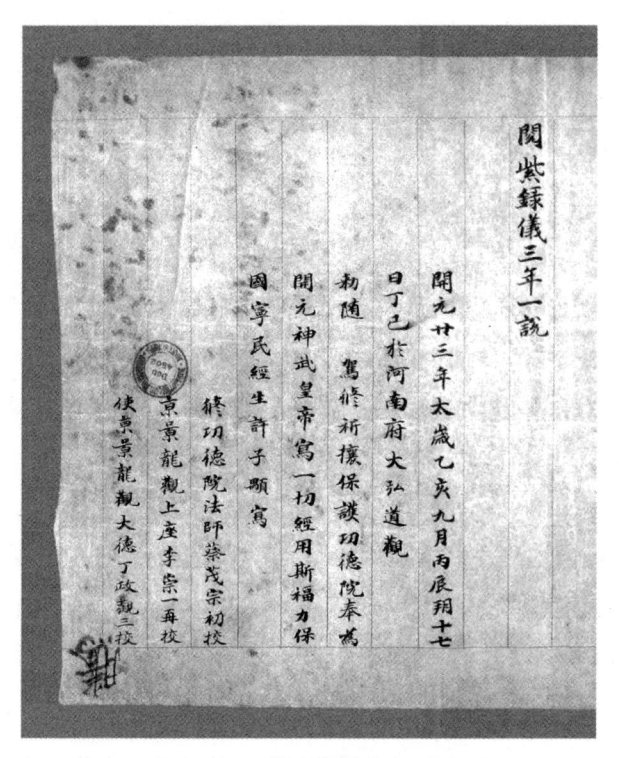

图14　P.2457《阅紫录仪》卷尾题记

正式称呼，而担任这卷《阅紫录仪》写经初校的道士蔡茂宗正是修功德院的法师。此外，P.2354《大唐开元立成投龙章醮威仪法则》也系"功德院"所修撰。[①] 王卡先生认为，这两件文书都是开元末年功德院奉敕所修道教仪式的抄本。

除了"修功德院"这样的常设机构，玄宗还常常派出一些临时的使者任"修功德使"，来负责某些特定目的的斋醮活动，其人

[①] 参看王卡《敦煌道教文献研究——综述·目录·索引》，第221页。关于这件文书的解读，参看周西波《敦煌写卷P.2354与唐代道教投龙活动》，《敦煌学》第22辑，1999年，第91—109页。

选往往是由两京地区的高道与宦官共同担任。我们可以举出与前引S.2703文书同年（天宝八载）的一条史料来印证。陈希烈《修造紫阳观敕牒》云：

> 茅山紫阳观。右，臣奉敕与修功德使元（玄）静先生李含光、内谒者监程元遥等同检校修造前件观并了，并设斋谢上讫。去年九月二十二日录奏，奉敕宜付所司修造观回残钱二百四贯二百八十五文；右修造外，有前件回残为造观成附奏。奉敕便赐观家充常住，郡司已准数分付三纲讫。……观内什物五行等，右观家先贫，什物数少。昨修功德使程元遥奉敕支供黄箓斋，外有回残银一百两，令臣分付观内徒众将回，市所欠什物等，并令充足观内松竹果木等。……谨具以闻，丹阳郡太守林洋奏件状如前。
>
> 中书门下牒丹阳郡：牒：奉敕宜依，牒至准敕，故牒。天宝八载正月八日，左相兵部尚书陈希烈、左仆射兼右相林甫。①

可以看出，天宝八载（749）初负责去茅山修建紫阳观的修功德使是由玄静先生李含光、内谒者监程元遥来担任的，而修造的具体工作及相关问题的处理则是由地方官——丹阳郡太守林洋来负责。我们推测，S.2703文书中提及的同年十二月远赴西域的"修功德使"

---

① 《全唐文》卷三四五，第3506—3507页。

应该也是由高道与中使来充当的。①那么，他们的具体使命是什么呢？

天宝八载闰六月，玄宗亲谒太清宫，上老君尊号为"圣祖大道玄元皇帝"，并大赦天下，诏曰："今内出《一切道经》，宜令崇玄馆即缮写，分道送诸道采访使，令管内诸郡转写。其官本便留采访郡一大观持诵。……两京并十道于一大郡亦宜置一观，并以真符玉芝为名。每观度道士七人，修持香火。"②玄宗颁行《一切道经》是唐代道教史上一件极为重要的大事，其程序是由崇玄馆写出官本分送诸道采访使，然后由各自管内诸郡自行转写。凉州系敦煌郡所属的河西道采访使驻地，朝廷颁行的令式例由凉州颁下，而西州的道经也是由凉州转写的，这可以从德藏吐鲁番文书MIK III 7484r《太上洞玄灵宝无量度人上品妙经》纸背骑缝处所钤的"凉州都督府之印"获得确证。③

我们推测，当年年底朝廷所派出的"修功德使"的使命可能与这次颁行道藏的事件有关。也就是说，经过半年时间，各郡抄写道藏的任务大约都已经完成，朝廷遂派出"修功德使"来检查各郡执行情况，同时还要监督各郡举行一系列斋醮仪式来为国祈福。正如

---

① 后来也有僧人担任修功德使一职，如《册府元龟》卷五二《帝王部·崇释氏二》："（大历）四年正月，帝以章敬皇太后忌辰，度僧尼道士凡四百人。是月，以修功德使大济禅师廓清简较（检校）殿中监。廓清，京城兴唐寺僧也，以修功德承恩，特赐袈裟及厩马，出入禁中无时。初赐号大济，至是又宠以班秩，京师诸僧咸惮之。"第577页。
② 《册府元龟》卷五四《帝王部·尚黄老二》，第603页。案，有些文献将唐玄宗这次传写《一切道经》的时间误记为天宝七载，李刚《唐玄宗诏令传写〈开元道藏〉的时间考辨》（《宗教学研究》1994年第2期，第8—9页）对此有所辩驳，但他忽略了《册府元龟》卷五四这条直接有力的证据。
③ 荣新江：《唐代西州的道教》，第139页。这件文书的录文如今已收入荣新江、史睿主编《吐鲁番出土文献散录》，第285—286页，图版见书前图版第39页。

本年正月"修功德使"李含光、程元暹在茅山修造紫阳观后需"奉敕支供黄箓斋"的情形一样，西域各地在十二月举行的这些斋醮仪式也是由各郡政府与当地宫观共同完成的，为此"修功德使"也需要"取宫观斋醮料"，或许这正是S.2703文书中那几条事目的背景。

值得注意的是，在这次"修功德使"主持下的斋醮活动中，包括交河在内的西北各郡（如敦煌、北庭、伊吾）的官府都参与其中，甚至远在长安的宰相机构中书门下、监察机关御史台以及河西节度使衙门也都与此事发生了联系。我们从中不仅可以感受到唐代一个国家宫观网络的通畅运行，而且其运行也与国家的政务运行密切关联，唐代道教宫观的官方色彩及其功能可见一斑。

（三）国忌行香

在这样一个宫观网络中，西州道观也参与了国家另一项重要的法事活动：国忌行香。目前，已经有多位学者对于唐代的国忌行香进行了研究，[①]而本文只想征引一件吐鲁番文书来观察西州道观参与国忌行香的一些线索。在《西域考古图谱》中，收录有一件道书残片，池田温先生将其收入《中國古代寫本識語集錄》，我们先转

---

① 那波利贞：《唐代に於ける國忌行香に就いて》，《史窗》第8号，1955年，第1—17页，此据氏著《唐代社會文化史研究》，东京：创文社，1974年，第33—48页。严耀中：《从行香看礼制演变——兼析唐开成年间废行香风波》，同氏主编《论史传经》，上海古籍出版社，2004年，第149—163页。冯培红：《敦煌本〈国忌行香文〉及相关问题》，中国文物研究所编《出土文献研究》第七辑，上海古籍出版社，2005年，第287—308页。可惜后两文均未能参考那波氏的论文。最近的研究，是聂顺新《元和元年长安国忌行香制度研究——以新发现的〈续通典〉佚文为中心》，《魏晋南北朝隋唐史资料》第32辑，上海古籍出版社，2015年，第131—149页。

录如下：①

    （前缺）
  1 □□□□□□
  2 共沾玄泽□□□□□□
  3 奉为
  4 太穆神皇后□□□□□□
  5 盖闻重玄□□□□□
    （后缺）

本件文书出自吐峪沟，前、后缺，下部残。池田先生定名为《某道经题记》，并认为其时间大约在七世纪。刘屹则认为："据文中'玄泽''重玄'诸语可确定此为道书无疑，'太穆神皇后'是李渊之妻窦氏，《旧唐书》载高宗上元元年（674）八月改上尊号为'太穆顺圣皇后'，则此文书的年代当在上尊号以后。"② 陈国灿、刘安志主编《吐鲁番文书总目·日本收藏卷》将其定名为"唐某人写道经题记"，并指出："按'太穆神皇后'，当指唐高祖李渊妻窦氏，唐高宗上元元年（674）追尊为'太穆神皇后'，本件应在此年之后。"③ 对于这些判断，我们需要进一步考证。先将与窦太后谥号有关的材料列举如下：

---

① 池田温编《中國古代寫本識語集録》第735号，第257页。
② 刘屹：《唐前期道教与周边国家、地区的关系》，第784—785页。
③ 陈国灿、刘安志主编《吐鲁番文书总目·日本收藏卷》，第474页。

《新唐书》卷七六《后妃传上》:"帝有天下,诏即所葬园为寿安陵,谥曰穆。及祔献陵,尊为太穆皇后。……上元中,益谥太穆神皇后。"(第3469页)

《旧唐书》卷五一《后妃传上》:"上元元年八月,改上尊号曰太穆顺圣皇后。"(第2164页)

《唐会要》卷三《皇后》:"高祖皇后窦氏,武德元年六月二十二日,追谥穆皇后。贞观九年五月九日,追尊太穆神皇后。天宝八载六月十五日,追尊太穆顺圣皇后。"(第25页)

《唐会要》卷八〇《谥法下·复字谥》:开元六年(718)正月,礼部员外郎崇宗之曰:"……且太穆皇后,武德元年五月,追谥为穆皇后,贞观元年五月六日,又追尊为太穆皇后。上元中,又追尊太穆神皇后。"(第1714页)

《资治通鉴》卷一八五"高祖武德元年六月"条:"己卯,祔四亲庙主。追尊皇高祖瀛州府君曰宣简公,……追谥妃窦氏曰穆皇后。"(第5794页)

《资治通鉴》卷一九四"太宗贞观九年(635)十月"条:"庚寅,葬太武皇帝于献陵,庙号高祖;以穆皇后祔葬,加号太穆皇后。"(第6116页)

《资治通鉴》卷二〇二"高宗上元元年(674)八月"条:"壬辰,追尊宣简公为宣皇帝,妣张氏为宣庄皇后;……太武皇帝为神尧皇帝,太穆皇后为太穆神皇后。"(第6372页)

《资治通鉴》卷二一六"玄宗天宝八载(749)六月"条:"戊申,上圣祖号曰大道玄元皇帝,上高祖谥曰神尧大圣

皇帝，……窦太后以下皆加谥曰顺圣皇后。"（第6896页）

可以看出，这些史料关于窦氏谥号的变迁颇多异说，然稍加考辨，则不难判明其变迁顺序，即：在高祖登基的武德元年六月，追谥为"穆皇后"；高祖下葬、窦氏祔陵的贞观九年十月，追谥为"太穆皇后"；上元元年八月，改谥为"太穆神皇后"；天宝八载六月，则又加谥曰"太穆顺圣皇后"。① 显然，本件文书的时间当在高宗上元元年（674）八月至玄宗天宝八载（749）六月之间。

至于本件文书的性质，如前所述，池田温先生定名为"某道经题记"，刘屹认为是"道书"，《吐鲁番文书总目·日本收藏卷》则定名为"唐某人写道经题记"。不过，从内容来看，这件文书恐怕不会是严格意义上的"道经"，而很可能是西州道观在国忌日行香时的祭文。② 那波利贞先生曾将唐代的国忌行香分为狭义和广义两种，狭义者系指皇家在寺观里对于先帝、先后的追思仪式，这从唐初就开始了，如高宗在太宗忌日于感业寺行香遇到武则天的例子。广义的国忌行香则指天下各州都在先帝、先后的忌日于寺观中举行的追思活动，那波先生推测这可能开始于开元四年（716）睿宗去世之后。③

据《唐会要》卷五〇《杂记》："（开元）二十七年五月二十八

---

① 显然，《资治通鉴》的记载相当清晰，而刘屹所据《旧唐书·后妃传》"上元元年八月，改上尊号曰太穆顺圣皇后"的记载有误。《唐会要》卷三《皇后》的记载是将贞观九年与上元元年的两次改谥混为一谈了，而同书卷八〇《谥法下》崇宗之所谓"贞观元年五月六日，又追尊为太穆皇后"则显系"九年"之误。
② 刘安志兄以前与我的通信中亦曾有此推论，不过在他与陈国灿先生的前引新著中却未采此说，颇为可惜。
③ 那波利贞：《唐代社會文化史研究》，第46—47页。

日敕：祠部奏：'诸州县行道散斋观、寺，准式，以同、华等八十一州郭下僧、尼、道士、女冠等，国忌日各就龙兴寺、观行道散斋。复请改就开元观、寺。'敕旨：'京兆、河南府宜依旧观寺为定，唯千秋节及三元行道、设斋，宜就开元观寺。余依。'至贞元五年八月十三日，处州刺史齐黄奏：'当州不在行香之数，乞伏同衢、婺等州行香。'敕旨：'依。其天下诸上州，未有行香处，并宜准此，仍为恒式。'"① 这81州的具体名单保存在《唐六典》卷四"祠部郎中员外郎条"下，② 西州不在其中。然而，这件吐裕沟出土的文书似乎表明，西州道观也曾举行过国忌行香的活动。贞元五年（789）之后，所有的上州都可行香，西州属于中都督府，自然也在行香之列，可惜不久西州就陷于吐蕃之手了。③ 国忌行香一方面使得皇家的私忌成为全国共同的哀悼日，从而达到提高皇权，增强地方政府对朝廷向心力的作用。另一方面，成为行香州在某种程度上也是一种荣耀，因此，原本没有行香资格的州也会努力争取进入这个行列，如贞元五年处州刺史齐黄（抗）所请。

从上引开元二十七年五月的敕文可以看出，此前的国忌行香是在龙兴观、寺，此后则改在开元观、寺举行。西州的龙兴观已如前述，而开元观的线索则至今尚未发现，我们初步推测，这件文书或

---

① 《唐会要》卷五〇《杂记》，第1030页。案，处州刺史"齐黄"，郁贤皓先生疑为"齐抗"之误，见氏著《唐刺史考全编》卷一四九，安徽大学出版社，2000年，第2135页。另案，《文苑英华》卷六四四（第3305页）、《全唐文》卷四五〇（第4608页）都收录了齐映的《处州请随例行香状》，然据《旧唐书》卷一三六《齐映传》，他未曾出任处州刺史一职，然则此文作者亦应为齐抗。
② 《唐六典》卷四"祠部郎中员外郎"条，第127页。
③ 荣新江先生认为西州陷番的时间是贞元十一年（795），见氏著《摩尼教在高昌的初传》，刘东主编《中国学术》第1辑，商务印书馆，2000年，第167—169页。

142 永念群生：隋唐礼俗与信仰论集

许正是龙兴观（或开元观）在高祖太穆神皇后的忌日行香时所用的正式文本，因此严格遵守了国家的"平阙式"，第4行"太穆神皇后"一词的平出即为明证。

结　语

以上结合敦煌吐鲁番文书和传世文献，讨论了唐代西州道教的几个具体问题，目的是将西州的道教作为一个个案，置于大唐帝国的宫观网络之中来进行考察。我们认为，唐代西州道观的始建年代是在乾封元年，此后，作为国家宫观网络之一环，西州的道观参与了王朝要求的各种转经、斋醮和国忌行香等活动，这既是宗教行为，同时也是一种政治活动。通过各种道教仪式，地方社会与朝廷紧密结合在一起，西州的情况实际上是唐朝地方道教的一个缩影。总体而言，本文只是对荣新江先生大作的一点补充，许多观点还只是推论，有待进一步的研究。与此同时，我们也期待着今后有更多的相关文书出土，从而不断刷新我们对唐代西州道教的认识。

本文原刊新疆吐鲁番地区文物局编《吐鲁番学研究：第二届吐鲁番学国际学术研讨会论文集》，上海辞书出版社，2006年，第391—396页。完整版收入朱玉麒主编《西域文史》第2辑，科学出版社，2007年，第117—127页。又收入孟宪实、荣新江、李肖主编《秩序与生活：中古时期的吐鲁番社会》，中国人民大学出版社，2011年，第279—292页。

吐鲁番道教文献最近的研究成果，是赵洋《唐代西州道经的流布》,《中华文史论丛》2017年第3期,第163—192页;《新见旅顺博物馆藏吐鲁番道经叙录》,《敦煌吐鲁番研究》第十七卷,上海古籍出版社,2017年,第189—213页。更系统的成果,见部同麟《拘校道文:敦煌吐鲁番道教文献研究》第一章第二节《吐鲁番道教文献叙录》,中国社会科学出版社,2023年,第34—81页。读者可一并参看。

割耳劓面与刺心剖腹

——从敦煌158窟北壁涅槃变王子举哀图说起

涅槃图像是佛教艺术史研究中的一个重要领域，迄今已有许多成果，如贺世哲、贾应逸、刘永增等先生的研究，[①] 而集大成者当属宫治昭先生的《涅槃と弥勒の図像学》。[②] 不过，对于敦煌158窟北壁的涅槃变壁画，学界似乎关注不够，事实上，这铺壁画，尤其是其中各国王子举哀图中出现的割耳劓面与刺心剖腹的场景相当独特（图15），而其背后所反映的隋唐时期的社会风俗，更值得认真讨论。

根据学者的研究，涅槃图像最早产生于公元二世纪的印度犍陀罗艺术中，中国境内最早见于连云港孔望山摩崖造像及新疆克孜尔

---

① 贺世哲：《敦煌莫高窟的〈涅槃经变〉》，《敦煌研究》1986年第1期，第1—26页。贾应逸：《克孜尔与莫高窟的涅槃经变比较研究》，《1990年敦煌学国际研讨会文集·石窟考古编》，辽宁美术出版社，1995年，第351—366页。刘永增：《敦煌莫高窟隋代涅槃变相图与古代印度、中亚涅槃图像之比较研究》，《敦煌研究》1995年第1期，第16—35页。
② 宫治昭：《涅槃と弥勒の図像学——インドから中央アジアへ》，东京：吉川弘文馆，1992年。此书已有李萍、张清涛中译本《涅槃和弥勒的图像学》，文物出版社，2009年。

石窟，在敦煌则始见于北周建平公于义开凿的第428窟，隋唐时期涅槃图像获得巨大发展，到归义军时绝迹。[①] 158窟是开凿于吐蕃统治晚期的前段、在西夏时重修的一个绘塑合一的洞窟。[②] 除西壁佛坛上长达15.6米的释迦涅槃塑像外，最引人注目者莫过于北壁涅槃变壁画中的各国王子举哀图。敦煌文物研究所编《中国石窟·敦煌莫高窟》第四卷有清晰的图版和较为详细的说明。[③] 整个画面表现了在俗信徒因得知释迦入灭而极度悲痛的场景，可以看到，如同吐蕃占领时期的其他壁画一样，画面最前列站着吐蕃赞普，可惜头部今已不存。其右侧为一汉装帝王，头戴冕旒，身穿大袖裙襦，由二宫女搀扶，做痛哭状。其他十三人都为中亚或西域的王者装束，其中一人右手持小刀割自己左耳；左侧一人手持双刀，刺向自己袒露的前胸；在他们的前面有一人，左手捏鼻，右手持刀切割；其左侧一人裸上身，手持长剑刺入自己的心脏。如此激烈的哀悼场景，在敦煌涅槃图像中是前所未有的。对此，贺世哲先生虽指出这些都是中亚及我国一些少数民族的特殊的哀悼习俗的写实，却又认为："吐蕃占领瓜沙以后，敦煌《涅槃经变》中开始出现割鼻耳、刺心胸的图像，这与吐蕃民族类似的哀悼习俗有密切关系。"[④] 我们认为，这一观点还有进一步讨论的余地。下面我们就结合文献材料，对这幅图像及其所反映的唐代社会风俗进行初步的研究，以就教于方家。

---

① 参看贺世哲《敦煌莫高窟的〈涅槃经变〉》。
② 参看樊锦诗、赵青兰《吐蕃占领时期莫高窟洞窟的分期研究》，《敦煌研究》1994年第4期，第82页。关于此窟形制与主要内容，参看敦煌文物研究所编《敦煌莫高窟内容总录》，文物出版社，1982年，第53—54页。
③ 文物出版社、日本平凡社，1987年，图版65号，说明见第220页。
④ 贺世哲：《敦煌莫高窟的〈涅槃经变〉》，第11页。

图15 敦煌158窟北壁涅槃变各国王子举哀图

一、割耳劙面

割耳劙面原是北方欧亚草原各游牧民族中盛行的丧葬习俗，《东观汉记》载："耿秉为征西将军，镇抚单于以下。及薨，赐朱棺玉衣。南单于举国发哀，犁（劙）面流血。"① 这可能是现存汉文史料中最早的记录了。匈奴之后，氐羌、契胡、突厥、车师、粟特、铁勒乃至后来的蒙古、女真等民族皆有此俗，这一点早为江上波夫等先生所揭示。② 在图像材料上，宫治昭先生研究了新疆克孜尔224窟（即摩耶洞）后甬道前壁的荼毗图像，这幅壁画中有割耳、割鼻的场景（图16），他指出，这种以刀伤体的哀悼方式在犍陀罗和印度的涅槃图中绝对找不到，在汉译《大般涅槃经》、《摩诃摩耶经》等佛经中也无记载，故他们"无疑本不是佛教的葬礼"。③ 他还讨论了中亚粟特故地片治肯特（Panjikent）二号遗址南墙的"哀悼图"（图17）中的类似图景。我们还应看到，这一习俗在民族交流与融合达到较高水平的唐代社会屡见不鲜，如唐太宗驾崩时，"四夷之人入仕于朝及来朝贡者数百人，闻丧皆痛哭，剪发、劙面、割耳，流血洒地"。④ 这不禁使我们想起158窟壁画中佛陀入

---

① 吴树平：《东观汉记校注》卷十《耿秉传》，中华书局，2008年，第361页。
② 江上波夫：《ユウラシア北方民族の葬礼における劙面、截耳、剪髪について》，收入氏著《ユウラシア北方文化の研究》，东京：山川出版社，1951年，第144—157页。又参谷憲《内陸アジアの傷身行為に關する一試論》，《史學雜誌》第93编第6号，1984年，第41—57页。蔡鸿生《九姓胡礼俗丛考》，收入氏著《唐代九姓胡与突厥文化》，中华书局，1998年，第24—25页。
③ 宫治昭：《涅槃和弥勒的图像学》，第463—464页。
④ 《资治通鉴》卷一九九"贞观二十三年五月"条，第6268页。

图16　新疆克孜尔224窟后甬道前壁的荼毗图像

图17　片治肯特二号遗址南墙的"哀悼图"

灭，各国王子悲痛欲绝的画面。而肃宗时下嫁回纥毗迦阙可汗的宁国公主，也曾于可汗去世时被迫"依回纥法，劙面大哭"。①

蔡鸿生先生已经指出，在西域文化史上，割耳劙面之俗还用于表现送别的悲伤和讼冤的悲愤，显示了胡俗文化内涵的多样性。②其实还不止此，例如唐太宗贞观年间，契苾何力被部族胁往薛延陀汗庭，誓不屈服，"拔配刀东向大呼曰：'岂有大唐烈士，受辱蕃庭，天地日月，愿知我心！'又割左耳以明志之不夺也。"③这显然是为了明志。

此外，送别时的割耳劙面往往发展为一种请愿行为。如睿宗初立，郭元振由安西大都护入为太仆卿，"诸番酋长，号哭数百里，或劙面割耳，抗表请留"。④大致同时，魏州人也曾"劙耳阙下，请[阳]峤为刺史，故再治魏"。⑤天宝九载（750），玄宗命高仙芝代安思顺为河西节度使，思顺不愿被代，"讽群胡割耳劙面请留，……制复留思顺"。⑥河西向为粟特胡人聚居之地，出现此事自不足怪。延至中唐，魏博节度使田承嗣企图兼领磁、相二州，也上演了一出类似的闹剧，他"讽其大将割耳劙面，请承嗣为帅"，⑦使朝廷大为恼火。晚唐时，西川节度使陈敬瑄拒绝受代，也"使百姓遮道劙耳诉己功"。⑧不难看出，割耳劙面虽说是民意最为激烈的反映，

---

① 《旧唐书》卷一九五《回纥传》，第5202页。
② 蔡鸿生：《九姓胡礼俗丛考》，第25页。
③ 《旧唐书》卷一〇九《契苾何力传》，第3292页。
④ 张说：《兵部尚书代国公赠少保郭公行状》，《全唐文》卷二三三，第2355页。
⑤ 《新唐书》卷一三〇《阳峤传》，第4493页。
⑥ 《旧唐书》卷一〇四《高仙芝传》，第3206页。
⑦ 《旧唐书》卷一四一《田承嗣传》，第3838页。
⑧ 《新唐书》卷二二四下《叛臣传下》，第6407页。

但很多情况下，它似乎已成为谋取政治利益的一种手段。

二、刺心剖腹

对于敦煌158窟涅槃图像中出现的刺心剖腹形象，贺世哲先生曾认为其与吐蕃民族类似的哀悼习俗有密切关系，但他也承认，吐蕃的葬俗乃是用刀锯脑、以木刺肋，这与用刀剖胸、以剑刺心有所区别。那么它究竟是何来历？

我们认为，与割耳劓面不同，刺心剖腹的行为实际上并不是葬俗。早在西汉时，它就曾作为一种自杀方式而出现，南阳出土的画像石对此提供了图像学的证据（参见图18、图19）。研究者认为这两幅图表现的都是《史记·刺客列传》中记载的聂政刺杀侠累后自杀的故事。① 在这两幅图中，聂政均右袒，露出胸腹，左手掀衣，

图18　南阳画像石中的聂政剖腹自杀图（一）

---

① 参看王建中、闪修山《南阳两汉画像石》，文物出版社，1990年，图版138、147号。

图19　南阳画像石中的聂政剖腹自杀图（二）

右手持剑刺入腹中。彭卫先生在对汉代的自杀现象进行讨论时曾指出："汉代的'自刺'就是《史记·刺客列传》所描写的聂政'自屠出肠'的自杀方式，类似中世纪和近代日本武士的切腹。"又曰："东汉一代再未见到自刺的例子，说明采用这种方式自杀已渐成绝响。"①

事实上，这种方式在东汉后并未断绝，到隋唐时期又频现于史籍之中。我们先将隋唐史籍所见自刺及企图自刺的事件列表如下（见表3）：

---

① 彭卫：《论汉代的自杀现象》，《中国史研究》1995年第4期，第57页。

表3　隋唐史籍所见自刺及企图自刺事件表

人物	时间	行为	材料出处
李玄通	武德五年（622）	任定州总管，被刘黑闼所擒，"溃腹而死"。	《旧》187上/4872
唐太宗	贞观十七年（643）	欲立晋王李治，在长孙无忌等面前"自投于床，抽佩刀欲自刺"。	《旧》65/2452
泉男建	总章元年（668）	唐军破高丽，"男建窘急自刺，不死"。	《旧》199上/5327
安金藏	载初元年（689）	为明皇嗣不反，"即引佩刀自剖其胸，五藏并出，流血被地，因气绝而仆"。	《旧》187上/4885
樊悉之子①	神功元年（697）	来俊臣党人诬杀司刑府史樊悉，其子"讼冤于朝堂，无敢理者，乃援刀自刳其腹"。	《通鉴》206/6514
郭霸②	圣历中（698—700）	为酷吏，屡见受害人李思征之冤魂，"周章惶怖，援刀自刳其腹"。	《旧》186上/4848
李孝女（妙法）	安史之乱稍后	父已葬，号踊请开父墓以视，宗族不许。复持刀刺心，乃为开。	《新》205/5826
蒋镇	朱泚叛乱时	任工部侍郎，惧为叛军所得，"知不免，怀刃将自刺"。	《新》224下/6391
陈京	德宗时	任太常博士，"病狂易，自刺弗殊"。	《新》200/5716

---

① 《大唐新语》卷一二作"樊甚"，中华书局，1984年，第184页。此从《通鉴》。
② 《大唐新语》卷一二，第185页。然据《旧唐书》卷五〇《刑法志》，监察御史魏靖之上奏云："郭弘霸自刺而唱快，万国俊被遮而遯亡。"第2148页。然则郭霸的全名当为郭弘霸。

割耳劗面与刺心剖腹——从敦煌158窟北壁涅槃变王子举哀图说起　153

续表

人物	时间	行为	材料出处
田布	长庆元年（821）	任魏博节度使，时河朔再叛，布抚御无功，"乃入启父灵，抽刀自刺"。	《旧》141/3853
贺拔志	长庆末	任振武水运营田使，"言营田数过实，诏令（白）行简按覆之，不实，志惧，自刺死"。	《旧》166/4358
鲁景仁	昭宗时	为黄巢旧将，兵败，"自刺死"。	《新》186/5422
成及	乾宁三年（896）	杨行密陷苏州，行密欲辟刺史成及为行军司马，及"固辞，引刀欲自刺，行密乃止"。	《新》188/5457；时间据10/293

说明：《旧》指《旧唐书》，《新》指《新唐书》。数字前为卷数，后为标点本页码。

如表中所反映的那样，在唐代几乎各个时期都有自刺或企图自刺的事件发生，而以武则天时稍为集中。就阶层而言，上自太宗皇帝，中有武将与儒家士大夫，下至普通民女；就民族而论，则汉、胡兼具，而汉人似乎更多。显然，刺心剖腹也是当时颇为流行的一种现象。那么，这种西汉之后几成绝响的自杀方式为何在隋唐时代又开始多了起来呢？我们认为，这可能与在丝绸之路上往来贸易的中亚胡人、特别是粟特人带来的祆教法术有关。事实上，江上波夫教授早就将东汉末神医华佗利用麻沸散进行剖腹开膛的外科手术一事，与张骞通西域之后来华的黎轩、大秦等国的幻人联系起来，指出华佗的医术应该是从流寓中国的伊兰系"幻人"处习得。[①] 受其启发，我们在此拟对唐代刺心剖腹之俗与祆教法术的关系做一番探讨。

在上表所列唐代的十数起自刺事件中，记载最为详细者当属载初元年安金藏自刺一事。我们先来看《旧唐书》的记载：

> 安金藏，京兆长安人，初为太常工人。载初年，则天称制，睿宗号为皇嗣。少府监裴匪躬、内侍范云仙并以私谒皇嗣腰斩。自此公卿已下，并不得见之，唯金藏等工人得在左右。或有诬告皇嗣潜有异谋者，则天令来俊臣穷鞫其状，左右不胜楚毒，皆欲自诬，唯金藏确然无辞，大呼谓俊臣曰："公不信金藏之言，请剖心以明皇嗣不反。"即引佩刀自剖其胸，五藏并出，流血被地，因气绝而仆。则天闻之，令舆入宫中，遣医人却纳五藏，以桑白皮为线缝合，傅之药，经宿，金藏始苏。则天亲临视之，叹曰："吾子不能自明，不如尔之忠也。"即令俊臣停推，睿宗由是免难。[②]

对于安金藏自刺（图20）后进行的抢救处置，冈野诚先生有专门研究，他从日本现存最古老的医书，即成书于公元984年、由丹波康赖所撰的《医心方》中找到了专治肠出、肠断的中国古医方，

---

① 江上波夫：《華佗と幻人》，氏著《アジア文化史研究・論考篇》第六章，东京：山川出版社，1967年，第135—152页。
② 《旧唐书》卷一八七上《忠义・安金藏传》，第4885页。

它们与医人治疗安金藏之法如出一辙。①冈野先生的研究自然很有意义，不过，在此我们更为关注安金藏的粟特背景。据作于景龙三年（709）十月的《唐故陆胡州大首领安君（菩）墓志》载，安金藏之父安菩"其先安国大首领。……粤以麟德元年（664）十一月七日，卒于长安金城坊之私第，春秋六十有四。……夫人何氏，其先何大将军之长女，封金山郡大（太）夫人。以长安四年（704）正月廿日寝疾，卒于惠和坊之私第，春秋八十有三"。②显然，安金藏来自一个非常典型的粟特人家庭。荣新江先生指出："安菩曾祖和祖父都是突厥化的名字，表明他们很早就由安国进入突厥部落，但他们仍世代为部落首领。贞观四年，安菩或其父'领衔帐部落'，随同突厥降

图20 金古良《无双谱》中的安金藏破腹图，收入郑振铎编《中国古代版画丛刊》（四），上海古籍出版社，1988年，第435页。

---

① 冈野誠：《唐の安金藏の割腹》，《法史学研究会会报》第5号，2000年，第33—37页。另参氏著《唐代法制史与医学史的交汇》，张国刚主编《中国社会历史评论》第3卷，第206—218页。
② 《唐故陆胡州大首领安君（菩）墓志》，周绍良主编《唐代墓志汇编》景龙033号，第1104—1105页。

众而进入长安。"① 至于安菩在长安所居的金城坊，正是粟特人聚居之所。而西市正北的醴泉坊，因立有祆祠，更是粟特人聚居和信仰的中心，而安金藏的住所恰好就在醴泉坊，故《唐两京城坊考》醴泉坊条下载："烈士台（原注：世传安金藏之居）"。②

至于祆祠的下神活动，我们先来看看敦煌S.367《沙州伊州地志》残卷中的生动记载（图21）：

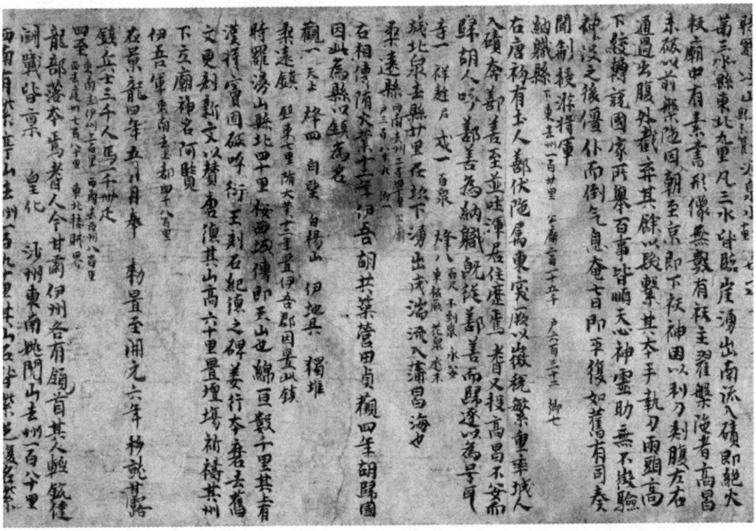

图21 S.367《沙州伊州地志》残卷

　　火祆庙，中有素书形像无数。有祆主翟槃陀者，高昌未破以前，槃陀因朝至京，即下祆神，以利刀刺腹，左右通过，出腹外，截弃其余，以发系其本，手执刀两头，高下绞转，说

---

① 荣新江：《北朝隋唐粟特人之迁徙及其聚落》，《国学研究》第6卷，北京大学出版社，1999年，第51页。
② 徐松撰、李健超增订《最新增订唐两京城坊考》卷四，第294页。

国家所举百事,皆顺天心,神灵助,无不征验。神没之后,僵仆而倒,气息奄七日,即平复如旧。有司奏闻,制授游击将军。①

可见贞观之初,伊州的祆主翟槃陀已在长安进行了一次耸动朝野的下神幻术表演。自十六国以来,长安一直是粟特胡人聚居之地,到唐灭高昌之后,东西方交流的障碍被扫除,来到长安定居和贸易的粟特人就更多了,他们信仰的祆教也随之进入两京地区。《册府元龟》载,高宗显庆元年(656)正月,帝"御安福门楼观大酺,胡人欲持刀自刺以为幻戏,帝不许之。乃下诏曰:'如闻在外有婆罗门、胡等,每于戏处,乃将剑刺肚,以刀割舌,幻惑百姓,极非道理。宜并发遣还蕃,勿令久住。仍约束边州,若更有此色,并不须遣入朝。'"② 显然,胡人曾努力使自刺的幻术融入长安的节日庆祝活动中,但由于它与中国传统的伦理教化相去过远,以致被高宗下令禁止。不过,这一禁令看来并未实施很久,因为长安作为都城,本为粟特各国使臣与质子住地,特别是在显庆三年(658)唐朝灭西突厥汗国后,在粟特地区设立羁縻州府,成为粟特各国的宗主国,双方的往来更加频繁了,③ 在这样的形势下,要坚持显庆元年的禁令显然有些不合时宜。

《朝野佥载》卷三的记载或者可为旁证:"河南府立德坊及南

---

① 此卷系光启元年(885)的钞本,录文据郑炳林《敦煌地理文书汇集校注》,甘肃教育出版社,1989年,第67—68页。彩色图版系自IDP网站http://idp.bl.uk/下载。
② 《册府元龟》卷一五九《帝王部·革弊一》,第1921页。
③ 参看荣新江《北朝隋唐粟特人之迁徙及其聚落》。

市西坊皆有胡祆神庙。每岁商胡祈福,烹猪羊,琵琶鼓笛,酣歌醉舞。酹神之后,募一胡为祆主,看者施钱并与之。其祆主取一横刀,利同霜雪,吹毛不过,以刀刺腹,刃出于背,仍乱扰肠肚流血。食顷,喷水呪之,平复如故。此盖西域之幻法也。"[1] 按《朝野佥载》所记多武则天时事,然则当时洛阳祆祠下神活动已成为每岁常行之事,推测长安祆祠的情况当亦如此。据学者研究,长安的祆祠有五所,分别位于布政、醴泉、普宁、崇化、靖恭坊。[2] 安金藏父亲安菩住金城坊,他本人住醴泉坊,都属于长安祆教文化的核心区,对于祆祠的下神幻术,他在自幼耳濡目染之下,应当不会陌生。试比较他自刺的情形与祆主下神之幻术,实在如出一辙。我们推测,即使武则天没有令医者给他疗伤,恐亦无性命之虞,因为刺心剖腹本就是粟特人的拿手好戏。[3]

祆教下神的法事活动,到宋代又被称为"七圣刀"或"七圣法",据孟元老《东京梦华录》载,北宋时东京每年清明节的游乐活动中,诸军向皇帝上演的百戏中,就有此节目:"又爆仗响,有烟火就涌出,人面不相睹,烟中有七人,皆披发文身,着青纱短后之衣,锦绣围肚看带。内一人金花小帽,执白旗,余皆头巾,执真

---

[1] 《朝野佥载》卷三,第64—65页。
[2] 参见向达《唐代长安与西域文明》,第89—92页。林悟殊《波斯拜火教与古代中国》,台北:新文丰出版公司,1995年,第139—149页。
[3] 最近,李锦绣先生更强调了安金藏本人的医学背景,她认为安金藏并非太常乐工,而是太常医匠,之所以能够破腹而不死,是因为"安金藏剖腹的手术和解剖学知识,源自火祆教和印度医学;而之后的缝合术,又来自中国传统医学。安金藏剖腹背后,是波斯、粟特、唐与印度医学知识的交汇,这一手术本身就是中、印、粟特及中亚文化交流的产物"。氏著《从安金藏剖腹看唐代中外医学交流》,中国社会科学院历史研究所马克思主义史学理论与史学史研究室编《理论与史学》第2辑,中国社会科学出版社,2016年,第101—116页。另参同氏《"乐工"还是"医匠"?——安金藏研究》,《晋阳学刊》2015年第3期,

刀，互相格斗击刺，作破面剖心之势，谓之'七圣刀'。"[1]马明达先生曾对两宋时的"七圣刀"进行了研究，他指出："杂技史著作将它看作具有杂技性质的'幻术'之一，武术史著作则将它拉到古代武术表演活动上来。实际上，'七圣刀'既非杂技，也非武术，它乃是古代祆教的一种法事或法术，故南宋时又被称之为'七圣法'。"[2]我们认为马先生将"七圣刀"视为祆教法术是正确的，但将它与幻术截然两分却不必要，因为祆教下神的法事活动正含有大量的幻术表演的成分，也正因如此，显庆元年的禁令才将胡人持刀自刺的表演称为"幻戏"，《朝野佥载》也明确称之为"西域之幻法"。尽管宋代"七圣法"的表演者已从唐时祆祠下神活动的一名祆主发展为七人（当然七人中仍须有一人"金花小帽，执白旗"，担任上首），[3]但在表演中，以真刀"作破面剖心之势"却是共通的行为。

我们再回头来看敦煌158窟涅槃图像中的刺心剖腹场面出现的背景。如前所述，在克孜尔224窟（即摩耶洞）后甬道前壁的荼毗

第37—44页。需要指出的是，唐代道教叙事中，剖腹不死也是一种歌颂高道的常见修辞，如唐玄宗御撰《故金紫光禄大夫鸿胪卿越国公景龙观主赠越州都督叶尊师碑铭》就颂扬叶法善"或潜泳水府，或飞步火房，或剖腹涤肠，勿药自复；或剔肠割膜，投符有加；或聚合毒味，服之自若；或征召鬼物，使之立至；呵叱群鬼，奔走众神，若陪隶也"。（《全唐文》卷四一，第456页）显然"剖腹涤肠""剔肠割膜"都凸显了叶法善的高强法力，这或许也意味着在盛唐时，道教法术与祆教幻术、医学也分享着某些共同的知识。

[1] 孟元老：《东京梦华录笺注》卷七《驾登宝津楼诸军呈百戏》，伊永文笺注，中华书局，2006年，第687页。
[2] 马明达：《七圣刀与祆教》，氏著《说剑丛稿》，兰州大学出版社，2000年，第256页。
[3] 蔡鸿生先生研究了唐代九姓胡崇"七"的礼俗，对"七"与祆教的关系做了进一步探讨。见氏著《唐代九姓胡崇"七"礼俗及其源流考辨》，《文史》2002年第3辑，第105—111页。

图中，即有一幅刺心的图像（图13，上层最右侧之持刀者），表明当地的佛教艺术已有中亚胡人习俗的因素渗入，则158窟涅槃图的粉本或即传自西域，至少在表现题材上有类似之处。而吐蕃占领敦煌时出现刺心剖腹图像，则似乎与当地粟特居民改信佛教的背景有所关联。

如所周知，坐落在丝路要道上的敦煌历来是中西文化交流的中心，也是粟特民族向东迁移的重要据点。池田温先生曾对敦煌地区的粟特人聚落作过深入研究，① 他根据敦煌文书《天宝十载（751）敦煌县差科簿》所记从化乡居民姓氏多为粟特式胡名，判断它就是在粟特聚落的基础上建立的，该地又称安城，中有祆祠，是粟特民族精神信仰的中心。他又指出，这种聚落在吐蕃占领河西时已经消失，其百姓多逃往粟特及回鹘地区，存留下来者则依附于汉人寺院，成为寺户。对于此后敦煌粟特人的汉化问题，陆庆夫先生作了精细的研究，他特别探讨了吐蕃占领敦煌后，随着从化乡的消失，粟特百姓纷纷皈依佛门的现象。② 从此期的敦煌文书中我们可以看到，康、安、史、曹、石等胡姓僧尼明显增多，还出现了不少高级僧官，如康僧统、康僧政及都法律石法海等。③ 尤其是写于"大蕃国庚辰年五月廿三日"的《太史杂占历》（S.2729）提供了更有力的证据："太史所占十二时善恶吉凶法，六十年有好，六十年有恶，

---

① 池田温：《八世纪中叶敦煌的粟特人聚落》，初刊于1965年，辛德勇中译本收入《日本学者研究中国史论著选译》第9卷，中华书局，1993年，第140—219页。此据池田温《唐研究论文选集》，中国社会科学出版社，1999年，第3—67页。
② 陆庆夫：《唐宋间敦煌粟特人之汉化》，《历史研究》1996年第6期，第25—34页。
③ 参看马雅伦、邢艳红《吐蕃统治时期敦煌两位粟特僧官——史慈灯、石法海考》，《敦煌学辑刊》1996年第1期，第52—56页。

逢好年即好，逢恶年即恶。十年之中，亦有善恶矣。岁在子年，蕃浑遍川；岁在丑年，将佛似祆。"姜伯勤先生解释"将佛似祆"是指"祆神神主有时与佛教中之菩萨、诸天在肖像学上发生混淆",① 固不无道理，但结合敦煌当时的宗教形势，以及占文中吉凶对举的主旨，诚如陆庆夫先生所言，文书正反映了粟特裔民改信佛教的事实：前句言吐蕃大举进入河西，是恶年；后句讲胡人纷纷皈依佛门，犹如他们以前奉祀祆神那样虔诚。② 事实上，在吐蕃占领敦煌时期，以安氏家族为代表的粟特势力有着重要影响（张议潮生母即来自这个家族），而158窟很可能就是这个粟特家族的功德窟。③ 在这样的背景下，刺心剖腹这样具有浓厚祆教色彩的场景出现在佛教涅槃图像中，实在是不足为奇的。

三、割耳劓面与刺心剖腹在唐代的影响及国家的态度

割耳劓面与刺心剖腹这样以残毁自己身体来表达激烈情感，并以之作为实现自身特殊目之工具的胡俗，是与儒家"孝"的传统严重冲突的。在唐代，它们极大冲击了"身体发肤，受之父母，不合毁伤"的古训，从而为一些汉人所接受和采用，其广泛影响甚至还引起了朝廷的干预。

值得注意的是，割耳明志之风早在隋与唐初就影响了以礼法名

---

① 姜伯勤：《敦煌吐鲁番文书与丝绸之路》第五章第四节《高昌敦煌的萨宝制度与胡祆祠》，文物出版社，1994年，第248页。
② 陆庆夫：《唐宋间敦煌粟特人之汉化》，第31—32页。
③ 沙武田：《敦煌莫高窟第158窟与粟特人关系试考（上）》《（下）》，《艺术设计研究》2010年第1期，第16—22页；第2期，第29—36页。

世的山东士族,如郑善果之母清河崔氏,年二十而寡,其父强迫她再嫁,她抱着善果誓曰:"妇人无再见男子之义,且郑君虽死,幸有此儿,弃儿为不慈,背死为无礼,宁当割耳截发以明素心,违礼灭慈,非敢闻命!"① 而关陇贵族裴矩之女裴淑英被迫与丈夫李德武离婚时,也曾"操刀欲割耳自誓,保者禁之乃止"。② 崔氏、裴氏都是当时第一流的汉族高门,但其贵族妇女似已接受了割耳这种胡俗,令人瞩目。类似事件在唐代时有发生,且以汉族妇人为多,其中有上层妇女,如楚王灵龟之妃上官氏在丈夫死后,"遽将刀截鼻割耳以自誓,诸兄姊知其志不可夺,叹息而止"。③ 也有普通民女,如山阳民女赵氏之所为:

山阳女赵者,父盗盐,当论死,女诣官诉曰:"迫饥而盗,救死尔,情有可原,能原之邪?否则请俱死。"有司义之,许减父死。女曰:"身今为官所赐,愿毁服依浮屠法以报。"即截耳自信。④

可见,割耳为誓之举早为汉族社会各个阶层所熟悉和接受,而此行为的后果往往是当事人的意愿得到尊重。

如上所述,在唐代,不论割耳劓面还是刺心剖腹都已有了讼冤的功能,这在事实上对国家法制形成了巨大冲击。需要指出的是,由于刺心剖腹太过危险,且一般人未必了解祆教幻术,所以割耳劓

---

① 《隋书》卷八〇《列女·郑善果母传》,第1804页。
② 《旧唐书》卷一九三《列女·李德武妻裴氏传》,第5138页。
③ 《旧唐书》卷一九三《列女·楚王灵龟妃上官氏传》,第5143页。
④ 《新唐书》卷二〇五《列女传》,第5831页。

面的情况更普遍一些。早在贞观十三年（639）八月，太宗就有一道敕令禁止此类活动："身体发肤，受之父母，不合毁伤。比来诉竞之人，即自刑害耳目，今后犯者先决四十，然后依法。"① 可见这种行为在当时决非少见，以致引起朝廷的注意。不过，虽然有了太宗这道禁令，但似乎禁而不止。而行此举者自然以胡族为多，如诸番酋长割耳劙面替阿史那斛瑟罗申冤，以及安金藏剖腹明皇嗣不反等事。但汉人亦复不少，如前表所列樊諴之子在朝堂刳腹为父讼冤的例子。又如殷成己母颜氏"叔父吏部郎中敬仲为酷吏所陷，率二妹割耳诉冤，敬仲得减死。及成己生，而左耳缺云"。② 到开元十三年（725）又曾重申此禁令，③ 但就在一年之后，宰臣张说被崔隐甫、宇文融及李林甫所构下狱，"说兄左庶子光诣朝堂割耳称冤"。④ 可见，此举虽为朝廷所禁，但毕竟是一种取得公众舆论同情与司法当局注意的有效手段，故仍有人冒着处罚而加以采用，其中不仅有社会上的弱势人群如普通妇女，更有官居正四品上阶的左庶子，其讼冤的地点竟在朝堂之上，风气之盛可以想见。

此后，这种风习一直延续下去，肃宗时，剑南西川节度使裴冕曾"遭流谤，朝廷将遣使推按，[崔]旰部下截耳称冤，中使奏之"。⑤ 在元和二年（807）五月，又发生了闲厩使下捉利钱户刘嘉和"割耳进状"的事件。⑥ 这几次割耳事件的主角显然都是汉人。

---

① 《唐会要》卷四一《杂记》，第872页。又见《资治通鉴》卷一九五，第6149页。
② 《新唐书》卷一九九《儒学传中》，第5683页。
③ 《册府元龟》卷六一二《刑法部·定律令四》，第7348页。
④ 《旧唐书》卷九七《张说传》，第3055页。
⑤ 《旧唐书》卷一一七《崔宁传》，第3398页。
⑥ 《唐会要》卷九三《诸司诸色本钱下》，第1990页。

到文宗太和八年（834）二月，中书门下再一次申明前敕，上奏曰："准开元十三年八月二十四日敕：比来小有诉竞，即自刑割，自今已后，犯者先决四十，然后依法勘当。伏以先自毁伤，律令所禁，近日此类稍多，不至甚伤，徒惊物听，请连敕牓白兽门，如进状又劙耳者，准前敕处分。"① 很明显，自毁身体虽为儒家经典和国家律令所共同禁止，但看来在实践上，《孝经》中的伦理约束力似乎并不很强，而国家法令似乎也并未被认真执行，以致割耳诉冤之事屡禁不止。事实上，就在太和中，邕州都督府录事参军衡方厚被招讨使董昌龄枉杀，其妻程氏"徒行诣阙，截耳于右银台门，告夫被杀之冤"，遂得以昭雪，开成元年（836），文宗又专门下敕褒奖程氏所为，封她为郡君，并与一子正员官。② 这样的例子对于那些负冤求告者而言，无疑是一个有力的刺激与鼓励，而两年前的禁令恐怕又要成为具文了。因此，宣宗大中六年（852）十二月，朝廷不得不再次下敕禁断："近日无良之徒，等闲诣阙劙耳，每惊物听。皆为（谓）抱冤，及令推穷，多是虚妄。若不止绝，转恣凶狂。宜自今后，应有人欲论诉事，自审看必有道理，即任自诣阙及经台府披诉，当为尽理推勘，不令受冤，更不得辄有自卧街劙耳。前有犯者，便准前敕处分，后配流远处，纵有道理，亦不为申明。"③ 事实上，其屡禁不止正表明，这种习俗对于黑暗的司法不失为一种无可奈何的反抗。

---

① 《册府元龟》卷六一三《刑法部·定律令五》，第7355页。"开元十三年"，原作"开元十二年"，据《宋本册府元龟》改（第1904页）。
② 《旧唐书》卷一九三《列女传》，第5150页。
③ 《宋本册府元龟》卷一六〇《帝王部·革弊二》，第338页。案明本《册府元龟》此段错字很多，而宋本此卷适存，故不引明本。

结　语

以上我们从敦煌158窟涅槃图像入手，分析了唐代社会割耳劓面与刺心剖腹之风俗，认为割耳劓面虽是北方草原游牧民族的一种葬俗，但在隋唐时期已为汉人社会所熟知和接受，同时也发展出明志取信、诉冤、请愿等新的功能，人们可藉此立誓，或以此引起舆论同情和司法关注，或彰显普遍民意。至于刺心剖腹，作为一种自杀方式虽在西汉时就已出现，但并不常见，此后也很少被人采用。到隋唐时期，此风又盛，这与此期大量来华的粟特人所传之祆教法术有关。胡人力图使之融入汉族社会的节日庆祝活动中，故为时人所熟悉，直到宋代的"七圣刀"表演中仍有此法术的遗存。敦煌158窟涅槃壁画中出现刺心剖腹图像，则是吐蕃占领时期敦煌粟特人改信佛教的真实反映。由于这两种风俗与汉族社会的伦理教化观念相冲突，遂一再遭到国家的禁止。

本文原刊《中国典籍与文化》2003年第4期，第95—104页。

凉州与长安之间
——新见《唐故左羽林军大将军康太和墓志》考释

法藏敦煌P.3885《唐诗文丛钞》是一件内容比较复杂而丰富的文书，原卷首尾残失，其前半部分是一部残诗集，据徐俊先生研究："卷之前段存诗十五首，作者为高适、李邕、宋家娘子、桓颙、刘希夷、孟浩然、史昂、郭元振等，因此卷与伯三六一九卷为同一人所抄，故重出诗九首，另有二首与伯二五五五卷重出。"[1] 文书后段存文三篇：《前大升（斗）军使将军康太和书与吐蕃赞普》《前北庭节度盖嘉运判副使符言事》《前河西陇右两节度使盖嘉运判廿九年燕支贼下事》（残）。[2] 这组文书对于理解开元末唐朝与吐蕃在河西、陇右乃至西域的和战情况具有重要意义，故颇得学界瞩目。[3] 据李宗俊先生研究，文书中前大斗军使康太和写给吐蕃赞普

---

[1] 徐俊纂辑《敦煌诗集残卷辑考》卷中，中华书局，2000年，第425页。
[2] 文书图版见上海古籍出版社、法国国家图书馆编《法藏敦煌西域文献》29册，上海古籍出版社，2003年，第89—90页。
[3] 邵文实：《开元后期唐蕃关系探谜》，《西北史地》1996年第3期，第80—83页；陆离：《敦煌文书P.3885号中记载的有关唐朝与吐蕃战事研究》，《中国藏学》2012年第2期，第90—98页。

的信与吐蕃进攻河西的这场战事发生在开元二十八年（740）六月至二十九年（741）之间，他进而讨论了吐蕃这次进兵的路线。[1] 由于资料的限制，对于文书中的大斗军使康太和，我们了解甚少。令人惊喜的是，在新近出版的《陕西省考古研究院新入藏墓志》中，刊布了康太和的墓志（图22），这使得我们对他的生平、家族背景及其与凉州的关系都有了新的认识。为便于讨论，我们先据该书录文如下：[2]

志盖：大唐故康府君墓志铭

志文：

大唐故左羽林军大将军康府君墓志铭并序

公讳琮，敕改太和，字金砖，汲郡人也。其先承颛顼之苗胄，周文王之/胤绪，康叔之后，象贤崇德，兰芬桂芳。原乎炎汉大魏，洎乎北齐西晋，畴庸率/职，国史家谍详焉。属随季乱离，官僚紊叙，高祖怀，祖锋，武威郡磻和府/果毅，以才调班，以文从政，莅蜀郡城都县尉，蹑南昌之令誉，仵东阁之嘉征。/景福不昌，遽从物化。考庆，负淮阴侯之智策，蓄傅介子之奇谋。威武驰声，/佩瑕申勇，擢授武威郡磻和府折冲。公以弈代鹰杨（扬），将门骁果，解褐补洮州/赤岭戍

---

[1] 参看李宗俊《敦煌文书P.3885反映的吐蕃行军路线及神策军驻地、洮州治所等相关问题考》，杜文玉主编《唐史论丛》2016年第1期，第233—250页。另参李新贵《开元二十九年吐蕃行军路线与唐陇右、河西兵力调动研究》，《历史地理》2015年第2期，第225—245页。
[2] 陕西省考古研究院编《陕西省考古研究院新入藏墓志》第72号，上海古籍出版社，2019年，图版见第74页；录文见第272页。

主，转扶州重博镇将，员外置同正员，从班例也。戎幕无点，防御有功，/超升右威卫鄯州柔远府左果毅、上柱国、赐绯鱼袋，内供奉射生。力用可甄，/阶级方进。拜游击将军、右领军卫扶风郡通济府左果毅，转安定郡蒲川府/折冲，授定远将军、纯德府折冲，赐紫金鱼袋。又转明威将军、左卫扶风岐山/折冲。又授忠武将军、右卫京兆仲山府折〔冲〕。又进大明府折冲，并准前供奉。/警卫忠谨，爪牙勤恪，又授左武卫中郎将。又转左司御率府副率，充大斗军使。/勋效过人，部伍超众，拔授忠武将军、大斗军使、河西节度副使、右清道率府/率。又云麾将军、充河源军使。天宝二载，授右骁卫大将军、关西都知兵马使、/都虞候、河源军使、节度副使。五载，授左羽林军大将军，留宿卫。竭诚奉国，殊/赏见优。特封姑臧县开国伯，食邑七百户。皇上以六叶开元，五圣垂/裕，相兼伊、吕，将列韩、彭，轮楠不遗，夷夏同用。公宿卫卅载，历职十五迁，铁石/居心，松竹摽性，颁赐稠叠，朱紫繁荣，莅职清平，福祚坚贞。家室以之昌宁，宗/族以之元亨，得不谓从微至著、善始令终乎？噫！否泰无恒，倚伏奚准。以天宝/十二载十二月四日遘疾终于昭应县行从私第，享载七十。① 敕别赠/绢壹伯（佰）疋，粟壹伯（佰）石。即以十四载乙未二月十二日壬寅葬于京兆咸宁县/崇道乡之原，礼也。白马驰送，朱旐晓引。九原之路，埋景增悲；三春之衢，雨泪多/感。夫人太原阎氏，辅佐君子，郁有声芳。嗣子

---

① 原书录文中，康太和的享年有阙字，细审该书刊布的拓本照片，"享载"二字之后的残划依稀可辨为"七"字，故补。

承奎,历任有功,授咸宁郡长松/府折冲,赐紫金鱼袋、上柱国;次子承宥,武部常选;少子承业,武部常选。并绝/子思之浆,同泣高柴之血。相与策苴杖,镺桐棺,访儒术以昭志,卜宅兆以辛/酸。车马饯别以云郁,缟素悲泣以林櫕,镌翠琰以表德,纉鸿烈以纪官。俾贤/门之英胄,绍元勋兮不刊。其铭曰: 海变山移兮四序催,地久天/长兮万象回。惟达人兮符命合,奉 明君兮封禄开。魂灵归兮掩东岱,/胤息衔恨

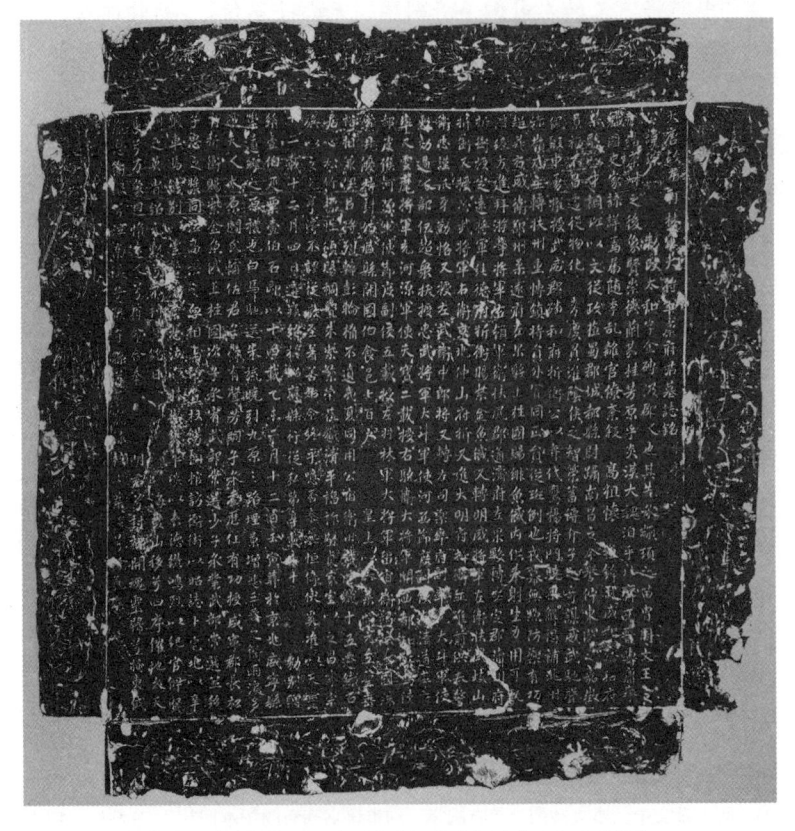

图22 《大唐故左羽林军大将军康府君(太和)墓志铭》

图23 《大唐故左羽林军大将军康府君（太和）墓志铭》志盖

兮泣南陔。子孙子孙（子子孙孙）分袭宠禄，枝枝叶叶兮□氛埃。

据《陕西省考古研究院新入藏墓志》介绍，这方墓志的出土时地不详，可能系征集而来。志文称其葬于"京兆府咸宁县崇道乡之原"，案崇道乡是唐代不少皇亲国戚与高官显贵的埋葬之处，如天宝九载（750）的右龙武将军屈元寿，[①] 以及中晚唐时穆宗第四子安

---

① 《大唐故云麾将军右龙武军将军同正上柱国南浦县开国男屈府君墓志铭并序》，周绍良、赵超主编《唐代墓志汇编续集》天宝062号，第626页。

王，^①顺宗之子郯王、会王及第十七女文安公主等均葬于此乡。^②据学者研究，崇道乡大致在西安东郊浐河东岸，今灞桥区的席王乡一带。^③《康太和墓志》亦当出土于这一范围。此志之盖（图23）长58、宽56、厚6厘米，盖顶四周减地线刻牡丹，四刹减地线刻四神。志长60、宽60、厚8厘米。志文30行，满行29字，正书，四侧减地线刻兽首人身十二生肖。遗憾的是，这方墓志的撰、书人不详，不过，无论是从康太和"左羽林军大将军"的身份来看，还是从志文的流畅与书法的精美程度来看，撰、书者应该均非庸手。

一、康太和的家世与凉州粟特胡人集团

康太和卒于天宝十二载（753）十二月四日，享年七十，然则他出生于嗣圣元年（684年，同年也是文明元年、光宅元年）。关于他的家世，墓志云：

> 公讳琮，敕改太和，字金砖，汲郡人也。其先承颛顼之苗裔，周文王之胤绪，康叔之后，象贤崇德，兰芬桂芳。原乎炎汉大魏，洎乎北齐西晋，畴庸率职，国史家谍详焉。属随季

---

① 李褒：《大唐故安王墓志铭并序》，《唐代墓志汇编续集》开成025号，第940—941页。
② 分别见李珏《大唐故郯王墓志铭并序》，《唐代墓志汇编续集》大和046号，第916页。白居易《唐故会王墓志铭并序》，周绍良主编《唐代墓志汇编》元和044号，第1980页。宋申锡《大唐故文安公主墓志铭并序》，吴钢主编《全唐文补遗》第1辑，三秦出版社，1994年，第292—293页。
③ 参看尚民杰《唐长安、万年县乡村续考》，西安文物保护考古所编《西安文物考古研究》，陕西人民出版社，2004年，第365—390页。杨维娟、何颖《唐京兆万年县三乡之里村补正》，《文博》2017年第4期，第84—89页。

乱离，官僚綮叙，高祖怀，祖锋，武威郡磻和府果毅，以才调班，以文从政，莅蜀郡城都县尉，蹑南昌之令誉，亻东阁之嘉征。景福不昌，遽从物化。考庆，负淮阴侯之智策，蓄傅介子之奇谋。威武驰声，佩猰申勇，擢授武威郡磻和府折冲。

显然，康太和出自一个凉州粟特胡人家庭，虽然志文称其为汲郡人，且将其祖先追述至颛顼和周文王，但这不过是入华粟特人常见的攀附之举。他真正切实的族系，还是从隋末开始的，据称其高祖康怀、祖父康锋，都曾先后担任了武威郡磻和府的果毅都尉，其父康庆，更担任了磻和府的折冲都尉。冯培红先生此前已对包括康氏在内的中古武威的粟特诸姓做了全面考察，他认为康氏是S.2052《新集天下姓望氏族谱》中所载六个大姓之一，与安、石共同构成武威郡的粟特姓望，他还利用一些墓志资料，追述了凉州康氏粟特聚落的由来及其在唐代的情形。[1] 如今，《康太和墓志》的出现，无疑为我们深入了解武威康氏提供了宝贵的新材料。

据《新唐书·地理志》四记载，凉州武威郡"有府六，曰明威、洪池、番禾、武安、丽水、姑臧"。[2] 这里的"番禾"，应即《康太和墓志》中的"磻和"。案凉州下辖五县，其中天宝县"本番禾，咸亨元年以县置雄州，调露元年州废，来属，天宝三载以山出醴泉，更名"。[3] 可见，番禾府之得名，当与县名有关。至

---

[1] 冯培红：《中古武威的粟特诸姓》，中国秦汉史研究会、中国魏晋南北朝史学会、武威市凉州文化研究院编《凉州文化与丝绸之路国际学术研讨会论文集》，中国社会科学出版社，2019年，第51—81页，特别是第62—64页。
[2] 《新唐书》卷四〇《地理志四》，第1044页。
[3] 《新唐书》卷四〇《地理志四》，第1044页。

于《新唐书·地理志》中的"番禾"与《康太和墓志》中的"磻和",究竟是前后相承的关系,抑或只是同音的异写尚不得而知。①无论如何,从康太和父祖三代都在磻和府任职折冲或果毅都尉的事实来看,康氏家族无疑是凉州土著,在当地的军府系统中有很深的根基。

虽然《康太和墓志》所载其高祖、祖父担任武威郡磻和府果毅的具体年代不详,但将其置于"属随季乱离,官僚紊叙"的记述之后,从时间推测,应该是在隋末唐初。大业十三年(617)七月,隋鹰扬府司马李轨在凉州起兵,据地自保,得到了当地粟特胡人特别是安修仁家族的大力支持,史称在李轨起兵过程中,"轨令修仁夜率诸胡入内苑城,建旗大呼,轨于郭下聚众应之,执缚隋虎贲郎将谢统师、郡丞韦士政。轨自称河西大凉王,建元安乐,署置官属,并拟开皇故事"。②在李渊建唐之后,欲招抚李轨,安修仁之兄安兴贵主动请缨,自称:"臣于凉州,奕代豪望,凡厥士庶,靡不依附。臣之弟为轨所信任,职典枢密者数十人。以此候隙图之,易于反掌,无不济矣。"回到凉州之后,劝降李轨不成,于是"乃与修仁等潜谋引诸胡众起兵图轨",③很快就倾覆了李轨政权。这一切,都表明以安氏家族代表的"种落繁盛"的粟特胡人在西凉政权

---

① 张沛编著《唐折冲府汇考》,在凉州番禾府条下,并未涉及"磻和府"的异说,可以补充。三秦出版社,2003年,第239页。
② 《旧唐书》卷五五《李轨传》,第2249页。
③ 《旧唐书》卷五五《李轨传》,第2251页。

中举足轻重的作用。①

当然，西凉政权中的胡人绝不止安氏一族，李轨另一位重臣曹珍同样出自凉州的粟特大姓，只是他始终支持李轨，与安氏兄弟立场不同，入唐之后的命运自然有天壤之别。②康太和的家族也属于这个胡人集团，其高祖康怀、祖父康锋起初应该也是西凉政权的支持者。不过，他们可能最终追随安兴贵兄弟归附了唐王朝，从而攀龙附凤，先后在当地的折冲府中担任高官。从康太和之父康庆后来也升任磻和府折冲都尉的事实来看，唐王朝在某种程度上承认了康氏在凉州府兵系统中的世袭权力，康氏可谓累世蕃将家族。

二、入朝宿卫

康太和的仕途显然要比其父、祖更为成功。据墓志记载：

> 公以弈代鹰扬，将门骁果，解褐补洮州赤岭戍主，转扶州重博镇将，员外置同正员，从班例也。戎幕无点，防御有功，超升右威卫鄯州柔远府左果毅、上柱国、赐绯鱼袋，内供奉射生。

---

① 汪篯《西凉李轨之兴亡》最早揭示了这一点，见唐长孺、吴宗国等编《汪篯隋唐史论稿》，中国社会科学出版社，1981年，第270—278页。另参吴玉贵《凉州粟特胡人安氏家族研究》，荣新江主编《唐研究》第3卷，北京大学出版社，1997年，第295—338页。关于李轨大凉政权的疆域、年号及其与唐朝的关系，还可参看吴玉贵《关于李轨河西政权的若干问题》，《敦煌学辑刊》1990年第1期，第68—78页。

② 武威市博物馆收藏有贞观五年的《隋故燕山府鹰击郎将曹府君（庆珍）墓志铭》，冯培红已有细致研究，他将志主曹庆珍与李轨谋臣曹珍勘同，见氏著《〈隋曹庆珍墓志铭〉与武威粟特曹氏》，《社会科学战线》2019年第1期，第118—129页。

由于出自河陇地方的蕃将世家，康太和起家就被任命为"洮州赤岭戍主"。案唐代在边州建立了镇戍体制，据《唐六典》记载："上戍，主一人，正八品下；戍副一人，从八品下。……中戍，主一人，从八品下；史二人。下戍，主一人，正九品下；史一人。镇将、镇副掌镇捍防守，总判镇事。……戍主、戍副掌与诸镇略同。"① 可见戍主是唐代边州最基层的武官。至于康太和任职的"赤岭"，地处唐朝防御吐蕃的要冲，如《新唐书·地理志》"鄯州西平郡"条云："（石堡城）又西二十里至赤岭，其西吐蕃，有开元中分界碑。"② 可见，康太和从一开始就奋战在对蕃战争的第一线。

康太和的第二任官，是扶州重博镇将。扶州属于剑南道的松州都督府，据《旧唐书·地理志》记载："据贞观初分十道，松、文、扶、当、悉、柘、静等属陇右道。永徽之后，据梁州之境，割属剑南道也。"③ 然则扶州是高宗初年才从陇右道划归剑南道的。至于重博镇，当属扶州管内的一个军镇，具体情况待考。唐长孺先生曾指出："考镇将戍主在元魏时本甚重视，及唐而降为卑秩，然以官制言之，自节度以及守捉之使仅是差遣，其正式之边将仍为镇将戍主也。"④ 可见，康太和初仕所任的戍主、镇将虽品级不高，但却是相当重要的基层边将。

随后，康太和来到长安，充任"内供奉射生"。所谓"射生"，据《新唐书·兵志》记载，肃宗至德二载（757），中央禁军在"北

---

① 《唐六典》卷三〇《镇戍岳渎关津官吏》，第755—756页。
② 《新唐书》卷四〇《地理志四》，第1041页。
③ 《旧唐书》卷四一《地理志四》，第1699页。
④ 唐长孺：《唐书兵志笺正》卷二，此据《唐长孺文集·唐书兵志笺正（外二种）》，中华书局，2011年，第36页。

衙六军"之外,"又择便骑射者置衙前射生手千人,亦曰'供奉射生官',又曰'殿前射生',分左、右厢,总号曰'左右英武军'"。①不过,这段记载错误颇多,唐长孺先生就指出:"肃代之时,衙前射生不名英武军也。"② 现在看来,将"供奉射生官"之设系于至德二载,可能也有问题,从《康太和墓志》来看,他在开元时期就已经充任"内供奉射生"了。但无论如何,射生官都是从各军府挑选出来的善于骑射的精锐。从此,康太和就从一个河西粟特胡人出身的基层蕃将,进入宫廷禁军将领的行列。至于其时间,案志文末称其"宿卫卅载",除去天宝年间的十年,其余的时间应该是在开元年间,故康太和入朝宿卫大致当在开元初。此外,墓志起首称"公讳琮,敕改太和",而改名的时间最早也应在他入京成为"内供奉射生"之后,只有这样,他才有可能进入玄宗皇帝的视野。

需要指出的是,康太和在成为内供奉射生时,其本官是"右威卫鄯州柔远府左果毅",也就是说,这个折冲府的官职虽属职事官,却不必前往任职。正如孙继民先生所云,折冲府官号与职事的分离从开元之前就已开始,反映了折冲府职事官的散官化或衔官化。③ 最近,吕博先生又通过对吐鲁番出土《唐天宝十载制授张无价游击将军告身》的分析,也认为随着开元年间节度使体制的建立与边疆战事的频繁,原有折冲府的"别将、果毅"等官职逐渐被大

---

① 《新唐书》卷五〇《兵志》,第1331页。
② 唐长孺:《唐书兵志笺正》卷三,第104—105页。关于射生军的问题,参看黄楼《唐代射生军考》,《史林》2014年第1期,第61—67页。
③ 孙继民:《敦煌吐鲁番所出唐代军事文书初探》第五编,中国社会科学出版社,2000年,第292—293页。

量授予兵士。①这也印证了杜佑在《通典》所云："天宝以后，边帅怙宠，便请署官。……别将、果毅之类，每一制则同授千余人，其余可知。虽在行间，仅无白身者。"②这些折冲府的官职只是用以标志其身份，而不可能真的莅职。当然，入京宿卫的康太和本人作为内供奉长上果毅，与那些边州散授战士的别将、果毅地位还是有所不同的。

墓志又称："拜游击将军、右领军卫扶风郡通济府左果毅，转安定郡蒲川府折冲，授定远将军、纯德府折冲，赐紫金鱼袋。又转明威将军、左卫扶风岐山折冲。又授忠武将军、右卫京兆仲山府折〔冲〕。又进大明府折冲，并准前供奉。警卫忠谨，爪牙勤恪，又授左武卫中郎将。"显然，在担任射生官"供奉"期间，康太和又先后经历了六任折冲府的果毅、折冲都尉的迁转，这些折冲府都属于关内道，其中"大明府"在万年县，张沛先生甚至怀疑它与大明宫有关，可能就在大明宫附近。③不过，与之前的"右威卫鄯州柔远府左果毅"一样，它们依然只是康太和的寄禄之官，而无需真的前往这些军府莅职。至于他的散品，则逐渐从五品下的游击将军升迁为正四品上阶的忠武将军了。由于表现出色，康太和最终被正式任命为左武卫中郎将，进入禁军高级将领的行列。

可惜的是，墓志并未记载康太和担任中郎将的具体时间，我们只能据相关材料稍加推测。在开元二十一年（733）五月樊衡所撰的《为幽州长史薛楚玉破契丹露布》中，详细罗列了一份在征讨契

---

① 吕博：《践更之卒，俱授官名——"唐天宝十载制授张无价游击将军告身"出现的历史背景》，《中国史研究》2019年第3期，第96—109页。
② 《通典》卷一四八《兵典一·兵序》，第3780页。
③ 张沛编著《唐折冲府汇考》，第42—43页。

丹战役中立功将士的名单，其中就有：

> 乌知义都统主中权，裴旻领三千骑与宣慰计会发兵马使内给事蓟思贤、副使内寺伯李安达、右领军卫翊府郎将李良玉、军前讨击副使大将军钥高等为先锋；中郎内供奉李先寿领马步五千，与宣慰内供奉奚官局令王尚客、内供奉中郎李延光、长上折冲内直臣右骁卫左郎将王抱一、经略军副使左卫率府右郎将李永定、咸宁府军李车蒙领马步五千，与宣慰使内谒者监刘元向、供奉长上折冲康太和、供奉长上折冲白延宗、长上果毅高处谋、永宁府果毅阎鼎臣、副将布折等为右翼。①

显然，时年五十的康太和参与了这次征讨契丹的战役，当时他的身份还是"供奉长上折冲"。从这份露布来看，此役除了康太和之外，还有不少禁军将领都是"内供奉长上折冲"或"长上果毅"的身份，这显然是他们在充任"内供奉射生"时寄禄的官职。当然，我们也可以看出，康太和被擢授中郎将的时间不会早于开元二十一年。

三、回归凉州

《康太和墓志》又云："又转左司御率府副率，充大斗军使。勋效过人，部伍超众，拔授忠武将军、大斗军使、河西节度副使、

---

① 樊衡：《为幽州长史薛楚玉破契丹露布》，《全唐文》卷三五二，第3570页。

右清道率府率。又云麾将军、充河源军使。天宝二载（743），授右骁卫大将军、关西都知兵马使、都虞侯、河源军使、节度副使。五载，授左羽林军大将军，留宿卫。"可见，在长安宿卫多年之后，康太和终于有机会衣锦还乡，任职于河西、陇右，直到天宝五载（746）才又返回长安，担任了左羽林军大将军，成为禁军的最高将领之一。

开元十八年（730）至二十四年（736）之间，唐蕃恢复了通使与和谈，最后发展为赤岭划界。不过，到了开元末到天宝初，唐与吐蕃在河西、陇右一带又战事频仍，双方互有胜负，而前引法藏P.3885《前大斗军使将军康太和书与吐蕃赞普》（图24）也是在这样的背景下出现的。文书录文如下：

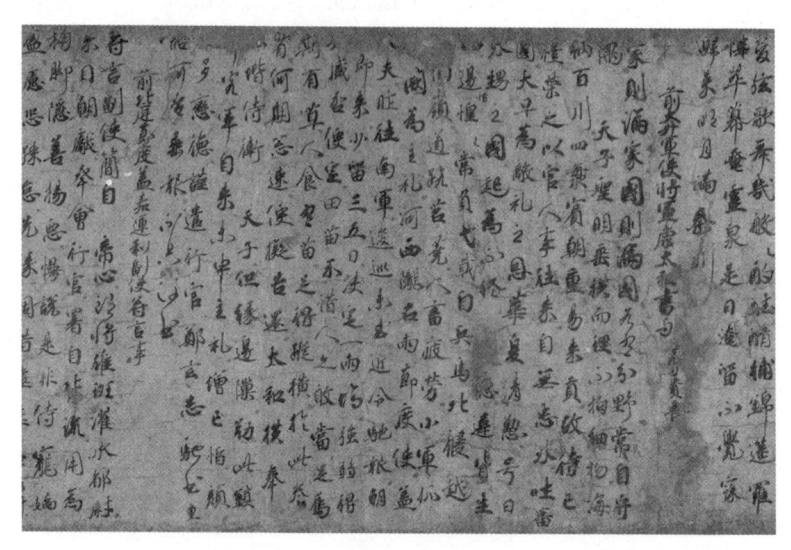

图24　P.3885《前大斗军使将军康太和书与吐蕃赞普》

前大斗军使将军康太和书与吐蕃赞普

家则论家，国则论国，各有分野，常自守隅。天子圣明，垂拱而理。不拘细物，海纳百川，四海宾朝，重易（译）来贡。故待已（以）礼，荣之以官，人事往来，自无忠（中）外。吐蕃国大，早为敌礼之恩；华夏清勲，号曰外甥之国。起（岂）为不终之德，违背生心？边惜（隙）惶惶，常负弋（戈）戟。自兵马北侵，越□川岭，道路苕茏（迢峣），人畜疲劳。小军孤弱，阙为主礼。河西、陇右两节度使盖大夫昨往南军，逡巡未至，近令驰报，朝夕即来。少留三五日，决定一两场，强弱得知，臧否便定。田苗不惜，人之（亦？）敢当。足马斯（嘶）有草，人食有苗，足得踪（纵）横，于此养省（生）。何期悉速，便拟告还？太和拱（供）奉□阶，侍卫天子，但缘边隙，勒此镇军（守？）。客军自来，未申主礼，增己惭颜，□多恋德。谨遣行官郑玄志驰书重谘，可否垂报。不具。谨书。①

如学者所言，这件文书所反映的背景，是开元二十九年（741）吐蕃赞普赤德祖赞亲自率军进攻唐朝河西陇右地区之事。文中的"盖大夫"即盖嘉运，史载开元二十八年（740）六月，"上嘉盖嘉运之功，以为河西、陇右节度使，使之经略吐蕃"，②康太和此时正在他的属下。

---

① 录文参考了（前引）陆离、李宗俊等先生的文章，陈尚君辑校《全唐文补编》卷三五亦收录此文（中华书局，2005年，第421页），文字颇有不同。此据据图版校订数字，断句亦间有调整，不一一说明。
② 《资治通鉴》卷二一四，第6842页。

如前所述,"赤岭戍主"是康太和开始一生功业的起点,在经历了多年在长安供奉射生的禁军将领生涯之后,他又重回河陇,参与对吐蕃的战争。据《资治通鉴》天宝元年条记载:

> 河西节度断隔吐蕃、突厥,统赤水、大斗、建康、宁寇、玉门、墨离、豆卢、新泉八军,张掖、交城、白亭三守捉,屯凉、肃、瓜、沙、会五州之境,治凉州,兵七万三千人。……陇右节度备御吐蕃,统临洮、河源、白水、安人、振威、威戎、漠门、宁塞、积石、镇西十军,绥和、合川、平夷三守捉,屯鄯、廓、洮、河之境,治鄯州,兵七万五千人。[1]

结合墓志的记载来看,康太和是先回到河西,担任了大斗军使,进而又兼河西节度副使。随后调任陇右的河源军使,天宝二年(743)更身兼陇右节度副使,其职事官则已升任正三品的右骁卫大将军。直到天宝五载,康太和才返京宿卫。

据《新唐书·地理志》"凉州武威郡"条记载:"又有赤水军,本赤乌镇,有赤青泉,因名之,幅员五千一百八十里,军之最大也。西二百里有大斗军,本赤水守捉,开元十六年为军,因大斗拔谷为名。"[2] 案大斗拔谷是吐蕃从青藏高原出发,穿越祁连山入寇甘州、凉州的要道,地理位置非常重要。大斗军以谷为名,开元十六年从赤水守捉升为军,且河西节度副使常驻守于此,后来名将哥舒翰也曾担任大斗军副使。同卷"鄯州西平郡"条记载:"鄯城、

---

[1] 《资治通鉴》卷二一五,第6848—6849页。
[2] 《新唐书》卷四〇《地理志四》,第1044页。

中。仪凤三年置。有土楼山。有河源军，西六十里有临蕃城，又西六十里有白水军、绥戎城，又西南六十里有定戎城。"河源军的战略位置也相当重要，唐代前期一些重要将领都曾在此任职，如黑齿常之就曾任河源军副使、经略大使等，娄师德也担任过河源军司马、军使等。从墓志来看，康太和驻守河源军时，也身兼陇右节度副使。不难看出，无论是河西的大斗军还是陇右的河源军，都是唐军防御吐蕃最重要的前沿据点。

由于康太和在大斗军的严密防守，吐蕃军队并未占到便宜，不过他们又转而进攻陇右，并攻占了唐朝的战略要地石堡城，这无疑是唐军的一大损失，而盖嘉运也因此受到玄宗的撤职处理。值得注意的是，康太和在给吐蕃赞普的信中称："太和供奉□阶，侍卫天子，但缘边隙，勒此镇军（守？）。"颇以天子供奉官的身份自豪，而朝廷将其从禁军宿卫调任河西的大斗军使，正是为了应对当时日趋激烈的战争形势，而康太和之所以获莅此职，显然也与他原本就属于凉州土著、熟悉边情民情，且父祖三代都在凉州府兵系统任职密不可分，这一点，与高宗时在严峻的军事形势下，将原高昌王族子弟麹智湛及许多之前被迁入内地的原高昌国官人、首望等放归西州任职有异曲同工之妙。[1]

---

[1] 在唐高宗下诏征讨阿史那贺鲁之后不久，永徽二年（651）十一月，末代高昌王麹智盛之弟麹智湛被任命为安西都护兼西州刺史，随他一道返回西州的还有张怀寂、张相欢等高昌大族张氏的成员，大量启用高昌旧人，自然是为了稳定西域局势。参看刘子凡《瀚海天山——唐代伊、西、庭三州军政体制研究》，中西书局，2016年，第130—133页。另参王素《唐麹建泰墓志与高昌"义和政变"家族——近年新刊墓志所见隋唐西域史事考释之二》，武汉大学中国三至九世纪研究所编《魏晋南北朝隋唐史资料》第30辑，上海古籍出版社，2014年，第137—164页。

结　语

康太和的一生，是河西蕃将往来当地与朝廷任职的一个缩影。他出生于一个父祖三代都任职于凉州折冲府的粟特胡人家族，起家于与吐蕃战事最前线的赤岭戍主，后入朝"宿卫卅载，历职十五迁"，直至担任禁军高级将领的左羽林军大将军。在边疆有战事的时候，他也曾多次奉诏出征，比如开元二十一年（733）就参与了幽州长史薛楚玉大破契丹的战役。结合敦煌P.3885文书与《康太和墓志》，可知他于开元末至天宝初奉敕返乡，先后担任了河西、陇右的多个要职，抗击吐蕃的进攻，特别是在开元二十九年，他还曾作为前大斗军使，给进犯河陇的吐蕃赞普赤德祖赞写了一封调侃意味极浓的挑战信。

值得一提的是，直到安史之乱以后，粟特胡人集团仍然在凉州有着举足轻重的影响力。肃宗至德二载（757），粟特胡人安门物与河西兵马使盖庭伦联合兵变，杀害了河西节度使周泌。史称商胡聚众六万，"武威大城之中，小城有七，胡据其五"，[①] 可见凉州粟特胡人势力之大。其实，作为丝绸之路河西段的中心城市，凉州向来就是多民族聚集地，除了粟特商胡之外，更有八个羁縻府州，史载："吐浑部落、兴昔部落、阁门府、皋兰府、卢山府、金水州、蹛林州、贺兰州，已上八州府，并无县，皆吐浑、契苾、思结等部，寄在凉州界内。共有户五千四十八，口一万七千二百一十二。"[②] 初

---

① 《资治通鉴》卷二一五，第7015页。
② 《旧唐书》卷四〇《地理志三》，第1641页。

唐名将契苾何力就来自凉州的契苾部落，当他入京宿卫时，其部落依然留在凉州。相比之下，似乎凉州粟特胡人集团的规模要远超过这些置立有羁縻州府的吐谷浑与铁勒部族，对唐朝政局发展的影响也更大。

正如吴玉贵先生所言："担任官职的胡人与留居河西的胡人之间确实有着一种密切的相互依存关系，河西的胡人构成了担任官职胡人的社会基础，而担任官职的胡人则是这些入居胡人的代言人。"[1] 往来于凉州与长安之间任职的康太和的一生，也深刻体现了这一点。不过，从康太和以担任天子供奉官自豪且最终葬于长安的情形来看，这些长期任职于朝廷的凉州胡人最终也中央化了。

本文原刊《河北师范大学学报》2020年第5期，第20—26页。初稿曾提交中国社会科学院敦煌学研究中心与武威市凉州文化研究院合办的第三届凉州文化论坛暨"交流与融合：隋唐河西文化与丝路文明"学术研讨会（2019年9月6—9日，武威）。

《康太和墓志》在刊布之后，颇受学界关注，除本文之外，还有以下三篇论文，侧重点各有不同，请读者一并参阅：李宗俊、沈传衡《康太和墓志与唐蕃道路等相关问题考》，《西藏大学学报》2019年第4期，第9—16页；赵世金、马振颖《新刊〈康太和墓志〉考释——兼论敦煌文书P.3885中的唐蕃之战》，《西夏研究》2020年第1期，第69—74页；冯培红、冯晓鹃《唐代粟特军将康太和考论——对敦煌文献、墓志、史籍的综合考察》，《敦煌研究》2021年第3期，第40—56页。

---

[1] 吴玉贵前引《凉州粟特胡人安氏家族研究》，第307—308页。

唐代的"三史"与三史科

钱大昕《十驾斋养新录》云："三史谓《史记》《汉书》及《东观记》也。"[1] 按"三史"之名，起源极早。《三国志·孟光传》载，孟光"博物识古，无书不览，尤锐意三史，长于汉家旧典"。[2] 同书卷五四《吕蒙传》，裴注引《江表传》载，孙权谓吕蒙及蒋钦曰："孤……至统事以来，省三史、诸家兵书，自以为大有所益。……宜急读《孙子》《六韬》《左传》《国语》及三史。"[3] 而同书卷六四《孙峻传》，裴注引《吴书》曰：留赞"好读兵书及三史"。[4] 可见，早在三国时，"三史"一词已普遍使用了。《晋书·刘耽传》记耽"明习《诗》《礼》三史"，[5] 而五世纪前期北凉的阚骃"博通经传，聪敏过人，三史群言，经目则诵，时人谓之宿读"。[6]

---

[1] 钱大昕：《十驾斋养新录》卷六《三史》条，《嘉定钱大昕全集》第7册，江苏古籍出版社，1997年，第147页。
[2] 《三国志》卷四二《蜀书·孟光传》，中华书局，1959年，第1023页。
[3] 《三国志》卷五四《吴书·吕蒙传》，第1274—1275页。余嘉锡先生认为"三史"之称以此条为最早，见氏著《四库提要辨证》卷五《史部》三《别史类》，中华书局，1980年，第251页。
[4] 《三国志》卷六四《吴书·孙峻传》，第1445页。
[5] 《晋书》卷六一《刘乔传附刘耽传》，中华书局，1974年，第1676页。
[6] 《魏书》卷五二《阚骃传》，中华书局，1974年，第1159页。

西凉的刘昞则"以三史文繁,著《略记》百三十篇,八十四卷,……行于世"。① 文中的"三史"当然也只能是这三部书。但在后来的"三史"中,《东观汉记》之地位为范晔《后汉书》所取代,其间更替的时间和原因值得深究。

一、唐代的"三史"

对于这一问题,前辈学者已有不少研究。《四库提要》认为《东观汉记》的衰微是由于唐章怀太子注释《后汉书》的结果:"晋时以此书与《史记》《汉书》为'三史',人多习之,故六朝及初唐人隶事释书,类多征引,自唐章怀太子李贤集诸儒注范书,盛行于代,此书遂微。"② 钱大昕则认为《后汉书》之取代《东观》成为"三史"之一是由于后者失传而造成的:"自唐以来,《东观记》失传,乃以范蔚宗书当三史之一。"③ 对于前说,余嘉锡先生已指出其误,他认为范书之盛行由来已久,南北朝以来出现了好几部音义之作,其地位已渐渐高于诸家《后汉书》。且在章怀注《后汉书》之五十多年后,徐坚《初学记》、刘赓《稽瑞》还大量征引《东观》,故此书"何尝因章怀之力而使之日及于微哉?《提要》之言,真臆说也"。④ 至于钱大昕之说,也非事实。按《东观汉记》在唐代并未失传,《隋书·经籍志》的著录为143卷,⑤ 这当是唐初的中

---

① 《魏书》卷五二《刘昞传》,第1160页。
② 《四库全书总目》卷五〇《史部·别史类》,中华书局,1965年,第446页。
③ 《十驾斋养新录》卷六"三史"条,第147页。
④ 余嘉锡:《四库提要辨证》卷五《史部》三《别史类》,第253页。
⑤ 《隋书》卷三三《经籍志二》,第954页。

央藏书。而《旧唐书·经籍志》载此书为127卷，①《新唐书·艺文志》则著录此书为126卷，又《录》一卷，则仍为127卷。②按《旧志》所载出自开元九年（721）之后毋煚所作之《古今书录》，该书所据乃是集贤书院官本著录，可见到开元初官本已散失了十六卷，但民间所藏则不止于此。天宝中日本遣唐副使吉备真备在唐曾收集到两种版本的《东观汉记》，一种即127卷，与集贤书院官本同，另一种为141卷，与《隋志》略同，当为民间之所藏。③在《新志》中127卷本仍存，可见有唐一代该书的散佚速度远远不像后人想象的那样快。直到宋初官修《太平御览》时，还曾征引《东观汉记》达一千二百条之多。④可见其散佚情况还不严重。真正大规模的散佚是在北宋中期至南宋之间，所以到南宋《中兴书目》的著录中，就仅存八卷了。要言之，钱氏所云范书取代《东观》是因为自唐以来后者失传而造成，是不符合历史事实的，《东观》失传与其被《后汉书》所取代并不同步。

余嘉锡与周一良两先生的研究比前人更进一步。余先生指出了南北朝以来《后汉书》地位上升之趋势，认为范书能集众家之长，质量上超过《东观》，故南北朝以来相继出现了梁代刘昭、北魏刘芳二人之注释，以及陈代宗道先生臧竞《范汉音训》、隋代萧该《范汉音》等音义之作，从而使包括《东观》在内的诸家《后汉书》渐渐衰微，这是《后汉书》最终取代《东观》成为三史之一的根本原因。余先生说："盖昭既为范书作注，遂大行于世，为学子

---

① 《旧唐书》卷四六《经籍志上》，第1988页。
② 《新唐书》卷五八《艺文志二》，第1454页。
③ 吉备真备访书事，详见孙猛《日本国见在书目录详考》，第565—570页。
④ 参看吴树平《〈东观汉记〉初探（上篇）》，《文史》第28辑，1987年，第91页。

所必读,故竞等为作音训,以便讽诵。《东观汉记》以下诸家,由是渐微,然仍存于世。"① 周先生则通过对敦煌写本杂钞P.2721的研究,指出《东观汉记》仍列于三史的年代,"必上去开元不远,而迥在长庆之前也"。②

最为深入的探讨是高明士先生的文章。他在《唐代"三史"的演变——兼述其对东亚诸国的影响》一文中详尽勾画了三史在唐代演变的轨迹,特别是《东观》与《后汉书》之更迭,并分析了这种演变的背景,文章气势宏大,论证绵密,给人许多启发。他认为"三史"所指在唐代凡有三变:初唐之际,沿承六朝习尚,指《史记》《汉书》《东观汉记》,至永徽令撰定时,《东观》之地位为《后汉书》取代。开元七年(719)令将三史恢复为初唐之制;至开元二十五年(737)令,又恢复永徽令之制。此后迄唐亡,不再改变。《东观》因丧失"三史"之地位,自天宝以后,遂至佚亡。至于变化的原因,他更强调其与南北学派之争长有关:"《东观汉记》之著者,均为东汉人物,自然易为北学派所尊崇,范晔《后汉书》则为南学派之作品。两者随着经学南北之争长而互有更迭。"③

我们非常同意高先生关于"三史"在唐代演变轨迹的分析,在此仅补充几点粗浅的看法:

第一,国家法令有时并不能完全将人们长久以来形成的观念迅速更改,所以虽然永徽令已将《后汉书》列为国家考试的科目,

---

① 余嘉锡:《四库提要辨证》卷五《史部》三《别史类》,第252页。
② 周一良:《敦煌写本杂钞考》,收入《周一良集》第三卷《佛教史与敦煌学》,辽宁教育出版社,1998年,第275页。
③ 高明士:《唐代"三史"的演变——兼述其对东亚诸国的影响》,《大陆杂志》第54卷第1期,1977年,第7—16页。

但似乎并未将其明确定为"三史"之一,而在成书于中宗景龙四年（710）的刘知幾《史通》中,谈及"三史"时,仍多指《东观汉记》,如卷六云:"自汉已降,几将千载,作者相继,非复一家,求其善者,盖亦几矣。夫班、马执简,既五经之罪人;而《晋》《宋》杀青,又三史之不若。"[1] 卷八则云:"大抵作者,自魏已前,多效'三史',从晋已降,喜学五经。夫史才文浅而易摸,经文意深而难拟,既难易有别,故得失亦殊。"[2] 寻文中之意,诚如周一良先生所言,子玄心目中的"三史",仍是《史》《汉》及《东观》。这比开元七年令恢复《东观》之地位差不多要早出十年。

第二,钱大昕以《后汉书》之取代《东观》是由于后者失传而造成的,高先生的看法正相反,认为后者的失传是因为丧失了三史之地位,故"自天宝以后,遂至佚亡"。此二说恐皆有可商之处。如前文所述,在《新志》中127卷本《东观》仍存,并未因其失去三史地位而加快散佚速度。直到宋初官修《太平御览》时,还曾征引《东观汉记》达一千二百条之多,可见其散佚情况并不严重。

第三,将两书之更迭与唐代南北学术的争长联系起来,虽令人耳目一新,但深究起来,则似亦有未安之处。如果仅仅因为《东观汉记》的作者"均为东汉人物,且为官修性质,自应为北学者所尊",那么《史》《汉》之学都应为北学系统了,而事实上,它们都早已成为南北学术共有的组成部分。以《东观》而言,萧梁时,虽已有刘昭注《后汉书》,但社会上并不因此而忽视了所谓北学系统的《东观汉记》,如吴平侯萧景之子萧励"聚书至三万卷,披翫

---

[1] 浦起龙:《史通通释》卷六《叙事》,上海古籍出版社,1978年,第165—166页。
[2] 浦起龙:《史通通释》卷八《模拟》,第224页。

不倦，尤好《东观汉记》，略皆诵忆"。① 而《东观》、范书之外的各家《后汉书》，如三国吴武陵太守谢承的130卷《后汉书》等，虽同为南学系统，却未能取代《东观》，因此，在此二书之更迭问题上，是否有那么明显的南、北两派学术对立的色彩，是颇有疑问的。

说到底，还是《东观》自身之缺陷与范书的优点使后者从诸家后汉书中脱颖而出。只有这样，我们才能理解高先生指认的北派学者刘知幾对《东观》之激烈批判和对范书之嘉赏。他在给萧至忠的奏记中说："古之国史，皆出自一家，如鲁、汉之丘明、子长，晋、齐之董狐、南史，咸能立言不朽，藏诸名山，未闻藉以众功，方云绝笔。唯后汉《东观》，大集群儒，而著述无主，条章靡立。由是伯度讥其不实，公理以为可焚，张、蔡二子纠之於当代，傅、范两家嗤之于后叶。今史司取士，有倍东京，人自以为荀、袁，家自称为政、骏。每欲记一事，载一言，皆阁笔相视，含毫不断。故首白可期，而汗青无日。"② 在此，《东观汉记》成了集体撰述而条目不张的反面典型。在语言文字上，《史通》卷九又引傅玄所云："观孟坚《汉书》，实命代奇作。及与陈宗、尹敏、杜抚、马严撰中兴纪传，其文曾不足观。岂拘于时乎？不然，何不类之甚者也？是后刘珍、朱穆、卢植、杨彪之徒，又继而成之。岂亦各拘于时，而不得自尽乎？何其益陋也？"③ 对《东观》再次加以痛诋。刘氏对于范晔的《后汉书》虽则也略有微词，然总体评价尚高，如云"窃惟范晔

---

① 《南史》卷五一《梁宗室传上》，中华书局，1975年，第1263页。
② 《旧唐书》卷一百二《刘子玄传》，第3168—3169页。
③ 《史通通释》卷九《覈才》，第251页。

之删《后汉》也,简而且周,疏而不漏,盖云备矣"。[1] 又曰:"范晔博采众书,裁成汉典,观其所取,颇有奇工。"[2] 又曰:"世言汉中兴史者,唯范、袁(袁宏,《后汉纪》作者)二家而已。"[3] 是则刘氏认为范书在形式和内容上都远胜《东观》。吴树平先生对《东观》之不足有更为具体详尽的分析,可以参看。[4]

要言之,自南北朝以来,范晔《后汉书》之地位已在逐步上升,因为无论在内容剪裁还是文字功力上它都远胜《东观》。但其列入"三史"则是个较长的历史过程,在观念上和制度上莫不如此,而唐代正处在这样一个过渡阶段。如高明士先生所说,开元二十五年定令之后,《后汉书》三史之一的地位才固定下来。而这样的格局后来又通过科举制度,特别是"三史科"的实施得到强化(说详下文)。

二、唐代对"三史"之研究及其地位之比较

唐代对于古籍的整理与研究,主要集中在"五经"和"三史"上。就"三史"而言,谢保成先生曾指出:"唐代对'三史'(按:他所谓"三史",当指《后汉书》,而非《东观汉记》)的态度,以《汉书》地位最高,《史记》最下。这是南北朝以来扬班抑马的延

---

[1] 《史通通释》卷五《补注》,第132—133页。
[2] 《史通通释》卷八《书事》,第230页。
[3] 《史通通释》卷一二《古今正史》,第343页。
[4] 吴树平:《〈东观汉记〉初探(下篇)》,《文史》第29辑,1988年,第117—120页。

续。"① 事实是否如此，尚待辨析。

唐人对于史学的功能有较清醒的认识，认为其地位仅次于经书，如刘知幾曰："世之学者，皆先曰五经，次云三史，经史之目，于此分焉。"② 殷侑言："三史为书，劝善惩恶，亚于六经。"③ 咸通四年（863），皮日休也说："臣闻圣人之道，不过乎经，经之降者，不过乎史。"④ 在这样的认识基础上，对于前代史书特别是"三史"的学习和研究就蔚为风气，《史记》《汉书》及《后汉书》都出现了非常重要的注释，如司马贞的《史记索隐》、张守节的《史记正义》、颜师古注《汉书》、章怀太子组织宫臣学士注《后汉书》等，都为后世所重。事实上，这些研究成果只是当时学术成果的一小部分而已，我们先将唐代的三史研究著作列表如下（表4、表5、表6）：

表4 唐代《史记》研究著作表

书 名	著 者	材料出处
史记注一百三十卷	许子儒	《新》58/1456。然据《旧》189上/4954本传载，"其所注《史记》，竟未就而终"。未知何据
史记音三卷	许子儒	《新》58/1456
史记注一百三十卷	王元感	《新》58/1457；《旧》189下/4963

---

① 谢保成：《隋唐五代史学》第六章《古籍整理与史籍研究》，厦门大学出版社，1995年，第129页。
② 《史通通释》卷六《叙事》，第165页。
③ 《新唐书》卷四四《选举志上》，第1166页。
④ 《唐会要》卷七七《贡举下·科目杂录》，第1658页。

续表

书　名	著　者	材料出处
史记注一百三十卷	徐坚	《新》58/1457
史记注一百三十卷	李镇	《新》58/1457
史记义林二十卷	李镇	《新》58/1457
史记注一百三十卷	陈伯宣	《新》58/1457
续史记一百三十卷	韩琬	《新》58/1457
史记索隐三十卷	司马贞	《新》58/1457
补史记	司马贞	[宋]章如愚《群书考索》前集卷12《正史门·史记类》，（日本京都）中文出版社，1982年，109页
史记地名二十卷	刘伯庄	《新》58/1457；《旧》189上/4946本传
史记音义二十卷	刘伯庄	《新》58/1456；《旧》189上/4946本传同，然《旧志》46/1988作三十卷，当误
史记正义三十卷	张守节	《新》58/1457
史记名臣疏三十四卷	窦群	《新》58/1457；《旧》155/4120
史记纂训二十卷	裴安时	《新》58/1458
史记至言十二篇	褚无量	《新》200儒学下/5689
续史记（未就）	尹思贞	《新》200儒学下/5703
史记补注	裴延龄	《旧》本传
史记新论五卷	强蒙	孙猛《日本国见在书目录详考》，547页
太史公史记问一卷	无名氏	同上

说明：《旧》指《旧唐书》，《新》指《新唐书》。数字前为卷数，后为标点本页码。下两表并同。

表5　唐代《汉书》著作研究表

书　名	著　者	材料出处
汉书注一百二十卷	颜师古	《旧》46/1988
御铨定汉书八十一卷	郝处俊等	《旧》46/1988；《新》58/1456作八十七卷，题"高宗与郝处俊等撰"
汉书决疑十二卷	颜游秦（延年）	《新》58/1454。《旧》73/2596《颜师古传》同
汉书古今集义二十卷	颜胤（高宗时人）	《旧》46/1988。《新》58/1456同。但《旧》73/2600本传，作《汉书古今集》
汉书正义三十卷	释务静	《旧》46/1988
汉书辨惑三十卷	李善（高、武时人）	《旧》46/1988。又见同书189上/4946本传
汉书注	王元感	《唐会要》卷77/1662
汉书绍训四十卷	姚珽（开元二年卒）	《旧》89/2097
汉书注四十卷	敬播（贞观）	《旧》189上/4946本传
汉书音义十二卷	敬播	《新》58/1457
汉书议苑	元怀景（开元右庶子）	《新》58/1457
汉书问答五卷	沈遵	《新》58/1457
汉书音义二十卷	刘伯庄（太宗、高宗时人）	《旧》189上/4946本传
汉书指瑕	王勃	《新》201《文艺传》上/5739

唐代的"三史"与三史科　195

续表

书名	著者	材料出处
汉书正名氏义十三卷		《旧》46/1988
汉书英华八卷		《旧》46/1988
汉书律历志音义一卷	阴景伦	《旧》46/1988。又见《新》58/1454
孔氏汉书音义抄二卷	孔文详	《旧》46/1988
汉书音义二十六卷	刘嗣等	《旧》46/1988；《新》58/1454
汉书纂误二卷	刘巨容	《宋史》卷203《艺文志》二，5087页
汉书注	康国安	颜真卿《康希铣墓志》，引自《新唐书艺文志补》卷二，62页
汉书右史十卷	刘轲	《新唐书艺文志补》卷二，62页

表6　唐代《后汉书》研究著作表

书名	著者	材料出处
后汉书注一百卷	章怀太子李贤	《旧》46《经籍志》上/1988
后汉书音义二十七卷	韦机	同上
后汉书文武释论二十卷	王越客	同上

从上列三表大略可见唐人对于三史的学术兴趣和研究成果，总而言之，"三史"之中，《汉书》的地位承魏晋南北朝以来的风气，极受重视，地位最高，但《史记》的地位是否就是"最下"，连《后汉书》也不如呢？恐怕未必。

第一，如前文所述，在唐初，范晔《后汉书》在记载东汉史事的众家"正史"中，尚未取得惟我独尊的地位，从唐初到永徽再到开元，其地位几经反复，真正定于一尊应该是开元二十五年定令之后的事了。事实上，唐代对于《后汉书》的研究风气并不很盛，除了章怀太子组织学士注释以外，私人的著述极少，目前所知不过韦机和王越客的两种而已，与《史记》《汉书》的研究热潮相比，实有很大差距。

第二，从表4可知，唐代对于《史记》的研究之风颇盛，出现了大量的注释之作及各种研究成果，相对于《隋书·经籍志》所云南北朝以来"《史记》传者甚微"[1]的记载，情况已发生了巨大的变化。而且值得注意的是，与《汉书》《后汉书》均曾由皇太子下令加以注释有所不同，唐人对《史记》的研究，都是私人著述，而私人之著述更能反映一代的学风和士人的好尚。

第三，"三史"之中，往往《史》《汉》并称，而《后汉书》不与。学者也往往兼通《史》《汉》，这是隋以来的学术风气，如以《汉书》研究闻名于世的大儒包恺，"从王仲通受《史记》《汉书》，尤称精究"[2]。隋唐之际的赵弘智"学通《三礼》《史记》

---

[1] 《隋书》卷三三《经籍志二》，第957页。
[2] 《隋书》卷七五《儒林·包恺传》，第1716页。

《汉书》",[1]陆士季"从同郡顾野王学《左氏传》、兼通《史记》《汉书》,隋末为越王侗记室兼侍读"。[2]至于刘伯庄"龙朔中,兼授崇贤馆学士。撰《史记音义》《史记地名》《汉书音义》各二十卷,行于代",[3]更是学兼《史》《汉》,著述颇丰的学者。又如王方庆"年十六,起家越王府参军。尝就记室任希古受《史记》《汉书》,希古迁为太子舍人,方庆随之卒业"。[4]郗士美"年十二,通五经、《史记》《汉书》,皆能成诵。父友萧颖士、颜真卿、柳芳与相论绎,尝曰:'吾曹异日当交二郗之间矣。'"[5]

此外,专精《史记》或《汉书》一史的学者所在多有,如高、武时期的高子贡,"弱冠游太学,遍涉六经,尤精《史记》",[6]褚无量"尤精三礼及《史记》"。[7]专精《汉书》的学者就更多了,除颜师古之外,又如秦景通兄弟:"秦景通,常州晋陵人也。与弟暐尤精《汉书》,当时习《汉书》者皆宗师之,常称景通为大秦君,暐为小秦君。若不经其兄弟指授,则谓之'不经师匠,无足采也'。"[8]相较而言,专精《后汉书》的学者实在不多。在学者以外的社会其他层面上,学习《史》《汉》者往往多有,如高僧昙一"刃有余地,时兼外学,常问《周易》于左常侍褚无量,论《史

---

[1] 《旧唐书》卷一八八《孝友·赵弘智传》,第4922页。
[2] 《旧唐书》卷一八八《孝友·陆南金传》,第4932页。
[3] 《旧唐书》卷一八九上《儒学上·刘伯庄传》,第4955页。
[4] 《旧唐书》卷八九《王方庆传》,第2897页。
[5] 《新唐书》卷一四三《郗士美传》,第4695页。
[6] 《旧唐书》卷一八九下《儒学下·高子贡传》,第4960页。
[7] 《旧唐书》卷一〇二《褚无量传》,第3165页。
[8] 《旧唐书》卷一八九上《儒学上·秦景通传》,第4955—4956页。

记》于国子司业马贞"。① 甚至蕃将哥舒翰"好读《左氏春秋传》及《汉书》",② 李光弼"能读班氏《汉书》",③ 浑瑊"通《春秋》《汉书》,尝慕司马迁《自叙》,著《行记》一篇,其辞一不袊大"。④ 可见,社会上学《史》《汉》者众,而学《后汉书》者盖寡。

我们还可以从敦煌吐鲁番文书来观察唐代三史的流行情况。据李锦绣先生研究,敦煌文书中,《史记》残卷只有一件P.2627号,系唐初武德至贞观年间的《史记集解》写本。相比之下,《汉书》则有10件之多,其中包括了蔡谟《集解》及颜师古、颜游秦三个注本,显示了隋唐时期《汉书》的教育与研习情况。⑤ 至于《后汉书》,在敦煌文书里尚未发现。

吐鲁番文书的情况与之类似,特别值得注意的是,在德国国家图书馆所藏吐鲁番文书中,有一件编号为Ch.938的残片,据荣新江先生考证,其正面为《汉书》卷四〇《张良传》,背面为《史记》卷六七《仲尼弟子列传》,与《西域考古图谱》下卷经籍类(5)—(1)和(2)所刊大谷探险队的文书属于同一写本,但不能直接缀合。虽存字不多,但极有意义,正面的《汉书》有乌丝栏,抄写严谨(图25),背面的《史记》则无界栏(图26),其正背关系可能

---

① 《宋高僧传》卷一四《唐会稽开元寺昙一传》,第352页。按,文中的"马贞",当即司马贞。
② 《旧唐书》卷一〇四《哥舒翰传》,第3212页。
③ 《旧唐书》卷一一〇《李光弼传》,第3303页。
④ 《新唐书》卷一五五《浑瑊传》,第4894页。
⑤ 张弓主编《敦煌典籍与唐五代历史文化》肆《史地章》,中国社会科学出版社,2006年,第345—374页。本章由李锦绣执笔。

图25　德藏Ch.938　　　　　　　图26　德藏Ch.938v
《汉书·张良传》残片　　　　　《史记·仲尼弟子列传》残片

也反映了唐代《汉书》与《史记》地位的不同。① 此外，在德藏吐峪沟遗址出土的吐鲁番文书中，另有一件编号为Ch.1444的残片，仅存3行，文字工整，荣先生认为其属于《后汉书》的节抄本。② 可见，唐代的三史在远处西陲的吐鲁番地区都有流传，而《后汉书》

---

① 荣新江：《〈史记〉与〈汉书〉——吐鲁番出土文献札记之一》，《新疆师范大学学报》2004年第1期，第41—43页。最近，这件文书的录文已被收入荣新江、史睿主编《吐鲁番出土文献散录》，第113—116页，彩图见书前图版第20—23页。
② 荣新江：《德国"吐鲁番收集品"中的汉文典籍与文书》，饶宗颐编《华学》第3辑，紫禁城出版社，1998年，第309—325页。这件文书的录文也被收入荣新江、史睿主编《吐鲁番出土文献散录》，第126页。

的写本数量要少很多。①

要言之，唐代的"三史"之学，当以《汉书》的研究风气最盛，《史记》次之，《后汉书》居末也。说唐代"三史"中《史记》的地位最下，是不符合当时的实际的。

三、唐代的科举与史学

提及唐代的科举，人们往往会将其与文学联系起来，的确，科举中最重要的进士科以文学才能为录取标准，但也不应忽视经史之学在科举中的作用。经学与明经一科之关系，已是人所共知的事实，无待详辩。唯史学与科举之关系，尚有待探索。

（一）对进士科的史学要求

在唐代前期，史学与科举特别是进士科并没有直接的联系，所以一般文士为了仕进，对于史学一般并不太重视。刘知幾的体会很有代表性，他虽然自幼喜欢史学，"但于时将求仕进，兼习揣摩，至于专心诸史，我则未暇。洎年登弱冠，射策登朝，于是思有余闲，获遂本愿"。②可见，史学优长对于考进士科并没有什么帮助，二者甚至有矛盾之处。因此，贞观八年（634）三月三日"诏进士试读一部经史"，③并未能产生什么积极影响，一方面，它仅是试

---

① 余欣曾从知识社会史的角度，对敦煌吐鲁番文书中的诸多《汉书》残卷做了考察。见氏著《写本时代知识社会史研究——以出土文献所见〈汉书〉之传播与影响为例》，荣新江主编《唐研究》第13卷，2007年，第463—504页。
② 《史通通释》卷十《自叙》，第289页。
③ 《唐会要》卷七六《贡举中·进士》，第1633页。

读,另一方面,其考试方式仍为填帖,并不能考察出应试者真正的史学才能及对古代治国方略的理解。这种情况在当时具有很大的普遍性,按刘知幾于永淳元年(682)登进士科,[1] 在此前一年即永隆二年(681)八月的一道敕文中指出:"如闻明经射策,不读正经,抄撮义条,才有数卷。进士不寻史籍,惟诵文策,铨综艺能,遂无优劣。自今已后,明经每经帖十得六已上者,进士试杂文两首识文律者,然后令试策。其明法并书算举人,亦准此例。即为常式。"[2] 显然朝廷也开始注意到进士不读史书的问题,大致与此同时,策文中也开始有了习史以资治道的内容。我们来看一道武则天垂拱元年(685)的策进士文:"朕以紫极暇景,青史散怀,眇寻开辟之源,遐览帝王之道。……两代之事谁远,五德之运何承?……欲令历选前圣,远稽上德,采文质之令猷,求损益之折衷。何君可以为师范,何代可以取规绳?迟尔昌言,以沃虚想。"[3] 在这道策文中,既有对应试者具体历史知识的考察,又希望能从历史中找出现实的治国之道,这反映了武则天临朝称制后励精图治的迫切心情。

到了玄宗时,又从登科后的出身方面对进士读史予以鼓励,开元二十五年(737)二月敕:"今之明经、进士,则古之孝廉、秀才。近日以来,殊乖本意,进士以声律为学,多昧古今;明经以帖诵为功,罕穷旨趣。安得为敦本复古,经明行修?……其进士宜停小经,准明经帖大经十帖,取通四已上,然后准例试杂文及第

---

[1] 徐松:《登科记考》卷二,中华书局,1993年,第72页。
[2] 《唐会要》卷七五《贡举上·帖经条例》,第1629页。
[3] 《文苑英华》卷四八三,第2463页。据徐松《登科记考》卷三考证:"按《文苑英华》载此为贤良方正策,是时制举策只三道,进士则五道,《英华》误也,今改正。"第80页。

（策）者，通与及第。其明经中有明五经已上，试无不通者；进士中兼有精通一史，能试策十条得六已上者，委所司奏听进止……（原注：此诏因侍郎姚奕奏。）"①《唐六典》则径谓："进士有兼通一史，试策及口问各十条，通六已上，须加甄奖，所司录名奏闻。"②显然，为了改变进士"多昧古今"的现状，唐玄宗在进士考试中开始提倡读史，并予以出身方面的奖励。至于进士试史的方式，则是试策与口试相结合。所谓一史，恐非任意一部史书，而应该是"三史"中的一部。此外还应注意，进士试史却并未成为一种强制性规定，而只是一种鼓励性措施。

正因如此，进士不读经史的问题并未得到根本改善，乾元初，中书舍人兼礼部侍郎李揆干脆下令将五经与各史放在考场，供应试者随时翻检，受到欢迎，"数日之间，美声上闻"。③宝应二年（763），礼部侍郎杨绾上疏言贡举之弊曰："近炀帝始置进士之科，当时犹试策而已。至高宗朝，刘思立为考功员外郎，又奏进士加杂文，明经填帖，从此积弊，浸转成俗。幼能就学，皆诵当代之诗；长而博文，不越诸家之集。递相党与，用致虚声，六经则未尝开卷，三史则皆同挂壁。况复征以孔门之道，责其君子之儒者哉！"④于是有些有识之士开始建议将史学作为进士考试中的必修科目，如大历（766—779）中，洋州刺史赵匡在《举选议》中就提出："进士习业，亦请令习《礼记》《尚书》《论语》《孝经》并一

---

① 《唐会要》卷七五《贡举上·帖经条例》，第1631页。
② 《唐六典》卷四"礼部侍郎"条，第109—110页。
③ 《唐会要》卷七六《贡举中·进士》，第1634页。
④ 《旧唐书》卷一一九《杨绾传》，3430页。时间据《新唐书》卷四四《选举志上》，第1166页。

史。……不试诗赋,……其所试策,于所习经史内徵问,经问圣人旨趣,史问成败得失,并时务,共十节。贵观理识,不用徵求隐僻,诘以名数,为无益之能。言词不至鄙陋,即为第。"① 可见,他设想的进士科试史并非是考章句与名物训诂,而是"问成败得失,并时务",即总结历史经验教训,为现实政治服务。赵匡对于所考史书的种类更有明确的设想:"其史书,《史记》为一史,《汉书》为一史,《后汉书》并刘昭所注《志》为一史,《三国志》为一史,《晋书》为一史,李延寿《南史》为一史,《北史》为一史。习《南史》者,兼通《宋》《齐》志;习《北史》者,通后魏、《隋书》志。自宋以后,史书烦碎冗长,请但问政理成败所因,及其人物损益关于当代者,其余一切不问。国朝自高祖以下及睿宗《实录》,并《贞观政要》,共为一史。"② 在此,从"三史"到唐初所修晋南北朝诸史,甚至本朝实录和《贞观政要》都在考试的范围之内。

赵匡一类观点的出现并非偶然,它既与人们对长期以来进士和经史脱节问题的反思有关,更与此时的政治形势和学术文化思潮有关。吴宗国先生曾指出,进士科试诗赋虽然终唐没有变化,但诗赋在录取时的地位却在逐步发生变化。大历年间古文运动的先驱者们如元结、独孤及、梁肃等人非常活跃,许多士子都有经世致用的倾向,因而在学习中对于儒家经典、诸子百家、历史典籍和现实情况都比较注意。正是在贞元(785—805)年间,诗赋取士重新为文章取士所代替,而衡量文章好坏的标准,则和唐朝前期相反,主要是

---

① 《通典》卷一七《选举五》,第422页。
② 《通典》卷一七《选举五》,第423页。

看内容，而不是看词华。① 赵匡让进士兼习"一史"并加以考试的建议看来并未被采纳，但是贞元年间的进士策问则确实增加了不少历史方面的内容，着重考察应举者的真才实学。正如吴先生所言："从现存贞元十八年、十九年、二十一年三年的进士策问来看，既考儒家经典，也考历史知识；既考对圣贤学说的理解，也考对现实政治、经济问题的见解，而重点则放在考试应举者的'通理'程度和'辩惑'水平。"② 正反映了这一变化。

（二）制科中的史学因素

为了提高整个官僚队伍的知识水平，唐朝不仅对进士科的史学要求不断提高，还采取了其他一些措施，例如，在制科中增加一些经史的因素。

显庆五年（660）六月，诏文武五品以上四科举人，其中第一科为"孝悌可称，德行夙著，通涉经史，堪居繁剧"。③ 显然将举人的德行、经史知识与行政才能结合起来进行考察。武则天时，大开制科以招徕人才，许多科目的策问都有鉴古知今的味道，如永昌元年（689）策贤良方正第一道即问："至于考课之方，犹迷于去取；黜陟之义，尚惑于古今。未知何帝之法制可遵，何代之沿革斯衷？"④ 如果对于历史上各王朝的人事考课制度不清楚，回答这样的问题只怕不易。又如长寿三年（694）策问"临难不顾，殉节宁

---

① 吴宗国：《唐代科举制度研究》第七章《进士科考试科目和录取标准的变化》，辽宁大学出版社，1992年，第159—160页。
② 吴宗国：《唐代科举制度研究》，第163页。
③ 《册府元龟》卷六四五《贡举部·科目》，第7728页。
④ 《文苑英华》卷四八二，第2459页。又参《登科记考》卷三，第91页。

邦科"曰："至如临难不顾，知无不为，献替帷幄，匡过补缺，爰洎御命之流，并应搜扬之旨。子大夫博古强学，见贤思齐，一善或同，千载相遇。肇自汉魏，以及梁陈，若斯之人者，布在方策。宜具载年代，各叙徽猷，无惮米盐，用旌多识。"① 问得非常具体，所以回答时也须得具体不可，从现存薛稷的对策文来看，正是如此，显示了他对汉魏以来历史的精熟。② 类似的策问还有不少保存在《文苑英华》中，兹不备举。

睿宗即位之初的景云元年（710）十二月，开七科举人，其第二科即为"能综一史，知本末者"。③ 这当是史学独立成为科目之始，也即长庆二年（822）殷侑所谓的"伏惟国朝故事，……又有一史科"的来历。④ 据《登科记考》载，第二年就有"抱一史知其本末科"王楚玉等八人登第。⑤ 但之后此科并不常行，只是在其他制科中加入了史学因素，例如开元五年（717）有"文史兼优科"，⑥ 开元二十一年（733）三月所开的"博学科"，也要求"试明三经、两史已上帖，试稍通者"。⑦ 德宗建中四年（783）曾设"博学三史科"，有冯伉登第，⑧ 徐松认为："按'博学三史'当即三史科，非制举也。"⑨ 我们认为此言不确，这里的"博学三史科"当仍属制

---

① 《文苑英华》卷四七九，第2443页。又参《登科记考》卷三，第104页。
② 《文苑英华》卷四七九，第2443—2444页。
③ 《唐会要》卷七六《贡举中·制科举》，第1648页。
④ 《唐会要》卷七六《贡举中·三传（三史附）》，第1655页。
⑤ 《登科记考》卷五，第154页。
⑥ 《唐会要》卷七六《贡举中·制科举》，当年有李升期、康子元、达奚珣及第，第1643页。
⑦ 《登科记考》卷八，第264页。
⑧ 《旧唐书》卷一八九下《儒学传下》，第4978页。
⑨ 《登科记考》卷十一，第421页。

科，因为作为常科的"三史科"于长庆二年才开始设立，而从那以后，类似的制举则不再举行了。

（三）一史与三史科

穆宗长庆二年（822）"三史科"的设立标志着史学科目成为贡举中的常科。据《唐会要》载：

> 长庆二年二月，谏议大夫殷侑……又奏："历代史书，皆记当时善恶，系以褒贬，垂裕劝戒。其司马迁《史记》，班固、范晔两《汉书》，音义详明，惩恶劝善，亚于六经，堪为世教。伏惟国朝故事，国子学有文史直者，弘文馆弘文生，并试以《史记》、两《汉书》、《三国志》，又有一史科。近日以来，史学都废。至于有身处班列，朝廷旧章，昧而莫知，况乎前代之载，焉能知之？伏请置前件史科，每史问大义一百条，策三道。义通七，策通二以上，为及第。能通一史者，请同五经、三传例处分。其有出身及前资官应者，请同学究一经例处分。有出身及前资官，优稍与处分。其三史皆通者，请录奏闻，特加奖擢。仍请颁下两都国子监，任生徒习读。"敕旨："宜依，仍付所司。"①

从中我们可以看出，第一，如前所述，所谓的"三史科"考的正是《史记》《汉书》和《后汉书》；《后汉书》"三史"之一的地位从

---

① 《唐会要》卷七六《贡举中》，第1655页。

此得到科举制的强力支撑。第二,"三史科"在设立之初,就既是礼部贡举的科目,又同时是吏部的科目选,因为已有出身者及前资官也可参加考试,这一点早为吴宗国先生所揭示。[1] 第三,与此同时,原来属于制科的"抱一史知其本末科"即所谓的"一史"也被变为礼部贡举的常科了。第四,"三史科"的设立并不是史学繁荣的结果,而是为扭转"近日以来,史学都废"的情况才设立的。对于兼通三史者要"特加奖擢",可见这样的人才实在太少。第五,考试的方法是每史问大义百条,[2] 并对策三道,然则绝非考试章句、训诂等内容,这也反映了中唐以来注重义理的新思潮和新学风。

在中晚唐史籍与石刻文献中,我们可以看到不少三史科的相关材料,[3] 例如《唐摭言》记载:"杨敬之拜国子司业,次子戴进士及第,长子三史登科,时号'杨三喜'。"[4] 而《新唐书·杨敬之传》称:"文宗尚儒术,以宰相郑覃兼国子祭酒,俄以敬之代。未几,

---

[1] 《唐代科举制度研究》第三章《唐代科举制度之一:常科》,第31页。
[2] 按此处有疑问,若问大义百条,则通七合格显然不合情理。这有两种可能,或者试十通七,或者试百通七十,二者必有一误。
[3] 关于三史科的绝大多数文献与墓志材料,都来自长庆二年之后,只有一则反例,即新刊天宝七载(748)的《唐故居士京兆韦府君(玄泰)墓志铭》称志主"弱冠,应三史举,读《汉书》,见疏广、疏受挂冠而去,乃喟然叹曰:所谓达识乎,吾不肖庶几古人也。尔后但饮酒赋诗,弹琴纵博而已"。(李明主编《新中国出土墓志·陕西》(肆)第152号,图版在上册第154页,录文在下册第140—141页)按韦玄泰卒于开元元年(713),时年五十五岁,然则其弱冠之年当在高宗仪凤三年(678)。从目前所见唐代各种文献来看,长庆二年之前并无三史科的存在,更不用说在高宗时期了,否则刘知幾就不会去考进士科,也就不会有"但时将求仕进,兼习揣摩,至于专心诸史,我则未暇"的遗憾,因为直接去考三史科就好了。那么,《韦玄泰墓志》中的"应三史举"何解?或许是研习"三史"之意,所以接下来志文才谈到其读《汉书》产生的感慨。但无论如何,这条材料相当特殊,故置此待考。
[4] 《唐摭言校证》卷八《及第与长行拜官相次》,王定保撰,陶绍清校证,中华书局,2021年,第339页。

兼太常少卿。是日，二子戎、戴登科，时号'杨家三喜'。"① 二者虽对杨敬之的官职记载不同，但文宗时，其长子杨戎以三史登科，则无疑义。《云溪友议》卷上《毗陵出》也记载了"三史严灌夫"与妻子慎氏挽回婚姻的故事。② 文宗开成元年（836）冬，京兆府兵曹韦文度因参加三史科考试而"停任"，③ 这自然属于吏部的科目选。大中三年（849）二月，殿中省尚药奉御段文绚去世，为其撰书墓志的是"国子监三史张舜公"，④ 这位张舜公可能是已通过三史举的国子监学生，但尚未授官。大中六年（852）陶范所撰《唐琅邪王公故夫人上谷侯氏墓志铭并序》称其长子王庥"少蕴裂繻之志，考习三史进身，久游上京，未就私第"，⑤ 应该属于应三史科的举子，但尚未成功。千唐志斋博物馆所藏咸通十四年（873）的《唐故朝议郎河南府户曹参军柱国长乐贾府君（洮）墓志铭》曰："公幼有节槩，聪敏过人。弱岁，诣太学，八举登三史第。尔后，丁颍川夫人之艰。服阕数载，解褐为阌乡县主簿。"⑥ 然则贾洮是以太学生的身份登三史科的，从其"八举"而成的经历来看，三史科虽未必有进士登科那么艰难，但也相当不易。

"一史""三史"是性质相同但层次有异的两科，朝廷对于及

---

① 《新唐书》卷一六〇《杨凭传附杨敬之传》，第4972页。
② 《云溪友议校笺》卷上《毗陵出》，范摅撰，唐雯校笺，中华书局，2017年，第10页。
③ 王戬：《唐故京兆府兵曹参军韦公墓志铭并序》，周绍良、赵超主编《唐代墓志汇编续集》会昌028号，第964页。
④ 张舜公：《唐故朝议郎守殿中省尚药奉御翰林供奉上柱国赐绯鱼袋段府君墓志铭并序》，周绍良、赵超主编《唐代墓志汇编续集》大中020号，第983页。
⑤ 吴钢主编《全唐文补遗》第8辑，三秦出版社，2005年，第186—187页。
⑥ 录文见吴钢主编《全唐文补遗》第1辑，第412页。周绍良主编、赵超副主编《唐代墓志汇编》咸通105号将"八举"误录为"入举"（第2459页），从《千唐志斋藏志》所刊图版（文物出版社，1983年，第1189页）来看，《补遗》的录文是正确的。

第者有不同的待遇。据《唐会要》卷七七记载：

> 大和元年（827）十月，中书门下奏："凡未有出身未有官，如有文学，只合于礼部应举。有出身有官，方合于吏部赴科目选。近年以来，格文差误，多有白身及用散试官，并称乡贡者，并赴科目选。及注拟之时，即妄论资次，曾无格例，有司不知所守。其有宏辞拔萃、《开元礼》、学究一经，则有定制，然亦请不任用在散试官限。其《三礼》、《三传》、一史、三史、明习律令等，如白身，并令国学及州府，同明经，一史、《三礼》、《三传》同进士，三史当年关送吏部，便授第二任官。如有出身及有正员官，本是吏部常选人，则任于吏部不限选数，应科目选。仍须检勘出身，及授官无踰滥否，缘取学艺，其余文状错缪，则不在驳放限。如考试登科，并依资注与好官。唯三史则超一资授官。如制举人暨诸色人皆得选试，则无出身无官人并可，亦请不用散、试官。伏以散、试偶于诸道甄录处得便第二第三任官，既用虚衔，及授官则胜进士及诸色及第登科人授官，实恐侥倖。"敕旨依奏。[①]

不难看出，由于一史与三史科都同时兼有贡举与科目选的性质，很多白身应试者试图直接到吏部应科目选，以尽快授官。按照此敕规定，若是白身，则一史、三史都应于礼部应贡举，但对于三史登科者，却另有优待，即可以"当年关送吏部，便授第二任官"，这样

---

① 《唐会要》卷七七《贡举下·科目杂录》，第1657—1658页。

便大大提高了入仕的速度。对于已有出身及有正员官,也有优待,即可"超一资授官",如此看来,则三史登科者的出路比起三礼、三传等要好得多。据《新唐书》记载,晚唐的朱朴"以三史举,由荆门令进京兆府司录参军"。① 据《新唐书·地理志》记载,荆门县为江陵府八个属县之一,属于"次畿",② 作为上县令,荆门令为从六品上,而京兆府司录参军则为正七品上,如果仅从官品来看,表面上还降低了两阶,但后者毕竟是京官,考虑到中晚唐重内官轻外职的风气,③ 朱朴能从江南一举进入长安为官,且任职颇具权势的司录参军,无疑属于升迁,④ 然则三史科的出路显然相当不错。

此后,作为礼部贡举科目,三史科虽然曾经一度因取人颇滥而与三礼、三传等八科一起被权停三年,⑤ 但最终一直持续到五代。后唐同光四年(926)正月,因新定格文规定每年登科人数减少,引起五科举人许维岳等一百人的不满,遂进状曰:

> "伏见新定格文,三礼、三传,每科只放两人,方今三传一科五十余人,三礼三十余人。三史、学究一十人。若每年止放两人及一人,逐年又添初举,纵谋修进,皆恐滞留。臣伏见长庆、咸通年放

---

① 《新唐书》卷一八三《朱朴传》,第5385页。
② 《新唐书》卷四〇《地理志四》,第1028页。
③ 参看李燕捷《唐代后期内外官轻重辨》,《社会科学战线》1992年第4期,第162—167页。
④ 如李燕捷前文所指出,中晚唐京官外放往往加阶使用,大中四年(850)杜牧由从六品上的吏部员外郎出任从三品上的湖州刺史,就一次性升了十一阶(第163页)。因此,朱朴由荆门令改任京兆府司录参军,官品不过降了两阶,《新唐书》遂直接称之为"进"。
⑤ 《唐会要》卷七七《贡举下·科目杂录》,第1658页。

举人,元无定式,又同光元年春榜,亦是一十三人,请依此例,以劝进修。"敕:"依同光元年例,永为常式。"①

从中我们可以大致看出五代时三史科录取的规模,即与三礼、三传等五科一起,每年共录取十三人左右,而考试的难度似乎却在增大。后周太祖广顺三年(953)正月,户部侍郎权知贡院赵上交奏:"开元礼、三史元义三百道,欲各添义五十道。"九月,翰林学士承旨刑部侍郎知制诰权知贡举徐合符奏:"开元礼、三史,元格各对墨义三百道,策五道,去年加对五十道,臣今请并依元格。"②按三史科初立之时,仅试墨义一百道,策三道,不知从何时开始增加到三百道墨义,五道策问,甚至广顺三年初还曾一度增加,这似乎也是为了控制登科人数而采取的一种措施。

结　语

以上我们简要分析了"三史"在唐代的变迁,认为《后汉书》取代《东观》是个较长的历史过程,其间既有制度问题,又有观念问题。高明士先生所云二者更迭之关键在永徽与开元之间是极有见地的,然将其与唐代南北学术之对立争长联系起来,尚需进一步论证,而《后汉书》得以列入三史的根本原因还是在于其自身的质量。在唐代的三史中,《汉书》的研究风气最盛,但《史记》也一改南北朝以来"传者甚微"的局面,研究非常广泛和深入,其地位

---

① 《册府元龟》卷六四一《贡举部·条制三》,第7690页。
② 《册府元龟》卷六四二《贡举部·条制四》,第7700—7701页。

决非"最下",而是远高于《后汉书》。在唐代,经史之学成为士人知识结构的重要成分,起初,史学与进士科并未有直接关系,故习进士业者很少注意到史学,结果造成了"六经则未尝开卷,三史则皆同挂壁"的严重问题,所以国家采取了一系列鼓励进士习史的措施,并在制科举中增添了不少史学因素,从而有"一史科"的出现。穆宗时终于有了常科"三史科"的设立,原属制举的"一史"也变为常举,它们既是礼部贡举的科目,也是吏部科目选的科目,对于史科及第者,朝廷往往进行优奖。

本文原刊《史学史研究》2001年第1期,第32—42页。

唐金仙、玉真公主札记三题

一、金仙、玉真公主的行第与名字

徐松《唐两京城坊考》卷四西京辅兴坊云："东南隅，金仙女冠观。（景云元年，睿宗第九女西城公主、第十女昌隆公主并出家为女冠，因立二观。）"[1] 按《唐会要》卷六《公主》记载，睿宗十一女：寿昌、安兴、荆山、淮阳、代国、凉国、蔡国、郯国、金仙、玉真、霍国，[2] 金仙公主确为第九女，玉真公主确为第十女。在十一位公主中，只有她们二位才是唐玄宗同母所生的胞妹，母为昭成皇后窦氏。

不过，今存韦述《两京新记》卷三"辅兴坊"条则以金仙为第八女，玉真为第九女，[3] 似乎时人似乎并不将早薨的安兴公主计算

---

[1] 徐松撰、李健超增订《最新增订唐两京城坊考》卷四，三秦出版社，2019年，第240页。
[2] 《唐会要》卷六《公主》，第74页。
[3] 《两京新记》卷三"辅兴坊"条，《两京新记辑校·大业杂记辑校》，辛德勇辑校，三秦出版社，2006年，第30页。

在内。在徐峤撰文、玉真公主亲书的《金仙长公主墓志》（图27、图28）中，明确指出是"今上之第八妹也"。①而元和四年（809）四月幽州节度使刘济所撰《涿鹿山石经堂记》亦有"开元圣文神武皇帝第八妹金仙长公主特加崇饰"之语。②至于玉真公主本人，也往往被直接称为"九公主"，如晚唐李濬《松窗杂录》记载张说与姚崇斗争时，一位深具传奇色彩的书生就建议张说："某愿得公平生所宝者，用计于九公主，必能立释之。"于是以"鸡林郡夜明帘"进呈玉真公主，才得以解其危机。③曾慥《类说》也记载了王维因诗歌才华与年少风流被"九公主"欣赏而荐为京兆解头的故事。④因玉真公主入道，在唐代她又被称为"九仙公主"，在唐人诗歌中多有反映。⑤因此，《两京新记》以金仙为第八女，玉真为第九女的记载才是唐人观念的真实反映，徐松之改似不必要。

两位公主最初的名字，史载不详。据前引《金仙长公主墓志》云："公主讳无上道。"显然是她入道以后的法号。至于玉真公主，《新唐书·诸帝公主传》云："玉真公主字持盈，始封崇昌

---

① 《金仙长公主墓志》，录文收入吴钢主编《全唐文补遗》第1辑，第135页；图版见《新中国出土墓志·陕西》（壹）上册，文物出版社，2000年，第125号，第114页。
② 北京图书馆金石组、中国佛教图书文物馆石经组编《房山石经题记汇编》，书目文献出版社，1987年，第15—16页。
③ 李濬：《松窗杂录》，见《大唐传载（外三种）》，罗宁点校，中华书局，2019年，第97—98页。司马光《考异》认为这条材料出自晚唐好事者，故不取。见《资治通鉴》卷二一〇，第6692—6693页。
④ 曾慥：《类说》卷八引《集异记》"王维登第"条，王汝涛等校注，福建人民出版社，1996年，第261—262页。按今本《集异记》卷二"王维"条文字略异，"九公主"作"於公主"，见《博异志·集异记》，中华书局，1980年，第9—10页。
⑤ 如刘禹锡《经东都安国观九仙公主旧院作》，《刘禹锡集》卷二二，中华书局，1990年，第272页。开元十年之后，玉真公主居住于洛阳大安国观。

县主。"① 这太过简单化了，应据石刻材料予以补正。按王缙所撰《玉真公主墓志》云："公主法号无上真，字玄玄，天宝中更赐号曰持盈。"② 赐号"持盈"的时间，据《旧唐书·玄宗本纪》的记

图27　《金仙长公主墓志》

① 《新唐书》卷八三《诸帝公主传》，第3657页。
② 金文明《金石录校证》卷二七赵明诚跋文所引，第498页。原书断句误作"法号无上，真字玄玄"。

载，当在天宝三载（744）十一月。① 此后，她又常常被称作"持盈公主"，如《新唐书·杨贵妃传》记载，贵妃"三姊皆美劭，帝呼为姨，封韩、虢、秦三国，为夫人，出入宫掖，恩宠声焰震天下。每命妇入班，持盈公主等皆让不敢就位"。② 又如《旧唐书·李辅国传》云："上皇自蜀还京，居兴庆宫，肃宗自夹城中起居。上皇时召伶官奏乐，持盈公主往来宫中，辅国常阴候其隙而间之。"③ 可以为证。

图28 《金仙长公主墓志》志盖

二、金仙、玉真公主封号之变迁

两位公主封号的变迁，各种史料的记载颇有出入。金仙公主比较清楚，据前引《金仙长公主墓志》云："先帝昔居藩邸时，封西城县主，及登极，进册金仙公主。……暨主上嗣升大宝，仁先友爱，进封长公主。"据《两京新记》卷三，景云二年（711）出家时为西城公主，则在睿宗登基之后、景云二年之前，应还有一个从"西城

---

① 《旧唐书》卷九《玄宗本纪下》，第218页。
② 《新唐书》卷七六《后妃·杨贵妃传》，第3493页。
③ 《旧唐书》卷一八四《宦官·李辅国传》，第4760页。

县主"进封为"西城公主"的环节。

玉真公主始封之号众说纷纭,有"崇昌""昌宗""昌兴""昌隆""隆昌"等多种记载。如前所述,《新传》认为是"崇昌",但据《两京新记》卷三记载:"景云二年,睿宗第八女西城公主及第九女昌宗公主并出家,为立二观。改西城为金仙,昌宗为玉真。"[①]《长安志》卷一〇则作"昌隆公主",[②]《唐两京城坊考》从之。对此,岑仲勉《〈两京新记〉卷三残卷复原》云:"《长安志》一〇昌宗作昌隆,余按:玄宗名隆基,故《韦记》讳改为昌崇,此作昌宗讹。"[③] 此论颇有见地,辛德勇辑校《两京新记》就直接接受了岑说,直接改原文"昌宗"为"昌崇"。不过,这个问题还需进一步论证。

关于这个问题,较早的史料除了《两京新记》之外,当属《玉真公主墓志》,内云:"中宗时封昌兴县主,睿宗时封昌兴公主,后改封玉真,进为长公主。"对此,赵明诚《跋》曰:"《唐史》但云'封崇昌县主',而以'昌兴'为'崇昌'者,皆其阙误。"[④] 是赵氏认为"崇昌"为"昌兴"之误。但事实上,"昌兴"也并不是原来的封号,而是避讳的结果。

《资治通鉴》卷二一〇"景云元年十二月"条云:"癸未,上以二女西城、隆昌公主为女官,以资天皇太后之福,仍欲于城西

---

① 《两京新记》卷三"辅兴坊"条,第30页。
② 《长安志》卷一〇"辅兴坊"条,辛德勇、郎洁点校《长安志·长安志图》,三秦出版社,2013,第328页。
③ 岑仲勉:《〈两京新记〉卷三残卷复原》,原刊《历史语言研究所集刊》第9本,1947年。此据《岑仲勉史学论文集》,第717页。
④ 《金石录校证》卷二七,第498页。

造观。"（第6659页）二年五月条又云："辛酉，更以西城为金仙公主，崇昌为玉真公主，各为之造观。"（第6665页）钱大昕据此认为："玉真初号'隆昌'，《唐书》作'崇昌'者，史家避明皇讳追改之也。"① 钱氏考证向称精审，但这个判断恐有疑问。实际上，所谓"崇昌"和"隆昌"都是不正确的。

按《册府元龟》卷五三《帝王部·尚黄老一》记载，景云元年十二月癸未制曰："玄元皇帝，朕之始祖，无为所庇，不亦远乎？第八女西域（城）公主、第九女昌隆公主，性安虚白，神融皎昧，并令入道。"② 而《旧唐书·睿宗本纪》景云二年五月条也记载："辛丑，改西城公主为金仙公主，昌隆公主为玉真公主，仍置金仙、玉真两观。"③ 然则玉真公主之始封当为"昌隆县主"。我们还可以换个角度来思考这个问题。睿宗诸女的封号皆以地名，按有唐一代，并无崇昌县或昌兴县之置，而据《新唐书·地理志》记载，绵州巴西郡有昌隆县，先天元年改为昌明县，④ 这当是她中宗时受封昌隆县主之所由。

我们的结论是：如《旧纪》《册府》所云，玉真公主在中宗时，始封"昌隆县主"，睿宗继位后，进封"昌隆公主"，景云二年五月，改封为"玉真公主"。在韦述作《两京新记》时，为避玄宗之讳，遂改昌隆为昌崇（误写作宗），而在宝应元年（762）玉真公主去世后，其墓志为避玄宗之讳，则改昌隆为昌兴，然则当时避讳之改字尚无定规。而"崇昌""隆昌"则分别为"昌宗（崇）""昌

---

① 钱大昕：《潜研堂金石文跋尾》卷六，《嘉定钱大昕全集》第6册，第164页。
② 《册府元龟》卷五三《帝王部·尚黄老一》，第589页。
③ 《旧唐书》卷七《睿宗本纪》，第157页。
④ 《新唐书》卷四二《地理志六》，第1089页。

隆"之误倒也。要言之,昌隆县主—昌隆公主—玉真公主,这样的变化轨迹是可以肯定的。

三、玉真观的前身：窦诞宅—崇先府

玉真观的选址颇有讲究。《两京新记》卷三云："本工部尚书莘国公窦诞宅,武太后时,以其地为崇先府。景云二年,为玉真公主立为观。"① 这一选择应当出自双重考虑。

首先,金仙、玉真公主与窦诞有着非常密切的渊源关系,她们的母亲昭成皇后窦氏正是窦诞的孙女,② 其世系为：窦诞—窦孝谌—昭成皇后窦氏—玉真公主。值得提及的是,据1985年从顺陵出土的《窦诞墓志》记载：他于贞观二十二年"二月,寝疾薨于辅兴里第",③ 应即此地。于此立观,恐怕包含着为母亲追福之成分。

更为重要的是,这里也曾是武周时期崇先府的所在地。《新唐书·武士彟传》载："后监朝,尊为忠孝太皇,建崇先府,置官属,追王五世。"④《资治通鉴》卷二〇四永昌元年(689)二月条记载："丁酉,尊魏忠孝王曰周忠孝太皇,妣曰忠孝太后,文水陵曰章德陵,咸阳陵曰明义陵,置崇先府官。"⑤ 显然,崇先府是武则天临朝时,为追崇武氏先世而特别设立的机构,其职能虽史载不详,但

---

① 《两京新记》卷三"辅兴坊"条,第30页。
② 《旧唐书》卷五一《后妃上·睿宗昭成皇后窦氏传》,第2176页。
③ 吴钢主编《全唐文补遗》第2辑,第96页。关于这方墓志的考释,参看鲁才全《窦诞职官年表——以〈窦诞墓志〉为中心》,武汉大学中国三至九世纪研究所编《魏晋南北朝隋唐史资料》第16辑,武汉大学出版社,1998年,第114—122页。
④ 《新唐书》卷二〇六《外戚·武士彟传》,第5835页。
⑤ 《资治通鉴》卷二〇四,第6457页。

恐怕不会是为了管理此前于垂拱四年（688）正月设立的崇先庙，这点从其官属的设置略可窥知。据长寿二年（693）八月的《大周故检校左金吾郎将杨府君（顺）墓志铭》："皇家建极，望府初开，妙选英奇，委之戎秩，特以公为崇先府典军，又加宣威将军，守右金吾卫钧台府。"① "望府"之名、"戎秩"之语、"典军"之设，皆透露出崇先府的性质与崇先庙的不同。又按《唐会要》记载，太极元年（712）四月十七日制："为金仙、玉真出家造观，报先慈也。外议不识朕意，书奏频烦。"② 睿宗《停修金仙玉真两观诏》曰："朕顷居谅闇，荼疚于怀，奉为则天皇后东都建菏泽寺，西都建荷恩寺，及金仙、玉真公主出家，京中造观，报先慈也。"③ 然则玉真观选址于崇奉武氏的崇先府旧址，更加符合睿宗为武则天追福的本意。

那么，窦诞宅是否就是崇先府初置之地？对此史无明文。按长寿二年正月，昭成皇后被武则天杀害，"后母庞氏被酷吏所陷，诬与后呪诅不道，（后父）孝谌左迁罗州司马而卒"。④ 窦氏子弟并流岭南，推测崇先府置于窦府的时间，恐在此之后。到景云元年（710），窦氏获得昭雪，据《旧唐书·睿宗昭成皇后窦氏传》上载："父孝谌，润州刺史，景云元年，追赠太尉、邠国公。"⑤ 此时的长安，恐怕已经没有"崇先府"了，但是否将宅第还于窦氏，已不可知。到了次年，这里就被改为玉真观了。

---

① 周绍良主编、赵超副主编《唐代墓志汇编》长寿022号，第848页。
② 《唐会要》卷五〇《观》，第1023页。
③ 《全唐文》卷一八，第220页。
④ 《旧唐书》卷一八三《外戚传》，第4725页。
⑤ 《旧唐书》卷五一《后妃上·睿宗昭成皇后窦氏传》，第2176页。

又按《唐会要》记载:"证圣元年(695)正月十八日,以崇先府为寺。开元二十四年(736)九月一日,改为广福寺。"① 此事未见其他相关材料,但无论如何,这座由崇先府所改的寺院后来与玉真观并存,二者绝非一地。至于广福寺,小野胜年《中国隋唐长安寺院史料集成·资料编》未收,李健超《最新增订唐两京城坊考》卷三引《长安县志》卷二四《金石志》著录《尊胜陀罗尼经幢》"元和四年(809)八月僧维新等造",后记"元和十二年(817)二月,常政大师于永兴里广福寺迁化",遂于长安街东的永兴坊增补"广福寺"。② 这座广福寺或即由"崇先寺"所改者,也即"崇先府"初置之所。

关于崇先寺,小野前书第340页引陈祚龙《学佛新记》:"右街崇先寺内讲论兼应制大德彦楚。"将其置于"坊名未详"的寺中。按敦煌文书中保留有三件沙州高僧悟真于大中五年(851)入朝时与长安两街大德唱和的诗集写本(P.3720、P.3886、S.4654),其中的大德僧中就有彦楚,他是大中、咸通时期长安僧团的重要人物,荣新江先生曾有详考。③ 从"右街"一语观之,则晚唐的长安城街西有崇先寺,不过,它与地处街东永兴坊的广福寺应当没有渊源关系。

要之,玉真观的前身是窦诞宅和崇先府,其选址显然同时考虑了为昭成皇后及武则天追福的因素。至于崇先府置于窦诞宅的时间,恐在长寿二年窦家落难之后。由于材料所限,我们推测崇先府

---

① 《唐会要》卷四八《寺·崇先寺》,第993页。
② 徐松撰、李健超增订《最新增订唐两京城坊考》卷三,第91页。
③ 荣新江:《法门寺与敦煌》,收入氏著《敦煌学新论》,甘肃教育出版社,2002年,第29—51页。

可能初置于街东的永兴坊，随着崇先府迁往窦宅，此地遂于证圣元年改为崇先寺，开元二十四年，又改为广福寺。至于敦煌文书所见大中年间的崇先寺则恐怕与武周时期的崇先府并无关系。

本文三条札记原收入《两京新记》读书班《隋唐长安史地丛考》，荣新江主编《唐研究》第9卷，北京大学出版社，2003年，第237—242页。

礼制、宗教与民间社会
——中古史研究的一个新视角

近二十年来,随着中国社会史研究的蓬勃兴起,人类学、社会学等社会科学的观念与方法不断被引入史学研究之中,科际整合的理念越来越得到人们的认同。不过,社会史研究的重要成果更多体现在宋代以后,这自然有材料方面的因素,比如研究地域社会史所必需的各个层面的材料在宋代以前恐怕很难满足研究需要。与此同时,一些观念上的束缚也需要我们认真反省。

我们通常会强调超越王朝史的必要性,呼吁史家作历时性的贯通,其实同样重要的一点是,在共时性的各个研究领域之间也需要真正的贯通,这也是年鉴学派所致力的总体史的要求之一。只有对某一段历史时期社会的各个方面都有所思考,才能超越具体问题,而在更高层次上有所建树,在这方面,唐长孺先生给我们做出了一个真正的榜样。正是由于对魏晋隋唐时期的政治、经济、军事、文化、宗教等众多领域都有了相当深入的研究,他的论著才具有那样的宏大气象和解释力度。因此我们认为,多学科的结合暂且不说,即使在中国古代史研究内部的各个领域之间,也同样有一些长期的习惯或倾向需要克服。如果能将一些相关领域作总体考虑，则具体研究或可别开生面。

毫无疑问，礼制研究、宗教史研究以及民间信仰的研究都是目前史学界的热点，也确已取得不少精彩的成果，不过在这些领域之间，却存在着相当严重的相互隔膜的情形。首先，研究"礼学""礼制"的学者大多将国家礼制看作与民间社会完全隔绝的仪式，认为它们是以皇帝为代表的官僚集团的活动，这是马克斯·韦伯以来许多现代学者的普遍观念。其次，在民间宗教研究领域，虽然一些汉学人类学家用了各种解释理论来分析其与官方文化及儒、释、道文化的关系，但是在中古史研究的领域中，这些概念如何与具体史实相结合，民间信仰与国家意识形态究竟存在着何种互动关系等等，还是一些有待解决的问题。此外，虽然绝大多数学者都承认佛教、道教等对于中国古代社会的巨大影响，不过对于这种影响的性质却认识不足。学者往往把国家祭祀完全等同于儒家祭祀，而认为佛、道教的影响主要集中在士大夫及民众的个人信仰领域，这就忽视了中古时期这些宗教在相当程度上已经进入了公共领域，影响着国家礼制的事实。

在很大程度上，中国古代社会是一个"礼制"的社会，无论是在制度上，还是在文化上无不深深地体现出这一点，在意识形态领域也自然存在着"礼制"的规范。作为礼乐制度的重要内容，国家祭祀是国家在意识形态领域进行社会整合的重要手段之一。魏晋以后，佛道教盛行，这种成体系的宗教对于儒教的祭祀观念是否产生影响？以郊祀为代表的儒教的国家宗教如何对待民间宗教，包含势力强大的佛道教？这都是值得认真思索的问题。

如所周知，秦和汉初的国家祭祀基本上是一种巫风浓厚的神祠宗教，国家努力的方向是整合先秦时期各个国家与地区的祭祀系统，以适应大一统帝国对于意识形态的统一要求。到西汉中后期儒学兴盛之后，国家祭祀体系逐步走向礼制化和儒家化，这个过程以元帝、成帝时期的改革为转折点，经过王莽改制的洗礼，到东汉光武帝时期最终完成。从魏晋南北朝开始，儒家的五礼体系被用于国家制礼实践中，祭礼则成为国家五礼制度中最重要的组成部分。这一转折影响深远，此后历代王朝的国家祭祀基本是在儒家的原则基础上运行。

国家祭祀提供了王朝正当性的证据，但是，如果它们仅仅是国家的仪式而与民众毫无关系，那么这样的证据就是苍白无力的，也势必不能持久。我个人认为，虽然国家祭祀经过汉代中期以来的儒家化洗礼，但它们并没有完全与民间脱节，而依然有着浓厚的神祠色彩，而正是这种特征将国家礼制与民间社会联系起来：在国家礼典规定的祭祀对象上，吸取了一些原来的民间祠庙，如先代帝王名臣的祭祀，以及从汉代郊祀礼儒家化以来就不再重视的汾阴后土祠；在祭祀方式上，儒家一般强调祭祀对象的非人格化，但隋唐时却有人格化与偶像化的特征，这在山川神、风伯雨师，乃至本该最能反映儒家原则的孔庙祭祀中都有突出表现。就祭祀目的而言，国家祭典所强调的天、地、人的和谐统一与民众个人祈福消灾的愿望并无根本冲突，我们可以从民间的岳渎崇拜与国家岳渎祭祀相互影响的事实非常清楚地看到这一点。

高丙中先生曾探讨了现代中国民间仪式上国家象征符号存在的意义，即"国家的在场"，而在中古时期却存在着另一种现象，即在许多国家祭祀仪式上"民众的在场"。在地方政府举行的许多祭祀活动中，都有民众的参与，这从保存至今的不少碑文中频频提及"乡望"乃至僧、道的功德可以略窥一斑，而这也是政治合法化的重要一环。更重要的是，代表特定地域文化和信仰传统的众多民间神祠，在唐代也开始被纳入国家礼典，从而被赋予合法地位。《大唐开元礼》卷一规定："州县社稷、释奠及诸神祠并同小祀。"这首先意味着州县的各类祭祀活动被纳入国家祭祀的范畴，为国家礼典所规范。其次，因为这里的"诸神祠"并没有指实，所以具有极大的灵活性，它在事实上将对祠祀性质的判定权力下放到地方政府，这就使地方信仰与国家礼制的结合成为可能。对于为数众多、来源各异的地方祠祀，国家并不将其简单作为"淫祠"加以禁毁，更多是通过将其纳入国家礼制系统而赋予官方地位，其正当性来源于地方政府的认定。

中古时期国家祭祀的另一个特点是与佛、道二教的结合，宗教不仅是民众的个人信仰，而且进入了"公"的领域，成为国家礼仪联系民间社会的纽带。从本质上说，祭祀问题是一个信仰问题，国家总希望将不同地域、不同阶层民众的信仰纳入一个有序的格局中，从而实现意识形态的统一。由此，我们就不难理解中古时期国家礼制对于佛、道二教，乃至众多地方祠祀的消化与整合。

就宗教自身而言，它们也希望通过参与国家的礼制活动而发挥更大的影响，这在道教方面情况更为明显。北魏时，寇谦之建立的新天师道的许多仪式与国家祭典曾紧密地结合在一起。太武帝之后，皇帝即位要受符箓已成为惯例，而道坛设立于南郊之侧，更意味着道教仪式与南郊大典的结合。到了隋代，无论是文帝祠泰山，还是炀帝祠恒、华，都有道士参与典礼，且仪式已采取道教自身的斋醮科仪。唐高宗封禅大典中出现了一些明显的道教因素，正是这一倾向的继续。玄宗时，这一趋势达到高潮，从而有太清宫制度的建立及九宫贵神之列入祀典。五岳祭祀方面，由于高宗、武则天、中宗、睿宗等相继在五岳举行道教的投龙仪式，到玄宗时遂因司马承祯之请而有五岳真君祠之建立。此外，从隋文帝以来，皇帝图像通过寺观而与民众祭祀发生关系，而在国忌日寺观行香等活动也都是宗教与国家礼制的结合之处。到北宋时期，甚至国家祭祀中的至上神昊天上帝更与道教的天皇大帝、元始天尊逐步合流。

此外，从中晚唐开始，佛、道二教也走向世俗化，在很大程度上它们与民间祠祀开始合流，而在国家的政策上，也开始趋向一致。赐额、赐号等方式以前只是对寺观使用，中唐之后，一些民间祠祀也开始获得赐额和赐号，这与地域社会的经济文化发展有关。在中晚唐时期，地方官判断一个祠祀的根据除了抽象的儒家伦理，还要依据当地的《图经》，这在李德裕于长庆三年（823）清理浙西管内淫祠的事件中看得比较清楚。与此同时，"祀典"概念本身也逐步从礼经中的抽象理念走向具体化。到了宋代，各州都有了自己的"祀典"，据《宋会要辑稿·礼》二〇之九载："哲宗绍圣二年（1095）十二月二十三日，尚书礼部侍郎黄裳等言，乞诏天下州军，籍境内神祠，略叙所置本末，勒为一书，曰《某州祀典》。"到徽宗大观二年（1108）时，则开始由中央的礼部和太常寺来编制全国祠祀的名册，即所谓"都籍"，也就是要将全国各州的祀典加以整理，合为一书。可以看出，无论是寺观还是神祠，在国家的政策中已经基本一致了。可以说，从隋初开始的地方佐官中央任命的制度开辟了中古政治体制的新篇章，而唐宋时期新的"祀典"制度的确立则使地域社会的信仰体系也逐步处于朝廷的直接控制之下，这无疑反映了中央集权的深化。

从民间社会与国家权力互动的角度来探讨仪式与社会变迁，是目前社会学与人类学研究的重要方向之一。郭于华先生曾指出："人类学研究要超越传统乡土社会文化小传统的界限，十分重要的一点就是权力关系和政治视角的引入，即关注民间文化与政治生活及国家权力的互动关系。"其实，这一视角对于中古史研究同样是极为重要的。说到底，国家试图通过礼制范围的扩大，重新调整人神关系，其最终目的是要建立一个由皇权支配的信仰系统。从某种意义上说，以儒家理论为基础的国家祭祀在唐宋时期逐步发展成为一个开放性的整合意识形态的平台，一个建立思想秩序的工具。当我们以礼制的角度来审视所谓"大传统"与"小传统"的概念时，就会发现作为"大传统"的儒家礼制对于广大不同地域的"小传统"如地方祠祀具有一种制度性的选择和吸纳机制，而国家权力的分配与运作则成为其中重要的杠杆。

本文原刊《中国社会科学院院报》2007年5月10日第3版。

杨贵妃与安禄山"三日洗儿"的仪式解读

《资治通鉴》卷二一六"天宝十载春正月"条曰:"甲辰,禄山生日,上及贵妃赐衣服、宝器、酒馔甚厚。后三日,召禄山入禁中,贵妃以锦绣为大襁褓,裹禄山,使宫人以彩舆舁之。上闻后宫欢笑,问其故,左右以贵妃三日洗禄儿对。上自往观之,喜,赐贵妃洗儿金银钱,复厚赐禄山,尽欢而罢。自是禄山出入宫掖不禁,或与贵妃对食,或通宵不出,颇有丑声闻于外,上亦不疑也。"①

此事是杨贵妃与安禄山关系中的一件大事,从《考异》可知,这段记载出自中唐人姚汝能的《安禄山事迹》,而今本《事迹》文字略异,曰:

> (安禄山生日)后三日,召禄山入内,贵妃以绣绷子绷禄山,令内人以彩舆舁之,欢呼动地。玄宗使人问之,报云:"贵妃与禄山作三日洗儿,洗了又绷禄山,是以欢笑。"玄宗就观之,大悦,因加赏赐贵妃洗儿金银钱物,极乐而罢。自

---

① 《资治通鉴》卷二一六"天宝十载春正月"条,第6903页。

是,宫中皆呼禄山为禄儿,不禁其出入。①

作为研究安史之乱的第一手史料,《安禄山事迹》的特殊价值已被学界一致认可,② 具体到贵妃洗儿一事,任士英先生结合其他许多文献,已经有详细的研究,他认为这反映了唐代的一种生活礼俗,即三日洗儿之礼。③ 据任氏研究,《明皇杂录》记载了贞观时的一件事:"玉龙子,太宗于晋阳宫得之,文德皇后常置之衣箱中,及大帝载诞之三日后,以朱络衣褓并玉龙子赐焉。"④ 而李德裕《次柳氏旧闻》记载:"代宗之诞三日,上(玄宗)幸东宫,赐之金盆,命以浴。"⑤ 任氏因此认为,贞观时期为三日婴儿举行的不固定的贺仪到此时已增加了洗礼的仪式,而玄宗时期出现这种现象并不偶然,因为他改变了对生日的观念,社会因此开始举行这类具有浓郁喜庆色彩的庆祝方式。"杨贵妃为年届五十岁的安禄山作三日洗礼,当是出于取乐的本意。"他还推测洗儿礼可能与当时流行的浴佛习俗有关。

任氏的研究颇有启发意义,不过对于洗儿仪式本身的解释还有进一步深入的余地。或许,人类学的相关研究可供我们借鉴。在

---

① 《安禄山事迹》卷上,见《开元天宝遗事·安禄山事迹》,中华书局,2006年,第82页。
② 曾贻芬先生在"点校说明"中指出《旧唐书·安禄山传》与《事迹》的大致轮廓相同,而《新传》虽比《旧传》篇幅长且较为具体,但所增内容却多不出《事迹》的范围(第69—72页)。关于本书特殊的史料价值,还可参看黄永年《唐史料学》,上海书店出版社,2002年,第135—137页。
③ 任士英:《唐代的洗儿礼》,《文史知识》1996年第1期,第38—42页。
④ 《明皇杂录》卷上"玉龙子"条,中华书局,1994年,第17页。
⑤ 《次柳氏旧闻》,收入丁如明辑校《开元天宝遗事十种》,上海古籍出版社,1985年,第6页。

《金枝》这部人类学早期的经典名著中，弗雷泽（J. G. Frazer）曾举了一个类似的"临盆模拟"的例子：

> 孩子们特别喜欢用于游戏的这种假装的扮演活动，曾导致其他民族采用"模拟诞生"作为收养子女的一种方式，甚至也作为可使被认为已经死去的人起死回生的一种方式。如果你搬演一次假装活动，使一个孩子甚至使一个大胡子男人降生人世，那么，即使他的血管中没有你的一滴血，从原始的法律和哲理来看，他实际上就真的是你的儿子了。狄奥多拉斯告诉我们，当宙斯说服了他的好嫉妒的妻子赫拉去收养赫拉克勒斯时，女神便躺在床上，把这位魁伟的英雄抱在怀里，并推着他通过她的衣裙掉下地来以模拟一次真的降生。而这位哲学家还补充说：到了他的时代，在野蛮人中仍然用这方式来收养孩子。据说直到目前在保加利亚和波斯尼亚的土耳其人还保留着这种做法：一个女人把她要收养的孩子放在她的衣服里，又推又拉地从衣服里钻出来，从此以后，这孩子就被认定是他的真正儿子，并可继承养父母的全部财产。在沙捞越比拉万人那里，当一个妇女要收养一个成年男人或女人时，就举行一次人数众多的宴会。养母当众坐在用布盖着的高椅子上，让被收养人由椅子后面从她的两腿之间爬出来。他一露出头来，立即就有一阵槟榔子香花向他撒来，他被捆起来交给一个妇女，然后把养母和这个养子或养女绑在一起，摇摇摆摆地共同走到屋子的尽头去，再走回到所有在场人面前。……在古希腊，任何男人如果被误认为已经死亡而且在形式上为他举行过葬礼，那么

除非让他经过如下所述的重新诞生的仪式,不然,他就仍将被社会当成已故的人对待。该仪式的过程是:他得从一个女人的衣裙下钻过,然后洗净全身,包裹在襁褓之中送给奶妈。在这些仪式没有认真履行之前,他不得混在活人中间自由活动。①

在弗雷泽的理论体系中,他将这类模拟生育的活动视作一种"交感巫术",具体来说,就是建立在所谓"相似律"基础上的"顺势巫术"。为了确认一位妇女和一个男孩甚至是成年男子的母子关系,他们必须进行一次模拟生育的象征性活动。如弗雷泽所言,类似的现象在许多地区、许多民族中都可以看到,它们源自某种共同的原始思维,而本文所讨论的杨贵妃给安禄山举行的这次三日洗儿活动,显然也正是这样一次类似的模拟生育的仪式。

据《通鉴》记载,安禄山初次拜杨贵妃为母是在天宝六载(747)正月:"禄山得出入禁中,因请为贵妃儿。上与贵妃共坐,禄山先拜贵妃。上问何故,对曰:'胡人先母而后父。'上悦。"②安禄山认贵妃为母自然是为了拍玄宗的马屁,不过,当时大家似乎都没有当真,也并未举行什么仪式来确认这一层关系。他们二人母子关系的真正确立,是通过天宝十载(751)正月的这次洗儿之礼完成的。当时杨贵妃年仅33岁,而安禄山则已49岁,二人年龄相差

---

① 詹姆斯·乔治·弗雷泽:《金枝:巫术与宗教之研究》卷一,第24—25页。
② 《资治通鉴》卷二一五,第6877页。

16岁之多,[1] 正如弗雷泽在上文列举的那些事例一样,要确立这样两位年龄悬殊之人的母子关系,必须通过一种特殊的收养仪式——在唐代,这就是三日洗儿。

"仪式"一直是人类学研究的核心之一,优秀成果层出不穷,无论是深度还是领域的广度都早已超越了弗雷泽那个时代。事实上,洗儿仪式本身也值得认真分析,而不应该像弗雷泽那样仅仅以"顺势巫术"的定性一笔带过。在弗雷泽之后,范根内普(Arnold van Gennep)、格拉克曼(Max Gluckman)、维克多·特纳(Victor Turner)等人都对仪式研究进行了开创性的拓展,其中尤以范根内普提出的"通过仪式"的分析框架最具影响力。如彭兆荣先生所言:"可以说,'通过仪式'开创了仪式内部进程分析的里程碑。……如果说,泰勒、弗雷泽等人类学家在他们的研究中还停留在将仪式作为社会生活的关联性'纽结',以突出'原始社会'的所谓'交感'联系的话,那么,根纳普则将仪式本体研究引入到人类学的专门学问。"[2]

在各种通过仪式中,最普遍的无疑是生命转折仪式,它"是个人在身体发育或社会发展过程中的重要时刻,比如出生、青春期或死亡。……这些'转折'典礼不仅以其所围绕的个体为中心,同时还表明与个体相联系的人们之间的关系变化了,这些联结方式有

---

[1] 据《新唐书》卷七六《后妃传上》(第3495页)记载,天宝十五载(756),当杨贵妃在马嵬之变中被赐死时,"年三十八",可见在洗儿仪式举行时,她33岁。而据《事迹》卷下记载,安禄山于至德二年(757)正月被杀时,"年五十五"(第108页),然则天宝十载时,他为49岁。
[2] 彭兆荣:《人类学仪式的理论与实践》,民族出版社,2007年,第184页。

血缘、婚姻、金钱、政治控制以及其他许多方式"。① 从这个角度来看，对于安禄山来说，这次三日洗儿的仪式正是一次生命转折仪式，无论是对他自己，还是对杨贵妃而言，都具有非常重要的意义。

让我们开始对仪式本身的分析吧。

这次仪式的主体自然是杨贵妃与安禄山，而参加者则包括后宫的众多"宫人"，而唐玄宗稍后也前往观礼。这也说明，这次仪式是公开的，而非私密的。一种人伦关系的确认必须得到共同体成员的见证，在洗儿仪式上，"贵妃以绣绷子绷禄山，令内人以彩舆异之，欢呼动地"。也就是在洗儿之后，她还用锦绣织成的褓褓将禄山包好，由宫女抬起在宫中巡游。史称禄山"腹垂过膝，自秤得三百五十斤"，② 要抬起他自是不易，故需要使用"彩舆"。之所以要如此大费周章，正是为将这种关系进行公开展示。

在这个仪式中，有一个核心的象征符号——褓褓。特纳指出："仪式象征符号同时既是指涉性的，又是浓缩的，虽然每一个象征符号都是多重指涉的而非单一指涉的。"③ 在任何一个文化系统中，褓褓总是首先与婴儿状态联系在一起，在这个仪式中，安禄山正是作为新生儿的状态出现的。其次，褓褓也象征了母子关系，通过这个指涉性的象征符号，被收养者安禄山与养母杨贵妃联系在一起。再次，褓褓也将母子关系中的各种义务和责任象征性地呈现出来。

---

① 维克多·特纳：《象征之林——恩登布人仪式散论》，赵玉燕等译，商务印书馆，2006年，第6—7页。
② 《安禄山事迹》卷上，第77页。
③ 维克多·特纳：《象征之林——恩登布人仪式散论》，第29页。

在那篇题为《模棱两可：通过仪式中的阈限阶段》的著名论文中，特纳指出：

> 范根内普本人将"通过仪式"定义为"伴随着地点、状态、社会位置和年龄的每一次变化而举行的仪式"。为了强调"状态"和"过渡"之间的对照，我用"状态"一词来涵括他所有的其他术语。范根内普已经表明，所有的过渡仪式都被三个阶段标志出来：分离、边缘（或阈限）、聚合。分离这个第一阶段由意味着个人或团体离开了先前在社会结构中的固定位置或一套文化环境（一种"状态"）的象征性的行为组成；在居间的阈限时期，仪式主体（"过渡者"）的状态含糊不清，他经过的是这样一个领域，它很少带有或者不带有任何过去的或即将到来的状态的特性；在第三个阶段中，通过之过程完成了。作为仪式主体的个人或团体再次处于稳定的状态，由此拥有了一些明确规定的和"结构"类型的权利和义务，被期望依照一定的习俗规范和道德标准来行事。①

虽然有关"洗儿仪式"的材料极为有限，但我们仍可以从中看到类似的几个阶段，特别是其中的"阈限"阶段。在这个阶段，除了襁褓，最具有象征意义的莫过于安禄山本人的身体。要洗儿，就得光着身子，而特纳早就指出："不仅仅是在入会仪式的阈限期，仪

---

① 维克多·特纳：《象征之林——恩登布人仪式散论》，第94页。特纳后来还有进一步的阐释和推演，见其《仪式过程：结构与反结构》，黄剑波、柳博赟译，中国人民大学出版社，2006年。

式主体的裸体和脆弱才受到象征的强调。"[1] 裸体首先意味着，在这个仪式中，他就是一个真正的刚刚出生的婴儿，"赤条条来去无牵挂"；这也意味着，他暂时与此前的身份、地位相分离，甚至也没有名字。

仪式的完成，也就是所谓"聚合"阶段。此时，杨贵妃已给安禄山洗完澡，并在宫中进行公开展示，二者的母子关系就此得到确定。特别值得注意的是，安禄山获得了一个象征性的新的名字——"禄儿"；[2] 与此同时，他也获得与这一新的身份相对应的特殊待遇——"自是禄山出入宫掖不禁，或与贵妃对食，或通宵不出"。如果没有"贵妃之子"这个新的身份，要自由出入宫禁是绝无可能的。

在这个仪式上，唐玄宗的角色也值得讨论。如《安禄山事迹》所记载，洗儿仪式的举行最初并未请示玄宗，他只是在听到后宫的欢声雷动时，才得知此事。当他进入仪式现场时，实际上洗儿仪式已经结束了。也就是说，这次仪式确立的只是安禄山与杨贵妃的母子关系，而表面上似乎与玄宗无关——他只是个迟到的见证者。然而，对于这场也许在后人眼中难登大雅之堂的荒唐闹剧（甚至是丑剧），玄宗却为何如此龙颜大悦？

其实，每一种仪式都有其目的论，有着想要明确表达的目标。

---

[1] 维克多·特纳：《象征之林——恩登布人仪式散论》，第108页。
[2] 《通鉴考异》引唐人温畬的《天宝乱离西幸记》曰："禄山谄约杨妃，誓为子母，自虢国已下，次及诸王，皆戏禄儿，与之促膝娱宴。"（《资治通鉴》卷二一六"天宝十载春正月"条，第6903页）可见在这次洗儿仪式之后，"禄儿"成为安禄山在皇室亲贵圈子中的特殊名字，这也意味着对其与杨贵妃母子关系的认可。

在当时的语境中,这次洗儿仪式有着非比寻常的政治意义,而不应如任士英先生那样仅以"取乐"观之。阎守诚、吴宗国两位先生早就看出了其中的端倪:当时玄宗需要依仗"营州杂种胡"出身的安禄山的能力,来防御东北地区力量不断壮大的"两蕃"——契丹和奚,因此,"玄宗对安禄山,是按照安禄山的少数民族习俗来加以笼络的,即收为养子,厚加赏赐。贵妃在其中也以母妃身份出色地完成了玄宗交给她的任务。正因为如此,玄宗在听到内廷喧闹,知道是贵妃洗儿时,才哈哈大笑,亲自前往观看,并赐贵妃洗儿金银钱"。[1] 可见,无论是杨贵妃还是玄宗本人,都对洗儿的象征寓意了然于胸。

无论如何,仪式本身是实实在在的,其目标和实际功能也是明确的。特别是,对于仪式的主体——安禄山而言,他与杨贵妃的母子关系通过这样一个充满了象征性符号的"通过仪式"得到真正的建立,并且在宫廷内外与皇亲国戚之间获得确认。在安禄山的生命历程中,这无疑是一个具有转折意义的大事。虽说早在四年之前他就"请为贵妃儿",但只有当洗儿结束、"禄儿"之名被叫响之时,才是他作为一个边地杂胡真正攀龙附凤、进入大唐帝国宫廷政治核心之际。

本文只是将人类学的仪式理论应用于中古史研究的一个小小的尝试,记得一位人类学家曾呼吁:希望人类学应该更加"历史化",而历史学则应更加"人类学化",[2] 这揭示了这两个学科内在

---

[1] 阎守诚、吴宗国:《唐玄宗的真相》,北京大学出版社,2009年,第214页。
[2] 彭兆荣:《人类学仪式的理论与实践》,第241页。另参王铭铭《社会人类学与中国研究》,生活·读书·新知三联书店,1997年,第170—173页。

的亲缘关系。然而,目前风生水起的"历史人类学"的研究成果大多集中于明清之后,对于很难进行田野考察的中古史研究来说,人类学的理论与概念框架的引入是否有助于历史的理解,还需要用一个个具体的个案来加以验证。事实上,最近已经出现了一些初步的探索,如阎爱民对"乳翁"现象的考察,[①]以及辽史学者对辽代"再生仪"的人类学解说,[②]都在不同程度上深化了我们对中古一些社会文化现象的认识。可以相信,这类现象一定还有很多,它们还在等待着发现的眼睛。

本文原刊中国社会科学院历史研究所隋唐宋辽金元史研究室编《隋唐辽宋金元史论丛》第1辑,紫禁城出版社,2011年,第196—201页。

[①] 阎爱民:《〈资治通鉴〉"世民跪而吮上乳"的解说——兼谈中国古代"乳翁"遗俗》,《中国史研究》2004年第3期,第73—78页。
[②] 艾萌范:《反屠王:对辽代再生仪的重新解读》,《重庆三峡学院学报》2005年第4期,第111—113页。

下 篇

评陈戍国《中国礼制史·隋唐五代卷》、任爽《唐代礼制研究》

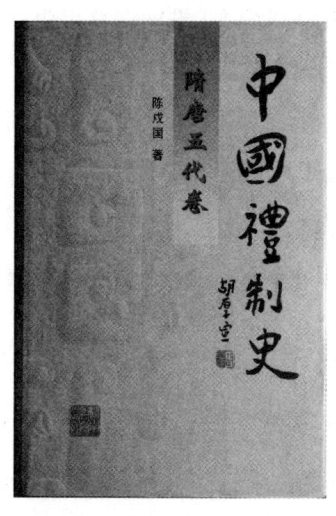

陈戍国：《中国礼制史·隋唐五代卷》，湖南教育出版社，1998年。

任爽：《唐代礼制研究》，东北师范大学出版社，1999年。

近些年来，中国古代礼制的研究蔚为潮流，先秦古礼的研究成果更是层出不穷，仅九十年代初出版的相关博士论文就有好几部，如李衡眉《论昭穆制度》（台北：文津出版社，1992年）、邹昌林

《中国古礼研究》（文津出版社，1992年）、常金仓《周代礼俗研究》（文津出版社，1993年）、张鹤泉《周代祭祀研究》（文津出版社，1993年）等。在唐代礼制的研究领域，最近也出现了两部专著，即陈戍国先生的《中国礼制史·隋唐五代卷》（湖南教育出版社，1998年）和任爽先生的《唐代礼制研究》（东北师范大学出版社，1999年），作者学术背景的差异，使这两部著作呈现出不同的风貌。要在一篇短文中全面评论这两部大书，远非笔者学力所及，惟就阅读所感，略述一二。

也是从九十年代初开始，陈戍国先生的《先秦礼制研究》（湖南教育出版社，1991年）、《秦汉礼制研究》（湖南教育出版社，1993年）、《魏晋南北朝礼制研究》（湖南教育出版社，1995年）等陆续出版，引起学界瞩目。在此基础上，陈先生又将其研究范围扩展至隋唐五代，为我们贡献出这部长达四十五万字的《中国礼制史·隋唐五代卷》，应该引起唐史学界的注意，因为虽然十多年来唐礼研究的佳作不少，但多就某一专题进行讨论，系统研究隋唐礼制的中文论著，这可能是第一部。

本书分为四章，前三章依朝代为序，第一章《隋朝礼仪》，下设五节，分述隋代祭祀、丧葬等礼仪，第二章《唐礼》，共有十八节，第一节讨论了唐代的宗法观念与传承制度，第二节讨论皇帝登基与臣下的册礼，三、四、五节探讨唐代祭礼，六到九节讨论丧葬礼仪，第十到十六节分述唐代礼制的其他各方面，第十七节为"从王梵志诗看唐代民间礼俗"，第十八节为"从《唐律疏议》看唐礼"，不难看出，最后两节的选题颇具匠心，即以具有代表性的文学作品和法典为个案来分析一些较为重大的课题，前者涉及礼俗问题，后者则涉及礼法关系问题。第三章《五代十国礼仪》，包括五节，内容编排与前两章类似，第四章《余论》，包括两节，一是"隋唐五代所谓蛮夷之礼"，二是"隋唐五代二氏礼"，即佛、道二教之礼。第二章篇幅几占全书的三分之二，显然是作者的论述重点。在每章之下按礼之类别分述，对于每种礼仪，其一般的论述方式是先列举相关的文献记载，然后加以按语，再依《通典》或《大唐开元礼》的记载，详述此礼的仪式过程，最后罗列其他相关史实。在每章最后都有个小结，将其论点详细列出，第一章有26条；第二章有53条，第三章的结论有16条，第四章也有14条之多。

作为礼制研究的专家，作者对于"三礼"的精熟使人佩服，这使作者得以驾轻就熟地将唐礼的规定追溯到原始经典之记载，并与先秦、秦汉及魏晋南北朝的礼制进行比较，从而得出较为中允的结论，这是本书比较显著的一个特色。例如第二章第九节中，作者将《新唐书·礼仪志》《通典》及《大唐开元礼》所载唐代的丧服制度与古礼进行比较，揭示了其中的差异（第176—193页）。显然，我们在阅读本书时，若能与作者前几部著作的相关部分对照阅读，可能收获更大。本书另一个特点体现在史料的拓展上，在《通典》《大唐开元礼》等基本文献材料之外，作者尽量利用了隋唐考古的成果，如用唐代墓葬的形制、壁画、随葬品以及为数众多的墓志材料，与文献记载相结合，使我们对于唐代的丧葬礼仪有了更多的感性认识。此外，对于《全唐文》《全唐诗》中与礼仪相关的材料，作者也进行了较为充分的利用。敦煌文书，特别是王梵志诗等也在作者的视野之内，它们被用以探讨唐代中下层社会的礼俗（第二章第十七节）。将这一时期突厥、吐蕃、回纥等周边民族政权的礼俗及佛道二教的礼仪也列专章讨论,可谓本书的第三个特色,显示了作者的独到眼光。作者读书很细,常发前人未发之覆。例如,对于P.2622写本中"三品已上坟高一丈二尺,五品已上坟高九尺,七品已上坟高七尺"的规定,正确指出这是《唐会要》卷三八所载开元二十九年敕改葬制之后的规定(第154页);又如对王梵志诗"天下恶风俗,临丧命辁车。男婚傅香粉,女嫁着钗花。尸柩阴地卧,知堵是谁家?"的解读,能结合辁车在唐代吉礼中的使用,说明这首诗的原意是批评居丧而婚娶的恶俗,较之前人所解更近其实(第356—358页)。

不过,本书也有一些比较明显的不足之处。首先,就整体而言,本书内容虽极为丰富,却略显芜杂,其论礼制的范围似失之过宽,如何将礼制与其他制度加以明确界定,应是作者需要考虑的问题。每章各小节内容的归类也不是特别清晰,有同类而分开者,如第二章第十节为"李唐军礼",第十一节为"李唐射礼田狩礼",案射礼与田狩礼皆属军礼范围,观《大唐开元礼》即可明了,将它们与军礼并列讨论,似有不妥。亦有不同类而合并论述者,如第十二节将皇帝巡狩礼与派往地方的观风俗使、巡察使、采访使等所谓"遣使巡察礼仪"及朝会礼仪置于同节讨论,亦非允当;第十四节将藉田、先蚕礼与养老尊师之礼一并研究,也似无多少理据。在论点提炼上,本书亦有进一步加强的余地。作者似乎无意将每章结尾的众多结论进行整合,而事实上,有些结论是否必要也还可以讨论,如第二章的第三十四条结论曰:"苏世长、李暠、臧思言、郑叔矩、路泌、胡证诸人不辱使命,不愧为大唐出色的外交官"(第410页),将诸如此类的价值判断作为唐礼研究的一条独立结论,未见妥当。又如，作者试图对陈寅恪先生关于隋礼的三源说进行补充，曰："寅恪先生说到的三个来源之外，隋朝礼仪还有一个重要来源，这就是南北朝之前的古礼（汉晋礼仪与先秦礼制）"（第51页），实际上，陈先生所指三源正是此前华夏古礼在不同历史条件下的发展，其继承先秦、汉晋古礼乃是不言而喻的事实，以此作为对陈先生观点的补充，似不必要。

其次，本书对于唐史学界已有成果的掌握颇显不足。我们能体会材料收集的困难，但重要的成果遗漏，究属憾事。如今的唐礼研究，毕竟已不是一片荒芜的园地，经过高明士、姜伯勤、金子修一、妹尾达彦等先生多年辛勤耕耘，已出现了不少出色的成果。新的研究只有以此为基础，才会有新的突破。虽然本书参考了甘怀真《唐代家庙礼制研究》、章群《唐代祠祭论稿》等一些近期成果，但仍有大量遗漏，例如魏侯玮的《玉帛之奠》（Howard J. Wechsler, *Offerings of Jade and Silk: Ritual and Symbol in the Legitimation of the T'ang Dynasty*, Yale University Press, 1985）是一部专门讨论唐代礼仪制度的重要西文著作，其中对郊祀、宗庙、陵寝、巡狩、封禅、明堂等都有所论列，本书未能参考。金子修一先生多年来发表的大量关于唐代祭祀、特别是郊庙祭祀的论著（最近，他已将其十篇相关论文汇集为一书：《古代中国と皇帝祭祀》，东京：汲古书院，2001年），本书连一篇也未提及。高明士先生从礼法制度出发对隋唐两代的立国政策有细致的系列研究，与礼制直接相关者如：《隋代的制礼作乐——隋代立国政策研究之二》（收入黄约瑟、刘健明编《隋唐史论集》，香港大学亚洲研究中心，1993年，第15—35页）；《论武德到贞观礼的成立——唐朝立国政策的研究之一》（收入《第二届国际唐代学术会议论文集》，文津出版社，1993年，第1159—1214页）等等，都是将礼制变化与隋唐政治、社会演进相结合的佳作，本书亦未参考。对已有成果的忽视，使得本书在强调隋唐礼制对于古礼继承的同时，对此期的变化，即能反映唐代特色的方面似注意不够，对礼制变迁与政治、社会之关系的分析稍欠深入，使得一些讨论不免流于简单的描述。

例如，作者曾讨论了唐代的元会礼仪（第230—244页），在这个问题上，我们应特别重视渡边信一郎先生的成果，他深入探讨了从汉唐之间元会礼仪的变迁及其与中国古代国家体制演进的关系，使人耳目一新。如他分析了汉魏上计吏的委质礼与隋唐朝集使所行的舞蹈礼的差异，认为前者带有官员身分性的等差，后者则显示了在皇帝面前各级官吏在身分上的平等，这显示了汉唐间地方政府的面貌及其与中央关系的巨大变化（《天空の玉座：中国古代帝国の朝政と儀礼》第II章，东京：柏书房，1996年，第163—193页）。本书若能吸收渡边先生的成果，相信会更上层楼。又如，作者用大量篇幅叙述唐代军礼的许多方面，但却对另一些更有唐代特色的方面寥寥数语，一笔带过，难免给人本末倒置的感觉。例如对齐太公庙（后称武成王庙）祭祀的处理（第202页），按此祭祀不仅是一个礼仪问题，且与武举制度密切相关，关于这个问题，可参考高明士先生的《唐代的武举与武庙》（收入《第一届国际唐代学术会议论文集》，台北：台湾学生书局，1989年，第1016—1069页）。另，军礼之中又有大傩之礼，它本是唐代礼仪世俗化的一个佳例，姜伯勤先生早有精彩论述（《沙州傩礼考》，收入氏著《敦煌艺术宗教与礼乐文明》，中国社会科学出版社，1996年，第459—476页），作者同样一笔带过（第209页）。姜先生的另一篇大作《唐礼与敦煌发现的书仪》（《敦煌艺术宗教与礼乐文明》，第425—441页）也值得重视，该文通过对开元前后书仪的研究，分析了国家礼典在民间社会的实行状况，以及其所反映的礼仪庶民化与简约化的趋势，但未引起本书的注意。至于本书第四章的两节，提出所谓蛮夷之礼与佛道之礼的问题，自有洞见，可惜停留在各自情形的描述上，并未将它们与中原王朝的儒家礼仪进行比较，探讨其互动关系，这不免令人遗憾。事实上，在这方面，学界也有了一些重要成果，例如那波利贞《唐代の國忌行香に就きての考察》（收入氏著《唐代社會文化史研究》，东京：创文社，1974年，第33—48页），以及富安敦先生关于武则天时期明堂与佛教关系的研究（Antonino Forte, *Mingtang and Buddhist Utopias in the History of the Astronomical Clock: the Tower, Statue and Armillary Sphere Constructed by Empress Wu*, Roma: Instituto Italiano per il Medio ed Estremo Oriente, 1988），都讨论了佛教对于唐代礼制的影响。还应注意的相关课题是道教与国家礼制的关系问题，从南北朝以来，道教一直有参与国家祭祀的努力，特别是岳渎祭祀与道教投龙的结合尤为明显。宗教礼仪与国家礼制的互动问题，应成为今后努力的研究方向之一。

再次，或因本非专攻隋唐史的缘故，作者对一些史实稍嫌陌生。例如，作者关于隋代礼制的第十八条结论说："南朝已有科举制度之萌芽，隋朝亦有此制之尝试。但隋时科举还只能视为九品中正制度的辅助手段，未见其为常制也"（第50页）。这种论断恐怕绝大多数的隋唐史研究者都难以接受。若作者读过高明士《隋代的教育与贡举》（修订本收入《唐代研究论集》第四辑，台北：新文丰出版公司，1992年，第177—252页），当不致轻有此论，因为高先生早就指出：隋文帝开皇七年所建立的贡士制度，实际上就是常贡秀才、明经、宾贡三科的建立，九品中正制事实上已被废除。又如，作者曾有"李世民'缅怀往载'，破杨素、薛举、王世充等强敌，杀兄夺太子位，冒险犯难，得天下殊不易易"之语（第109页），李世民创业时的劲敌中无杨姓者，更遑论大业二年就已去世的杨素了。再如作者在解释《通典》册立皇后礼仪与《旧唐书·高宗本纪》所载立武后之礼的差异时说："高宗立武后当用成书在后的所谓显庆礼，而上引《通典》所记分明是开元礼。显庆礼与开元礼既是一脉相承，又可能有某些差别"（第79页），寻作者之意，似竟以显庆礼在开元礼之后。在第二章第一节研究唐代宗法观念时，作者花了较大篇幅讨论李唐氏族问题，是否必要，已有疑问，而误解之处亦复不少，如作者对陈寅恪先生"李唐在李渊以前其血统似未与胡族混杂""李唐血统其初本是华夏，其与胡夷混杂，乃一较晚之事实欤？"的判断质疑道："所谓'较晚'究指何时？李渊以前若未与胡夷混杂，李渊作皇帝之后还会与胡夷混杂吗？此真匪夷所思者也。"（第62页）看来，作者并未理解陈先生之观点，陈氏原意系指李渊之母独孤氏、妻窦氏（关于窦氏的族系，参看石见清裕《唐の建國と匈奴の費也頭》，《史學雜誌》第91卷第10号，1982年，第74—97页）、李世民妻长孙氏的胡族身份。诸如此类的问题还有一些，此不备举。

相比之下，任爽先生《唐代礼制研究》的结构要简明一些，全书分上、下两编，上编为《唐代礼制的基本内容及其演变》，依吉、宾、军、嘉、凶五礼分列五章，每章之下分别叙述该礼的基本内容，使读者对唐礼有一个大致的印象。下编为《礼制与唐代社会》，共有五章，以专论的形式分别讨论礼法关系、礼制与社会、政治关系等问题，显然，下编才是本书的重心，也是作者研究心得之所在。

先来看上编。第一章《吉礼》，作者分"昊天上帝与五方帝""日月星辰与九宫贵神"等十一个小节探讨了唐代吉礼的各个方面，详略各异，如"祖宗与玄元皇帝"一节长达34页，而"七祀与高禖"一节则仅有两小段。作者通过五方帝由天降为帝，皇帝祝文不称臣一事，分析道："唐人不仅理顺了诸神之间的关系，而且也理顺了被祭祀诸神与祭祀者的关系，这是唐代吉礼最重要的特征之一。"（第25页）本章最后，作者还指出了唐人制礼与变礼的一个潜在的原则，即"折衷"（第90页）。第二章《宾礼》，分两小节介绍了"蕃夷"与"二王三恪"之礼。与先秦古礼相比，唐代宾礼的分量要轻得多，适用的范围也小得多，对此，作者指出："古宾礼中被删减的部分并未全遭废弃，而是随着君臣关系的演变转化为朝仪，成为后代嘉礼中的内容。"（第92页）这的确是值得重视的现象。第三章《军礼》，分"亲征与巡狩""宣露布""讲武与田狩"等十小节。第四章《嘉礼》，分为"冠""婚""朝参与朝贺""养老与乡饮酒"等七小节，五礼之中以嘉礼最为庞杂，因为它容纳了其他诸礼所无法容纳的全部内容，作者认为："唐代嘉礼也是反映社会等级差别最集中的部分，君臣关系、僚属关系、统治者与被统治者之间的关系，都可以从这里得到反映。"（第104页）这正是唐代嘉礼的突出特征。第五章《凶礼》，分为"丧葬""谥法""服纪"等五小节，但集中讨论的一是丧葬制度，二是服纪改革，特别是诸母之服。作者指出："凶礼所反映出的问题，更多地集中于宗法关系。"唐代凶礼的调整是与中国古代社会的基本单位从家族向家庭转变的趋势相适应的（第121页），这反映了作者将礼制研究与社会结构的变迁相结合的努力，值得重视。可以看出，上编虽以介绍五礼的基本内容为主，但作者也时有引人深思的精辟之见。当然，也有几处稍欠考虑之处，以第一章《吉礼》为例：第四节讲玄宗五龙祠祭祀（第37—38页），未能指出其中明显的道教色彩，其实在多次祭祀活动中，玄宗都是"投龙致祭"。第七节论述岳镇海渎之祭祀，曰："北镇医无闾山祭于河南府"（第47页），显然有误，此山当祭于营州。而第十一节讨论文宣王与武成王祭祀，宜参考高明士先生《唐代的释奠礼制及其在教育上的意义》（《大陆杂志》第61卷第5期，1980年）和前引氏著《唐代的武举与武庙》二文，以及麦大维先生（D. L. McMullen）的"The Cult of Ch'i T'ai-kung and T'ang Attitudes to the Military"（*T'ang Studies* 7, 1989，pp.59-103)。

和上编相比，下编的研究性要强得多，所讨论的内容也多是与礼制相关的重大问题。第六章《唐代的礼制与法律》，分"以礼入法与以法入礼""礼法冲突及其合流"两节讨论唐代的礼法关系。前一节从双向交流的角度分析礼法合流现象，在许多方面颇有新解。如认为前人所谓《显庆礼》的两个缺点"事不师古""多涉希旨"，正体现了它的真正价值："事不师古，才可能适应已经变化了的社会现实的要求，多涉希旨，才可能使君主的意志得以贯彻。"（第156页）又如对《永徽律》及《律疏》的评价："不仅仅在于内容的完备与使用的便利，更重要的是把礼制的精神与原则融入法律，在法律的制定过程中'一准乎礼'，从而由制度的角度完成了

'以礼入法'的历程,并且成为礼法合流的标志。"(第161页)他还指出唐代法律对礼制的支持逐步发展为对违礼现象的直接惩处,这都是值得重视的见解。第二节则主要从制度的实践层面,如对孝子复仇等礼法冲突案件的处理方式,揭示了礼法合流的困难和唐人的努力,并指出:"恰恰是这些障碍与冲突反过来既成为礼法合流的动力,又成为礼法合流的根据。"(第171页)是为的论。不过,关于唐代礼法关系问题,作者似乎忽视了法制史专家的成果,特别是刘俊文先生《唐律与礼的关系试析》(《北大学报》1983年第5期)、《唐律与礼的密切关系例述》(《北大学报》1984年第5期)等论文,事实上,刘先生从唐律的修撰、条文内容及其实施(如五服制罪法)等方面详细论述了唐律与礼的关系,具有很高的参考价值。作者似乎不太清楚格与格后敕的区别,对格在唐代法律体系中地位的认识也较滞后(第159页),刘先生早已指出,格具有比律更高的权威性,它不仅可以代律,而且可以破律(参看氏著《论唐格——敦煌写本唐格残卷研究》,《敦煌吐鲁番学研究论文集》,汉语大词典出版社,1990年)。此外,作者有谓:"唐代以前,统治者实际上是利用礼制对上层社会进行引导,使其安于既定的地位与名分;利用法制对下层社会进行控制,使其行为不致对社会秩序构成威胁"(第153页),唐以前的礼与法的功能可否作如此清晰的划分,相信学界会有不同的看法。

第七章《唐代的礼制与社会》,可谓本书的精华之一,作者将礼制研究与社会结构的变迁相结合的努力在本章得到充分展示。他试图找出唐代礼制调整所反映的社会变迁的背景,首先,通过研究唐人服纪制度的调整,作者发现:"唐礼中的服纪制度强调的是人们日常生活中联系较为密切的那些家庭成员，而不是古礼中的服纪制度所强调的形成宗族、家族的标记的血缘纽带"（第180—181页）。他认为，唐代前期是"缘情制礼"原则逐步确立的时期，服制调整前后的关键差异在于母族、妻族在服纪中地位的提高，而这一特征正是将家庭与宗族、家族区别开来的标志。其次，作者认为在唐代，政治性的宗法关系逐步代替了血缘性的宗法关系，宗法观念的重心也在发生转移，即由孝于家、孝于父转向强调忠于国、忠于君（第193页），他还分析了这种变化带来的一些后果，如皇室家人之礼的混乱、官员夺情的大量存在等。最后，作者还揭示了唐代礼制下移的趋势。显然，作者力图将唐礼变迁的轨迹置于中国古代社会结构氏族—宗族—家族—家庭的演进的背景之中，这使得其分析不流于泛泛之论，给人许多启发。不过，在具体的论述中，也间有可以商榷之处，例如，在论述唐代旧族的衰落问题时，作者说："旧族沦胥的直接原因并不在于唐代统治者的抑制，倒是社会上冒称名族的恶习发挥了真正的作用，而这一恶习的发端正是《氏族志》与《姓氏录》的修撰。"（第183页）作者的逻辑是：《氏族志》与《姓氏录》的修撰造成了冒称名族的恶习，冒称名族的恶习使得旧族沦落。这种结论恐怕与唐代士族问题的实际情形相去甚远。另外，作者所指唐代仕宦之家的道德沦丧系由忠、孝两种观念的次序改变造成（第201页），恐不尽然。而作者又说："检两《唐书》，仕宦子弟败德之事，何止一端。其中原因，当然不少，但孝道在唐代官僚集团中遭到忽视，无疑是症结所在。及唐亡之际，文武百官竟无赴难殉节之人，以致旧史家为之叹恨不止，可为一证。"（第201页）按百官无赴难之人只能说明"忠"的沦丧，何能说明孝道被忽视？又岂能说明这是忠先于孝的观念改变所造成的结果?

第八章为《唐代的礼制与政治》,作者指出,唐代通过种种礼制变革,重新调整了诸神、神人及君臣关系,皇帝获得了仅次于昊天上帝的地位,已经与五方帝并列,并凌驾于岳镇海渎等诸神之上,结合宗庙之礼在天宝之后凌驾于诸礼之上的事实,作者认为唐代已经出现了一个新的、适应新形势需要的礼制体系,"尊君是其基本精神,等级严明是其主要手段"(第218页)。应该说,这种分析是很有见地的。作者又分析了仆射上仪及百官路遇礼仪的前后变化,证明百官的实际地位取决于与皇帝的亲疏和权力的大小,官品不是唯一标准。不过作者引《唐国史补》关于仆射上仪变化的记载之后,说:"在这里,我们又一次观察到唐代礼制的下移及其所达到的程度"(第238页)。这倒是让人费解,因为此处所谓"礼制的下移"与第七章所云似非同一层面的问题,然则究竟何指?在讨论武则天与礼制的关系时,作者曰:"及天授中,武承嗣又请立武氏七庙并追封父祖为王,武后将许之,宰臣裴炎谏曰……"(第225页)按作者所据为《旧唐书·裴炎传》,但据《旧唐书·高宗本纪》,裴炎在武后临朝称制不久的光宅元年(684)十月就被杀了,如何能在天授中(690—691)有此谏言?《旧传》明显有误,而作者不察。

第九章《唐代礼制与中国古代文化大一统局面的发展》,从"大小传统的渗透""区域文化的沟通""民族关系的融合"以及"华夏礼仪的传播"等四个方面探讨了国家礼仪与民间风俗的关系及地方良吏在以礼化俗方面的努力和功绩。不过,谈到唐代礼制对民俗的吸收,似不应忽略最典型的一例:即寒食上墓在开元二十年五月被编入五礼一事。另外,作者举《旧唐书·李暠传》所载太原有群狗食死人肉的葬俗,来说明中原地区礼乐水准的下降(第261页),但张广达先生在其《祆教对唐代中国之影响三例》(中译本刊于《法国汉学》第一辑,清华大学出版社,1996年,第143—154页)中已经指出,这段记载是祆教葬俗的一种反映。这种葬俗在当地有多大的代表性还很难说,以之证明中西风俗的交流则可,以之证明中原地区礼乐水准的下降则似不妥。

第十章《唐代的礼司与礼官》,首先分析了唐代礼司的组织结构与职能转移,认为唐代有一个司礼之责由礼部向太常寺转移的过程,接着,作者又分析了唐代礼官的学术传承和职业素质,认为整体而言,唐代礼官有非专业化特征,而"玄宗以前的礼官在某种程度上还保留着较浓的家学色彩,而玄宗以后的礼官则更多地具有官学特征。"(第284页)这些分析都是富有启发性的。不过,本章关于礼仪使的论述却有商讨的余地:"玄宗天宝九载,置礼仪使,总领礼仪诸务,至德宗建中元年停置,三十年间,充礼仪使者八人。"(第280页)按《旧唐书·礼仪志一》明确记载:"开元十年(722),诏国子司业韦绍为礼仪使,专掌五礼。"在建中元年之后,我们还可以看到许多关于礼仪使的记载,如《旧唐书·德宗本纪上》载:贞元四年(788)二月,"丁丑,以工部侍郎蒋镇充礼仪使"。此外我们也不应忽视太常寺中直官的作用,据李锦绣先生的研究,乾元元年之前,太常寺中有礼直五人,贞元七年之后,则有礼仪直两员、礼院直两员(参看氏著《唐代直官制初探》,《国学研究》第三卷,北京大学出版社,1995年,第397—398页),他们的专业性正是对礼官非专业性的重要补充。

可以看出，以上两部著作各有特色，陈著断代专史的色彩浓重，而任著专题研究的性质更显，二书特别是任著从不同方面对唐代礼制进行了积极的探索，取得了一些重要进展，也提出了一些值得思考的问题。今后的礼制研究，似乎更应该从多角度出发，着力进行一些有特色的专题研究，只有这样，才能提升唐代礼制研究的整体水平。同时，二书在吸收已有成果方面都有一些遗憾，这使我们深感学术信息交流的困难与必要，因此，本文所作评论原本拾遗补阙之意，绝无吹毛求疵之心，由于学识固陋，于礼学一道所知尤少，不当之处在所难免，尚望作者及诸位方家有以教我。

本文原刊荣新江主编《唐研究》第7卷，北京大学出版社，2001年，第532—541页。

评甘怀真《皇权、礼仪与经典诠释：中国古代政治史研究》

要评论这样一部内容充实且富于思想张力的论著（儒学与东亚文明研究丛书7，台北：喜玛拉雅研究发展基金会，2003年）显然不是一件轻松的事，要跟上它的节奏，你也必须不停地思考，尤其是当其中一些内容超出你之前的知识准备之时。严格说来，本书并不是一部完全系统化的专著，而是有着相对集中主题的论文集——我个人以为，这是最有价值的史著形式之一，至少它不会因追求结构完整而成为面面俱到的叙述之作。

甘怀真：《皇权、礼仪与经典诠释：中国古代政治史研究》，儒学与东亚文明研究丛书7，台北：喜玛拉雅研究发展基金会，2003年。

本书作者甘怀真先生可能是目前唐代礼制研究领域中最富原创性的学者之一，早在1991年，他就出版了自己的硕士学位论文《唐代家庙礼制研究》(台湾商务印书馆),两年后又以《唐代京城社会与士大夫礼仪之研究》获得博士学位(台北:台湾大学历史学研究所,1993年)。在胡戟等先生主编的《二十世纪唐研究》(中国社会科学出版社,2002年)中,《礼制》一章即由甘氏执笔,可见其业绩已得到学界的认可。对于作者1996年以前的研究,可参看他本人的《我的唐史研究心得与反省》(胡戟主编《唐研究纵横谈》,中国社会科学出版社,1996年,第80—88页),本书则收入了他写于1995—2002年间的14篇论文(包括附录一篇),而且进行了修订。这些论文无论在时间跨度上还是讨论的内容上,涵盖面都相当广泛,反映了作者在中国古代国家与礼仪等研究领域的新思考。

本书的文章分为三部分,上篇《礼观念的演变与儒教国家的成立》包括了五篇论文,分别是:《先秦礼观念再探》《西汉郊祀礼的成立》《"制礼"观念的探析》《魏晋时期的安静观念》及《〈大唐开元礼〉中的天神观》等。在这些文章中,作者以"礼"为中心,从各个方面探索了从春秋战国到隋唐时期,儒者如何利用儒家经典中的语言符号以建构一套政治论述,用以在现实的世界中进行政治斗争,以建立其理想的儒教国家。

《中国中古时期"国家"的型态》《中国中古时期的君臣关系》《从唐律反逆罪看君臣关系的法制化》《中国古代的罪的观念》《汉唐间的丧服礼与政治秩序》及《隋朝立国文化政策的形成》等六篇论文构成了本书的中篇:《政治秩序与经典诠释》。其实在我看来,本书的附录《皇帝制度是否为专制》也可归于其中,虽然作者谦虚地以其为演讲稿而不以正式论文目之。在这一组文章中,作者以君臣关系为主线,探索君臣在彼此人际关系和权力网络中的互动,并以此讨论了中古时期国家与皇权的性质。

下篇《礼制与"东亚世界"的政治秩序》由《中国古代皇帝号与日本天皇号》及《所谓'东亚世界'的再省思：以政治关系为中心》两篇论文组成。这是作者近年来参与"东亚近世儒学中的经典诠释传统"研究计划的产物，但仍以中国古代的皇权为焦点，因为从东亚世界的角度有助于考察中国"天子"所具有的某种普世帝国的色彩。

本书篇幅长达560余页，由于学力和兴趣所限，本文无意对其中的论文进行逐篇介绍和评论，而只想谈谈阅读之后的一些感想。

（一）研究旨趣

初看本书的标题，不禁使人联想起黄进兴先生那部《优入圣域：权力、信仰与正当性》（台北：允晨文化公司，1994年），虽然这两部书处理的对象不同，但在一些话题及切入角度等方面却颇有几分相似之处。在某种程度上，这可能正是上个世纪七八十年代以来政治学、人类学、社会学等学科被引入历史研究的共同结果。事实上，从那时起，"意识形态""权力""仪式""正当性""合法化"等概念开始越来越多地出现在历史学著作中，潮流所及，汉学研究也不能自外。剑桥大学于1987年出版的《皇家礼仪：传统社会中的权力与仪式》（David Cannadine and Simon Price eds., *Rituals of Royalty: Power and Ceremonial in Traditional Societies*, Cambridge University Press, 1987）中的8篇论文，就涉及了波斯、罗马帝国、拜占庭、加洛林王朝，乃至尼泊尔和马达加斯加等传统社会的皇权（王权）与礼仪问题。该书也收入了麦大维（David McMullen）

教授的《官僚与宇宙论：唐代的礼典》（Bureaucrats and Cosmology: the Ritual Code of T'ang China），这是关于《大唐开元礼》的一篇较早而有分量的论文。值得提及的是，剑桥大学在几年前又出版了一部专门以中国礼制为研究对象的论文集《中国的国家与宫廷礼仪》（Joseph P. McDermott ed., *State and Court ritual in China*, Cambridge University Press, 1999），其中有几位人类学家的作品，如James Laidlaw 的 "On Theatre and Theory: Reflections on Ritual in Imperial Chinese Politics" 就是一篇以人类学理论来解读中国古代仪式的文章，其集中讨论所谓"仪式的权力"和"权力的礼仪化"等，对于历史学者而言，无疑会有很多启发。

就唐史而言，早在1978年出版的一部关于武则天的专著就取名为《武则天与唐代中国的合法化政治》（R. W. L. Guisso, *Wu Tse-T'ien and the Politics of Legitimation in T'ang China*, Western Washington University, 1978），其第四章更取名为《武后与国家意识形态的创立》，这反映了当时的一种风气。稍后出版的魏侯玮的那本《玉帛之奠》（Howard J. Wechsler, *Offerings of Jade and Silk: Ritual and Symbol in the Legitimation of the T'ang Dynasty*, Yale University Press, 1985），更着意使用人类学关于仪式研究和符号学的理论，将国家礼制中的仪式、象征性与唐王朝对于正当性的追求联系起来考察，可谓别开生面。受这种潮流的影响，所谓"科际整合"也成为七八十年代台湾史学界的风气，本书作者于八十年代中期在台大历史系读研究生，他走上中国古代礼制研究的道路，与此也不无关系（参见本书《自序》，iii页）。

与此同时，作者从礼制入手探讨国家体制与皇帝制度的路径，在某种程度上还受到日本战后中国史研究、特别是以西嶋定生为首的礼制研究传统的巨大影响，这恐怕与其业师高明士先生毕业于东京大学有相当的关系。当时西嶋先生读书班上培养的一批学者，如尾形勇、金子修一等人，后来都成为中国礼制研究的中坚力量。他们的问题意识来源于天皇制和中国皇帝制度的比较，比如皇帝的人格与神格、皇帝与天子的区别等，因此关注最多的是皇帝的继位礼和郊祀礼。另一位值得重视的日本学者是渡辺信一郎，他在1994年出版的《中国古代国家の思想構造》（东京：校仓书房）一书中提出了"中国古代专制国家论"，两年之后又出版了《天空の玉座：中国古代帝国の朝政と儀礼》（东京：柏书房），通过汉唐之间元会礼仪的变迁分析中国古代国家体制的演进，应该说，这种分析的角度让我们看到了礼制研究对于传统政治史研究的巨大推进作用。读罢甘怀真的这本书，我们不难发现，作者对于日本学界的研究理路和成果了如指掌，因此能在许多方面接续这一传统且更上层楼。

（二）礼与"儒教国家"

本书上篇的主题是从礼观念的演变来考察"儒教国家"的成立问题。作者认为，"礼字的原初意义当是指与祭祀相关的行为，再发展为日常生活的行为规范"（第10页），孔子则从人性、人情的角度来理解礼的规范，提出了行礼的依据是"仁"。战国时期，为对抗法家学说，儒家开始高举礼制，一方面强调了"威仪观"，即统治者应依其理想的人格与身体的仪态作为统治的凭籍，反对法家的成文法典，另一方面则发展出"名分"的观念，即礼被诠释为政治秩序的总体规范。到了汉代，儒家学者发动了"儒教运动"，以期以自身的理论重新规范国家的政治秩序。

本书第二篇论文《西汉郊祀礼的成立》对所谓"儒教"及汉代的"儒教国家"做了进一步的研究。作者的定义是:"所谓儒教,乃中国之古语,指以孔子学说为中心的儒家思想,及其制度化之国家的统治原理与社会伦理。"(第33页)他并以天命与教化作为儒教的基本理念。作者认为,在汉代,儒教的形成与儒教的国教化是在同一发展的轨迹上。他从国家宗教演进的角度探索了郊祀礼成立时所面对的国家宗教形态,特别是分析了秦与汉初的祠官制度在西汉元、成之际被儒家化的过程。此文气象甚大,我们也可将其与李零《秦汉礼仪中的宗教》(《中国方术续考》,东方出版社,2000年,第131—186页)、钟国发《汉帝国宗教的儒化改革》(《福建论坛》2001年第2期)、王青《从区域社团崇拜到统一帝国崇拜——论秦汉时期的宗教统一运动》(《世界宗教研究》1993年第3期)等相关文章对读。

作者认为:"儒教之国家祭祀是天子参与宇宙秩序之建构,以安定宇宙秩序而使全体生民的生活得以顺利进行。"(第76页)因此,汉代的郊祀礼改革的核心便是要赋予皇帝执行天地祭祀之儒教天子的身份。而这种观念部分来自《礼记》各篇所体现的气论与心论,这是战国中期以来的新理论,而为汉儒所重新诠释并用于改造国家祭祀实践。与此同时,另一派儒者则开始试图为国家制定一份成文礼典,即将典籍中的"制礼"解释为制定礼典。作者指出,西晋武帝太康年间颁行的《晋礼》是中国历史上第一次由国家颁行的礼典,其特点是国家礼典也规范了私家的日常生活,并使五礼体系正式用于国家制礼实践。《"制礼"观念的探析》一文对此事件的长期背景,如"功成制礼"与"受命改制"观念的发展进行了深入讨论,他并特别强调了当代儒家的经学共识在制定礼典中的关键作用,认为郑玄《三礼注》的成立为其后《晋礼》的成立奠定了基础。值得提及的是,梁满仓先生《论魏晋南北朝时期的五礼制度化》(《中国史研究》2001年第4期)也涉及这一问题,但采取了不同的研究路径,可以参看。

关于先秦的礼仪观在魏晋时期的发展,作者认为其方向有三:"一是由身体的规范演进到心的规范,二是由公共生活的规范演为私生活的规范,三是由'威仪观'转换为'气质论'。"(第118页)归根结底则表现在安静观念的逐步发展。作者所谓"安静"观念有两方面的意思,首先是一种生活方式,即士人不参与社交活动,而在独处的环境中读书,在公众场合沉默少言等;另一层意思则是指清除心中的秽物,因此要求炼气与冥想。这篇文章在个别地方让人有些费解,如作者说:"原本流行于逸民、处士圈的生活价值观,如安静,在魏晋时期也开始渗透到士大夫社会,成为所有士人的立身准则。"(第143页)又说:"对于谈风的反省,自三国以来即十分普遍。"(第151页)若此说成立,我们又如何理解作者在前文所列举的那么多魏晋士大夫聚会谈玄的事例呢?无论如何,"所有士人""十分普遍"的提法恐怕还需斟酌。

自从汉代的儒教运动之后,以郊庙礼制为中心的儒家祭祀体系得以确立,其中蕴涵的核心概念是"天命",本书第五篇论文《〈大唐开元礼〉中的天神观》即对此进行了讨论。作者认为:"儒教对于天的信仰是奠基于战国中期所发展出来的知识系统,尤其是'气化宇宙观'与相关的天文学知识"(第181页)。这一宇宙观的关键是说天地万物皆由"气"分化而来,天子的职能就是通过郊祀而与天地沟通,使天地间的秩序得以安定。通过对于仪式的具体分析,作者认为郊祀礼是一共食的仪式,其重点在于分享食物,皇帝籍此与天地交通,从而安定宇宙的秩序。本文的目的是通过对于这部唐代礼典中有关天神祭祀的文本分析,探讨儒教的宗教内涵,这显然是一个很有意义的课题,因为虽然儒教是否为宗教的问题至今依然争论不休,但从礼典本身蕴涵的祭祀观念入手进行探讨,无疑是具有建设性的途径之一。

(三) 中古的国家与皇权

本书中篇讨论的是关于中国中古时期的国家与皇权问题。作者自觉摒弃了近代以来的那种"民族国家"的概念,而是回到中国自身的历史语境中去考察。现代学者有所谓的"家族主义国家"与"家国同构""家国一体"说,然而甘怀真则认为:中古时期"国家"一词的原意是指以皇帝为首的政治集团,其形态的确是一个"家",但此"家"实际上是继承自先秦时期的封建制下的贵族之家,而不是作为亲属团体的家族、家庭。国家的"家"以皇家宗庙为最高象征,以宗庙的祭祀相续为国家传承的最重要象征,其成员有三种:皇帝、皇家成员、部分官员。只有那些获得特别荣宠的官员才能成为拟制的皇家成员,如配享宗庙的功臣,以及唐朝令式规定的那些可以面对皇帝不称己姓的高级官员。

在探讨君臣关系时,作者特别强调了"策名委质"礼仪的重要性,这是成为"国家"一员所必须通过的仪式。他认为:"君臣关系作为一种人身的结合关系,它不是因为职务关系的媒介而来,也不单凭自然的名分，而是必须藉由固定的仪式为媒介。"（第232页）作者也由此部分解释了我们熟知的汉魏六朝时期的"二重君主观"的出现原因：只有通过了中央的辟召才是天子之臣，多数由各级官府辟召的官员则只与各自的府主缔结君臣关系。由于后者的存在，才出现了魏晋六朝时期的"纯臣"与"不纯臣"、"义"与"恩"以及所谓"旧君故吏"的问题。作者进而通过汉以来官僚制的演变、士大夫社会的形成与儒学的传播三方面考察了中古时期君臣关系的性质。

在此基础上，作者也讨论了中古皇权是否为专制的问题。他同意在君尊臣卑的原则下，皇权是绝对的，但又强调指出，国家可以是指皇帝，但并不等于皇帝个人，在皇帝个人之上还有皇家。只有这样我们才能理解中古官员议论中屡见的"天下，某某先帝之天下"之语，如郝处俊反对唐高宗传位于武则天时就说："况天下者，高祖、太宗二圣之天下，非陛下之天下也。陛下正合谨守宗庙，传之子孙，诚不可持国与人，有私于后族。"其原理是：家产是家的公有物，而不是家长一人之物。作者认为，中古的皇权不是绝对的，"但不是因为皇权受到法律制度的规范，而是它的权力运作方式是礼制式的"（第523—524页）。也就是说，皇帝也必须遵守其"名分"来行事。必须承认，这种观点显然比简单认为皇权必然专制要深入许多。

历史是由人的活动组成的，而从汉代儒教运动以来，儒者就不断借助对经典的诠释而表达着自己的要求，也影响着社会与政治秩序的发展方向。在《汉唐间丧服礼与政治秩序》一文中，作者通过汉唐之间"丧服礼"的研究考察了君臣关系的变化及其背景。汉魏六朝时出现的"二重君主制"对皇帝制度下"普天之下,莫非王土;率土之滨,莫非王臣"的原则提出了挑战,为克服这一矛盾,儒者通过对《仪礼·丧服经传》中"旧君"的诠释,肯定了这种新型人际关系的正当性,同时又强调了君臣关系中,名分之外的"恩义感"的重要性,这也是六朝"缘情制礼"说出现的因由。

中篇的最后一篇论文《隋朝立国文化政策的形成》属于个案研究。作者认为,杨坚之所以在登基之后,立即宣布"依汉魏之旧"的文化政策,主要是由于他和他的支持者大多来自北魏孝武帝一系,在其夺权的过程中,充分利用了当时的旧君故吏制度,而登基之后就重新回到北魏孝文帝开辟的文化方向上来。这篇文章的分析颇为精彩,不过我个人觉得,此文与其他各篇的内在呼应不足,在风格上也不完全契合,如果将其换为作者那篇《中国中古士族与国家的关系》(《新史学》第2卷第3期,1991年),似乎更有助于读者完整理解作者在这个领域的思考。当然,这或许只是我未能充分理解作者的设计而已。

(四) 几点讨论

从以上的介绍不难看出,本书无论在考察思路、方法上,还是在具体的结论上,都具有相当的启发性,也是我们进一步思考相关问题的出发点。在此,笔者仅提出一些不成熟的看法,就教于作者与学界友朋。

首先是中古时期国家的问题。本书从君臣关系入手讨论中古国家的性质,其分析相当有力,不过若按照作者所云:"国家的成员有三种:一是皇帝,二是皇家的成员,三是官员中的部分成员。"(第

220页）我们则需要进一步提问：在这样一个作为"家"的国家结构中，"民"即一般老百姓处于何种地位？如果不回答这个问题，则仅仅君臣关系恐怕不能说明作者建构的国家体制。而且，从秦汉开始的编户齐民体制到魏晋时期的大土地所有制，以及北朝隋唐的均田制，每个时代国家与社会的关系并不完全一样。

在作者讨论中古"国家"之家时，基本上是将汉唐作为一个范畴来处理的（如第119页第一段的限定），可是汉唐之间的国家性质完全一样吗？我们是否需要做进一步的区分来观察其演进呢？如所周知，唐代是一个从大族社会向普通地主所有制社会转型的时期，特别是关陇集团解体之后，唐代社会与此前的贵族社会大不相同。在唐高宗永徽末发生的废王立武事件中，李勣所谓"此陛下家事，何必问外人"之语，不仅标志着西魏以来关陇贵族统治的终结，而且也标志着中国古代皇帝—贵族政体的终结（参看吴宗国《隋唐五代简史》，福建人民出版社，1998年，第88页）。那么，唐代国家还是一个本书作者所谓的"家"吗？

至于官员之间的关系，作者曾举唐文宗时，日僧圆仁在扬州境内被扬府僚佐告知节度使李德裕避讳"府、吉、甫、云"四字一事，来说明唐代依然保留着"家讳"的传统，"由此推知，僚佐不只是与长官个人之间缔结从属关系，更进一步隶属于长官之家，故必须遵守长官的家内秩序"（第217页）。可是，这恐怕只是一种习惯，而并非制度规定。更何况，自从隋代实行地方佐官中央任免的制度以来，"一命以上，咸归吏部"，官僚制的精神贯彻到地方社会，此前所谓"二重君臣关系"已不复存在，各级官员与其长官之间的关系远非汉魏六朝时的府主与僚佐可比。在这样的背景之下，唐代史籍中时常可见下级官员与顶头上司争执不已的记载，且有所谓"比肩事主"之语。由此，在作者的研究中，恐怕有必要将隋唐时代与汉魏区分开来。

通过本书各文的分析，也引发了我们对于中国古代"公"与"私"问题的思考。作者一个很有意义的立场是区分了国家和皇帝，如作者所云，皇帝虽然是"国家"的家长和代表，但二者并不完全等同。"就当时的制度而言，国家是一个公的机构，其因在于官员的'失身'及皇帝的'与国同体'，二者都是否定了私的存在"（第248页）。可是在中国的官僚制下，还是比较明确地区分了皇帝的"家事"和"国事"的，比如在汉代的九卿制度下，少府所掌即为皇帝私家用度，而大司农所掌则为国家财富。隋唐国家也是如此。此外，还有一个为史家熟知的现象，即天子左右的近臣不断获取权力并发展成为国家的大臣，即秘书咨询机构不断向国家政权机构转化，如尚书、中书、门下三省在魏晋的发展等。也就是说，为了实现理性行政的目标，官僚制更多具有"公"的性质，而非作为"家"的国家之私有。这个问题十分复杂，值得我们进一步思考。

第二个问题是关于儒教与民间社会的问题。作者说："以郊祀与天子宗庙为代表的儒教祭祀体系（可以加上孔庙）却与人民没有关系。"（第364页）又云："儒教的危机是这套以天子为首的祭祀体系与基层人民的祭祀之间失去了关联性，即人民所信仰、祭祀的神祠与儒教在地方上的神祠无关。"（第365页）又云："这类的祭祀，如天子的祭天地，州、县的社祭，皆非秘仪，但一般人民是禁止进入祭祀所的领域中。人民只可以在一祭祀所的区域外旁观，官方有独立的祭祀空间，这个空间之界限也是官民之隔、圣俗之别。"（第

368页）对此，我们持有保留意见。作为一种国家宗教，儒教祭祀提供了王朝正当性的证据，如果它们仅仅成为国家仪式而与老百姓毫无关系，这样的证据就是苍白无力的，也势必不能持久。我个人认为，虽然国家祭祀经过汉代中期以来的儒家化洗礼，但它们并未完全与民间脱节，而依然有着浓厚的神祠色彩，在许多国家祭祀活动中，也有着老百姓的参与（参看拙撰《论隋唐国家祭祀的神祠色彩》，《汉学研究》第21卷第2期，2003年）。对于地方州县的祠祀活动，唐代国家也实行了较为宽松的政策，《大唐开元礼》卷一《叙例上·择日》规定："司中、司命、风师、雨师、灵星、山林、川泽、五龙祠等并为小祀。州县社稷、释奠及诸神祠并同小祀。"这实际包含着两方面的含义：首先，州县的各类祭祀活动也被纳入国家祭祀的范畴，为国家正式的礼典所规范。其次，因为这里的"诸神祠"并没有指实，所以具有极大的灵活性，它在事实上将对祠祀性质的判定权力下放到地方政府，这就使地方信仰与国家礼制的结合成为可能（参看拙撰《唐代地方祠祀的分层与运作——以生祠与城隍神为中心》，《历史研究》2004年第2期）。

其实，作者对这些问题不是没有考虑，此前他在《二十世纪唐研究》的《礼制》一章展望郊祀礼研究的发展方向时就指出了两点：第一、国家祭祀的宗教性究竟如何？第二、作为国家宗教的儒教如何对待民间宗教，及佛、道二教？在本书中，他再次倡导研究"国家如何接纳佛、道教，如何将民间信仰纳入广义的儒教祭祀系统中"的课题（第373页），可见其目光之敏锐。笔者近年来一直在关心这些问题，已发表的相关论文有：《祈雨与唐代社会研究》（《国学研究》第8卷，北京大学出版社，2001年）、《唐代道教与国家礼仪——以高宗封禅活动为中心》(《中华文史论丛》2001年第4辑)、《五岳真君祠与唐代国家祭祀》(荣新江主编《唐代宗教信仰与社会》,上海辞书出版社,2003年)、《论中晚唐佛道教与民间祠祀的合流》(《宗教学研究》2003年第3期)、《论唐代皇帝的图像与祭祀》(《唐研究》第9卷,北京大学出版社,2003年)等,希望今后能在这一领域有所拓展。

作为读者,我还有一点遗憾,作者多次提请读者参考其博士论文《唐代京城社会与士大夫礼仪之研究》,可是由于它一直没有正式出版,能看到的大陆学者恐怕寥寥无几,因此非常期待它能尽快出版,以嘉惠学林。

最后,我们要说,本书的排版疏朗,校对相当精细,这在目前的学术著作中洵属不易。当然也存在个别瑕疵,现指出以便重印时改正。第211页注释46,作者《唐代家庙礼制研究》一书,"家庙"误作"宗庙";第217页注释67、68所引东晋史事,而标注却为《三国志》,其实应作《晋书》。第234页第3段的唐代伊州总管"善相",在没有上下文的情况下,还是注明其姓氏(张)为好。第250页第2段倒数第4行的"西汉中后起"当作"中后期";第251页第1行"庞太"当作"庞大"。

总而言之,本书内容极为丰富,在许多方面都足以引发更加深入的思考。以前读一些关于唐代礼制的研究文章,总觉得礼制研究成了单纯的目的,借用余英时先生的话说,它们不是从历史研究的内在理路中逼出来的,因此在问题意识上有所欠缺,既不能深入,对相关领域也不能构成重要启发或冲击。而本书给人最深刻的印象,就是礼制研究是从对一些重大问题的思考中自然生发出来的,在这里，它虽只是一个研究中国古代政治体制、权力结构乃至国家性质的新视角和切入点，却因此显示了自身的独特魅力。正是在这一点上，本书具有了某种示范意义。

本文原刊荣新江主编《唐研究》第10卷，北京大学出版社，2004年，第609—618页。

评章群《唐代祠祭论稿》

近年来，礼制研究在唐史学界蔚为潮流。自数十年前陈寅恪先生在《隋唐制度渊源略论稿》中首开唐礼研究之后，中国学界继起乏人，相反，日本学界对此却非常重视，研究成果层出不穷，如金子修一先生对郊祀制度的探讨，以及池田温先生从律令制研究发展出的礼制研究等。近些年来，由于姜伯勤、高明士等先生的大力倡导和亲身实践，唐礼研究日益受到重视，出现了一批可喜的成果。而以蕃将研究著称的史坛耆宿章群先生，也为学界贡献出了一部新著《唐代祠祭论稿》（台北：学海出版社，1996年），其缘起，则如先生于《自序》中所言："礼学繁难，祭祀为五礼中之吉礼，较之丧礼，稍称简明，然而谈何容易。两唐书礼仪、礼乐两志，习者殊尠，初治

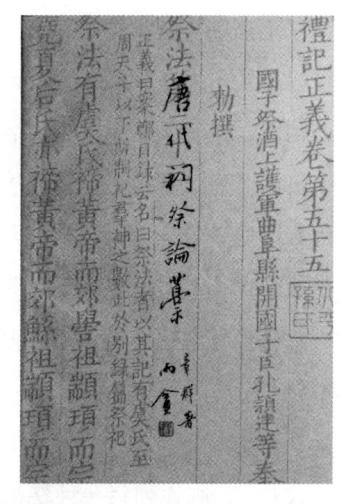

章群：《唐代祠祭论稿》，台北：学海出版社，1996年。

唐史者或废卷不观。笔者不自量力，欲开此门径。"（第2页）

祭祀乃古代国家之大事，《左传》有言："国之大事，在祀与戎。"即此之谓也。祭祀之对象，依《周礼·春官·大宗伯》的记载，可分为天神、地祇和人鬼三大类，唐代则在此之外又添一类"释奠于先圣先师"（《唐六典》卷四"祠部郎中员外郎"条，中华书局，1992年，第120页）。本书则不全依此例，其正文分上、下两篇，上篇为《宗庙与家庙》，下篇为《天地与诸神》，前者言祖先，后者论神祇，是亦一可行之分法。

本书结构颇具特色，正文两篇，文字极精练，总计不足90页，篇幅未及全书三分之一，其余则全为附表及附录。图表乃论述之有力辅助，作者颇长于此，其名著《唐代蕃将研究》中那幅长达三百余页的《唐代蕃将表》曾给读者留下了深刻的印象（台北：联经出版事业股份有限公司，1990年，第393—707页）。本书共附五表，各具其用，其中尤以下篇之附表一《唐代祠祭异动表》最有价值，由它可纵览有唐三百年之主要祭祀活动，虽然此表尚有不少可加增补之处，但它毕竟提供了一个继续研究的基础，值得重视。至于附录两篇，其一为《唐代天地诸神祭祀记事》，其二为《唐代大臣之议论》，则详列每一种祭祀之来龙去脉，如礼典之记载，先儒之疏论，唐代礼官大臣之探讨等，作者并时作按语加以总结，对于进一步的研究颇具引导之功。读罢全书，使人感觉本书并非那种结构严整、论证绵密的长篇论著，倒更像是一部新见迭出的札记汇编，其中许多精彩之处作者只是点到为止，给读者却留下足够的想象空间。

本书的华彩是其将祭祀活动与唐代史实相结合的部分，例如上篇中的《宗庙祭祀之历史意义》及下篇中的《祭祀与史实之关系》,其间颇多启发性之论述。一是中宗是否为不迁庙问题,此问题看似琐屑,实则关系重大。在简单叙述了唐代不同时期之讨论后,作者指出,宗庙自有其严格的昭穆祔迁之制,而产生该问题的关键是:"中宗神主之或祔或迁,不在于与睿宗同昭穆,而在于是否为中兴之君。此一问题自开元四年(716)提出,至元和元年(806)乃有倡议当为百代不迁者,若然,岂非同于高祖与太宗?此犹为次要者,问题之要害,若肯定其为中兴之君,岂非显现则天改朝换代之事实?私以为自玄宗以来,中宗中兴之名,一再为大臣否定,实则欲否定武氏一朝之存在,至少欲使之淡化而平其痕迹。"(第18页)这一分析极为精辟,事实上,中宗复位是否可称中兴,这一问题在其复位之初即已被提出并引起讨论,它不仅关系到武氏势力在中宗时的复起(参看陈寅恪《记李唐之李武韦杨婚姻集团》,《金明馆丛稿初编》,上海古籍出版社,1979年),而且与玄宗之后的唐人看待武则天及其武周政权的态度密切相关。作者从中宗神主之祔迁角度点出这一问题,值得我们作进一步的思索。

另一显示作者史识之处是关于肃宗与宪宗庙之比较。肃宗平定安史之乱,可谓功莫大焉,然其崩后,未见大臣奏请为不迁之庙,而宪宗不过削平数藩,却于武宗会昌元年(841),由宰相李德裕等奏请为不迁庙。作者分析其原因在于:"肃宗收复两京,自为不世之功,当其崩,神主入祔,不见大臣奏请为百代不迁之庙,盖视安史之乱为一时之患,统一为当然之义,而至宪宗时,虽未至于瓦解,而天下实已崩裂,有一方镇来朝,或遭子入侍,莫不可喜。……宪宗神主应否不迁,可以不论,问题之重心,乃在肃宗以后时势之变

评章群《唐代祠祭论稿》　275

迁。"（第20页）从安史之乱到元和中兴正是唐代历史的一大转折，其间政治、经济、社会、思想之变迁都值得仔细研究，作者将此期的宗庙制度置于这一大背景之下考虑，立论自是不凡。提出问题本身已可略见作者的功力，而由此引发的思考则更具价值。

在论述太清宫祭祀的问题时，作者也显示了敏锐的观察力。太清宫所祀乃玄元皇帝，即唐室追认的远祖老子。自玄宗以后，历朝都非常重视。它兼具道教宫观与皇家宗庙的双重性质，故在礼典如《大唐郊祀录》中，其祭祀与太庙一样被称为"荐献"，且祝文"青词"则要由翰林学士主笔，不过其仪式则主要是道教的斋醮科仪（参看丁煌《唐代道教太清宫制度考》上、下，《成功大学历史系历史学报》第六、七号，1979年、1980年，第275—314页、第177—220页）。在本书中，作者强调指出，玄宗建立太清宫制度，实与其寻求长生久视的愿望有关（第89页），这一观点在稍后熊存瑞（Victor Xiong）的文章"Ritual Innovations and Taoism under Tang Xuanzong"（*T'oung Pao* 82, 1996, pp.258-316）中有更充分的论证，可以参看。

可能是由于体例与材料所限，本书也有一些不尽如人意之处。其一，在吸收学界已有成果方面有所不足，例如，魏侯玮的《玉帛之奠》（Howard J. Wechsler, *Offerings of Jade and Silk: Ritual and Symbol in the Legitimation of the T'ang Dynasty.* Yale University Press, 1985）是一部专门讨论唐代礼仪制度的重要西文著作，其中对于郊祀、宗庙、陵寝、巡狩、封禅、明堂等都有所论列，本书未能参考。对于金子修一先生之诸多相关论著，本书仅参考了其中之一篇论文，似嫌不足。另如本书上篇《宗庙与家庙》曾刊于台湾《中国唐代学会会刊》第四期，在发表前，作者虽已得见甘怀真《唐代家庙礼制研究》，却认为"与本文论旨无碍"（见作者《宗庙与家庙》之后记，《中国唐代学会会刊》第四期，1993年，第35页），实际上，二文颇有互补之处，例如本书谓"今以实际情形考察，诸官立私庙者，仍以三庙为多，宰相如崔群、节度使如马总、殷侑，均不过三室，未见四品五品官立庙之记载"（第38页），实际上，据甘氏研究，四品五品官立庙之事例虽少，却并非没有，如太极年间的崔沔和宝应二年的韦幼章都曾立庙（甘怀真《唐代家庙礼制研究》，台湾商务印书馆，1991年，第45—50页）。又如作者仅根据《唐两京城坊考》认为："徐松所记，东京并无家庙。至于州县，尚不见有家庙之记载。大抵家庙多在京师，外臣如节度使，立庙亦必在于此。"（第40页）其实甘氏已经考出不少洛阳与外州县置家庙的例子（同上书，第97—102页《唐代家庙地点表》）。当然本书论及家庙制度，亦有甘著所不及者，如论蕃将立家庙，表明其部落已解体，或已脱离其部落，其意义在于从部落改变为家室，乃汉化之一方面（第44—45页）。又如论方镇家庙置于京师，其性质有类遣子入侍（第46页）等等。凡此诸端，亦可补甘著之阙。

其二，本书在材料使用上，略有可议之处，如作者虽多次论及《开元礼》，但材料皆引自《通典》和《旧唐书·礼仪志》等，事实上《大唐开元礼》今日仍属完璧（日本古典研究会刊行，池田温解题，1972年），且得之不难，论《开元礼》而不及于此书，未免使人困惑。

其三，作者在立论上间有偏颇之处。如在论述大赦与祭祀之关系时，指出"论者谓中国历史上行专制政治，实不尽然，即如所说,任一专制王朝,莫有不行大赦者"(第95页)。虽然作者下文于大赦之政治功能分析颇为允当,但寻此句之意,似以实行大赦即能降低王朝之专制性,则不免太过。又如在论及封禅时,作者指出"封禅当在泰山而唐代常就近便之处"。即武则天曾封禅于嵩山,而玄宗朝亦曾有封嵩、华之议,作为一种事实描述,此论自然不错,但是将封禅于嵩山等的原因仅仅归结为近便(第78—81页),则嫌不足。按太宗曾云:"朕意常以嵩高既是中岳,何谢泰山?"(《唐会要》卷七《封禅》,上海古籍出版社,1991年,第96页)而高宗甚至"既封泰山之后,又欲遍封五岳"(《旧唐书·礼仪志三》,中华书局,1975年,第889页)。可见,封禅于嵩、华,不仅是求其近便,更应具有一定的观念基础,这一问题还有继续探讨之余地。再如,作者从清人金榜之说,分昊天上帝为二,以为昊天、上帝自别(第76、167—168、244—250页),此说与历代礼典所载不同,尚待讨论。而作者在附录一《唐代天地诸神祭祀记事》中,将大雩之礼列于五帝条目之下,也非允当。按大雩之对象为昊天上帝,五帝仅为从祀,不论武德初定之令,或是开元新修之礼,于此皆然。又,作者似乎不太重视制度变化之动态描述,如在述及唐代祠祭之分等时(第68页),并未说明大、中、小祀之前后变化,事实上,从贞观到永徽、显庆再到开元、贞元,祭祀等级之变化颇多,似应略加说明。

最后,将阅读时随手所记之排印错误录之如下:第39页倒4行"此言大臣家庙皆京师","京师"前宜补一"在"字;第68页倒5行"巡守"当作"巡狩";第82页倒5行"求两"当作"求雨";第86页倒7行"不遇"当作"不过";第99页8行"太子"当作"太字";第202页倒6行"皇地祇"当作"皇地祇";第228页倒1行"井"当作"并",余不赘具。

本文原刊荣新江主编《唐研究》第6卷,北京大学出版社,2000年,第447—450页。

评傅飞岚、林富士主编《遗迹崇拜与圣者崇拜》

随着社会史与宗教史研究的深入，各种宗教信仰与地方文化的关系开始受到学界的重视，摆在我们面前的这本论文集《遗迹崇拜与圣者崇拜》（傅飞岚、林富士主编，台北：允晨文化实业股份有限公司，2000年）就是这一课题的最新成果。1995年五、六月间，法国远东学院与台湾"中研院"合作，在巴黎举办了一次以"遗迹崇拜与圣者崇拜：中国圣者传记与地域史的材料"为主题的国际研讨会，这本论文集正是那次会议的成果之一，英、法文论著则已经以专辑的形式在《远东亚细亚研究纪要》（*Cahiers d'Extreme-Asie*）第10期（1998年）上刊出，如果要全面了解这次会议的情况，应当将两书对读。

本书共收录论文十二篇，涉及的时空范围极为宽广，我们大

傅飞岚、林富士主编《遗迹崇拜与圣者崇拜》，台北：允晨文化实业股份有限公司，2000年。

致可分为四组来介绍。首先是两篇探讨中国文化边陲地区宗教信仰及其变迁的论文,其一是台湾"中研院"文哲所筹备处李丰楙的《台湾云林旧金湖万善祠及其牵轙习俗——一个自然/非自然、正常/非常观点的结构分析》,李氏向以研究六朝隋唐时期的道教文学著称,但在本文中,他将目光投向了台湾云林县金湖海滨地区的万善祠信仰:这一信仰源自对道光二十五年(1845)发生的一次惨重水灾的记忆,至少3000多人在这次水灾丧生,灾后朝廷为抚恤百姓,赐号"万善同归",成为民间设立"万善祠"的由来。作者从分析中国人的厉坛信仰与祭厉风俗入手,考察了"万善祠"信仰在不断的社会变迁中的发展趋势,如它如何从一个纪念横死祖先的阴庙上升为地方守护神性质的阳庙等,以及这一过程的信仰背景。第二篇是香港中文大学人类学系陈志明的《东南亚华人的土地神与圣迹崇拜——特论马来西亚的大伯公》,探讨了在中国文化的边陲地区,在一个多民族、多信仰交错的背景下,华人的宗教变迁问题。

如同这次会议主题所示,在研究地方宗教史之时,对于各种材料的解析是不可或缺的。第二组论文中,著名道教研究专家施舟人(Kristofer Schipper)教授的《历经百世香火不衰的仙人唐公房》一文(此文的日译本已先行刊于中村璋八编《中国人と道教》,东京:汲古书院,1998年,第135—147页),通过对东汉《仙人唐公房碑》的解读及其与传世文献如仙传的比较,仔细分析了流行于陕南汉中地区古老的唐公房信仰的种种特征,尤为重要的是,他指出天师道正是在相同的时间和地区发展起来的,唐公房修道的云台山是天师道的二十四治之一,其宅第也被杜光庭归入道教的三十六靖庐之内。由此,作者提示我们重新思考这种地方性的仙人崇拜与正统道教的关系,可谓见地非凡。当然,在对碑文本身的解读中,也有可以讨论的地方,如关于碑阴所列十五位重修唐公房祠的赞助人,作者曰:"此外还有七位也担任过高官要职;余下几个都是退休的学者,即处士"(第89页)。按这些赞助人多为州郡掾属,虽系当地的豪门大家,但恐不得称为"高官要职",而将处士解为"退休的学者",亦有未安之处。此外,关于主持修祠立碑的关键人物汉中太守南阳郭芝,疑即《汉魏六朝百三家集》卷二三曹操《上九酝酒法奏》中之"臣县故令南阳郭芝",在时间、地望上都较为接近。

接下来的两篇论文都是关于吕洞宾和山西永乐宫的。一篇是台湾"中央大学"历史研究所康豹(Paul Katz)教授的《吕洞宾信仰与全真教的关系——以山西永乐宫为例》,另一篇是美国密西根州立大学美术系景安宁所写的《吕洞宾与永乐宫纯阳殿壁画》。这两篇论文虽然主题相近,但立意有别,前者主要关注全真教的道士们在吕洞宾信仰的流传过程中所扮演的角色,其主旨是从社会史的角度探讨全真教渗透入中国社会的过程,以及这个教派和先前久已存在的民间信仰之间的相互影响。后者则基本属于艺术史的做法,如所周知,永乐宫保存着相当完好的道教壁画,因此在本文中,作者首先从文献材料出发,探寻了吕洞宾的身世和活动,指出其面貌在社会各阶层人士所编造的新传说中不断被改造的事实,最后具体解析了永乐宫纯阳殿吕洞宾画传的内容及其来源,显示了壁画这种艺术作品所包含的丰富的学术信息。不过,相较之下,前者的气势似乎要大一些,立意也更有深度。

第三组论文有三篇,它们都涉及了民间信仰与地域社会的密切关系。首先是"中研院"史语所林富士的《中国六朝时期的蒋子文信仰》，作者曾以六朝时期江南巫与巫术的研究取得美国普林斯顿大学的博士学位。在本文中，作者先以年代顺序，分析了有关蒋子文的十九个故事，指出它基本上不属于道教信仰，而应该是一种巫觋信仰，文章强调，巫者在六朝时期蒋子文信仰的形成与发展过程中扮演了非常重要的角色，最后文章还分析了这一信仰分布的地理空间与社会空间。不过，作者曰："无论如何，最晚从明代开始，蒋子文在中国宗教世界里的地位，便有逐步下滑的趋势"（第164—165页），其实早在隋唐时期，这一信仰的热潮就已衰退。显然，这与国家统一的政治局面密切相关，因为蒋子文信仰的兴起本身就是以南北分裂时代江南政治与地方文化的发展为背景的，因此我们也才能理解为什么直到南唐时，这一沉寂数百年的信仰才又有些许复苏的迹象。

关帝崇拜一向是中国民间信仰研究中的热点，台北故宫博物院庄吉发的《从萨满信仰及秘密会党的盛行分析清代关帝崇拜的普及》，主要从两个方面探讨清代关帝信仰在南北方的普及问题，其一是根据满汉文档案，揭示了关公进入满洲萨满信仰的神系，并因《三国志通俗演义》满文译本的传播等因素而使得关帝信仰在北方民族中广泛普及的事实。其二是揭示了关帝信仰在清代民间秘密会党活动中所扮演的重要角色，并以大量的史料否定了关帝神灵不踏南土的传说。文章的角度与前人迥异，令人耳目一新。法国远东学院吕敏（Marianne Bujard）博士的长文《陈宝祠——历史发展与现况》，相当精细地梳理了关于宝鸡地区陈宝信仰的各种文献，并公布了自己在宝鸡及河南进行田野考察的材料，探讨了这一神话的起源和流变过程。通过对流传了近两千年的陈宝祠祀的研究,作者揭示了地方传统文化的顽强生命力,并指出地方文人在神话流传演变过程中的重要作用。

第四组的四篇论文都是关于中国西南地区的宗教传统的,首先是傅飞岚(Franciscus Verellen)的《蜀——杜光庭〈录异记〉里的"圣地"》,作者系研究唐五代道教与地方史的专家,对杜光庭的研究尤为深入,曾著有关于杜光庭与晚唐五代道教及前蜀政治的一系列论著,本文也可置于其中考察。在本文中,作者认为杜光庭的志怪作品《录异记》试图将蜀地描绘成为一块圣地,使蜀国能在政治上取得独立王国的正统地位;同时,他还探讨了四川当地的神话和宗教传统。其次是四川省社科院哲学与文化研究所李远国关于酆都地区宗教文化的专题研究:《酆都宗教文化与圣迹的调查报告——兼及道教与酆都地方文化的关系》,作者主要利用了他在四川东部田野考察的材料,结合文献,指出:酆都鬼城的出现与道教仙人王方平及天师道在当地的传播有着密切的关系,至隋唐之际,酆都仍以仙家福地著称,及至中唐道教北帝派创立后,酆都遂渐以鬼城地狱而闻名。如同题目所示,本文也探讨了道教与四川当地的宗教体系及少数民族文化之间错综复杂的关系。接下来是云南省社科院宗教所杨学政的《一个古老的圣迹崇拜——巴丁喇木女神》,这基本上是一篇田野考察报告,作者考察了四川凉山彝族自治州木里藏族自治县、盐源县和云南省宁蒗县居住的五十余万摩梭人、普米族和藏族人所共同崇拜的原始女神"巴丁喇木"的信仰源流和现状,其成果表明原始的巫觋信仰足以超过族群的界限而存在。最后一篇论文是四川社科院康藏研究中心任新建的《藏传佛教噶举派主寺——

八邦寺》，主要介绍了藏传佛教中噶玛噶举派红帽系司徒活佛坐床之所八邦寺的历史及其与历次政治变动和当地各族群的关系。

从上面的介绍我们不难看出，虽然本集各论文有着不同的研究对象，但也显示了一些共同之处，在一定程度上体现了当前社会史与宗教史研究的某种趋向。例如，多数论文都是从一个具体地域的特定崇拜入手，从而试图分析普世性宗教与地域文化的关系，以及这种关系是如何为国家政治力量与地方各阶层、各族群所共同塑造，这显然也是与当前地域史研究的热潮相呼应的。就研究方法而言，本集中的好几篇论文都采取了人类学的视角，其论据有不少来自作者在田野考察中所获取的资料，事实上，从九十年代以来，中国社会史学界出现的一个重大变化就是社会学、人类学方法的大规模渗透，许多研究开始将田野材料与地方文献结合起来，从而不断刷新人们的认识。在这个意义上，我们认为，无论本集各篇论文的具体结论是否合理，材料是否精当，它们都促使我们重新思考一些诸如地方性宗教组织与国家政权、中央文化与地方传统的关系等重大问题，并在学术方法上受到启示。

本文原刊刘东主编《中国学术》2001年第4期，第359—363页。

评贾二强《唐宋民间信仰》

中国古代民间信仰研究一向是海外汉学的热点，近些年来，国内关注这一领域的学者也日渐增多，但是从成果来看，多是零散和个案的，将某一历史时期的民间信仰进行系统整理与分析的著作并不多，贾二强先生新近出版的这部长达三十万字的《唐宋民间信仰》（福建人民出版社，2002年）应该是其中比较值得关注的一本。作者在这一领域浸淫多年，成果颇为显著，此前已发表了一系列相关论文，且

贾二强：《唐宋民间信仰》，福建人民出版社，2002年。

曾出版过《神界鬼域——唐代民间信仰透视》（陕西人民教育出版社，2000年）一书。需要指出的是，这两部书虽然在结构上基本相同，但在行文体例上，《神界鬼域》更多强调雅俗共赏，而本书的学术色彩更强，且将研究范围扩展到宋代。毫无疑问，这部建立在

具体研究基础上的著作,是作者多年成果的系统化。

如同作者指出的那样,他关心这一领域,最初的兴趣来源于对《太平广记》的研读。的确,对于任何一位对中国古代神话、传说和信仰感兴趣的研究者而言,以《搜神记》《太平广记》和《夷坚志》等为代表的笔记小说集都是值得深入挖掘的宝藏。本书作者对唐宋时期众多的笔记小说烂熟于心,在展开论述时显得得心应手,左右逢源,这应该是本书最大的一个特色。

本书分为三篇,上篇《唐宋民间信仰的中心》从三个方面对于唐宋民间信仰的中心即神灵崇拜进行了论述,一是自然神崇拜,主要论述山神、土地和城隍;二是人格神崇拜,主要论述二郎神、紫姑神和天妃;三是探讨这些神灵的性质并分析巫者在其信仰流传发展中的作用。作者也因此总结出中国古代民间信仰的特性:名目繁多、来源复杂、面目多变、人间化色彩浓厚(第10—12页)。中篇《唐宋民间信仰的基础》则集中讨论了"鬼"的问题,从鬼神观到鬼的统属、鬼的来源、禀性,再到其与坟墓等的关系,多方位展示了唐宋时期风行的鬼的观念,并将其视作民间信仰滋生的深厚土壤。下篇《唐宋民间信仰与宗教》是本书比较精彩的一个部分。虽然作者也部分涉及了民间信仰与道教的关系,但更多的篇幅还是集中在其与佛教的关系上。例如作者讨论了泰山府君与阎罗王在管理鬼魂事务上的斗争与融合、民间信仰中的佛经,以及佛教的报应说对民间社会的影响等。作者因此提出了佛教"淫祀化"的概念。

通过以上三篇的论述,作者将一幅唐宋时期民间信仰中各路神灵会聚融合的复杂图景生动地展现在我们面前,使我们在帝王将相的宏图霸业与高僧硕儒的玄思妙想之外,看到了这一时期普通人的精神世界及其根植的社会土壤。即便仅从这个角度来看,本书的价值就已颇为不小,而作者还力图以唐宋为截面,来归纳中国古代民间信仰的民族特点:多样性、多功利性、多神秘性以及不确定性(第3—5页)。不管这种归纳是否完全合理,但其努力却是值得肯定的。

在许多具体问题的研究上,作者也比前人更进一步,一些讨论更填补了学界的空白,例如佛教地狱观念对于传统泰山治鬼说的冲击、华山信仰与唐玄宗的关系,以及作者对唐宋时期广为流传的"本命"观念的梳理等。在佛教与唐宋民间信仰的关系方面,作者努力的成果更为显著。他通过一些具体事例如宋代源自民间的五显灵官与佛教的华光菩萨的融合(第359—372页),揭示了佛教深入下层、根植民间的特点,指出佛教对民间信仰的渗透与民间信仰对佛教的改造是此期佛教中国化最为突出的标志,而民间通俗文学则促进了民间信仰的传播及其与各种宗教的融合。应该说,这些都是值得重视的观点。

本书也存在一些问题,而有些问题可能是目前国内学界普遍存在的问题,笔者试从四个方面进行一些讨论,希望能将这一领域的研究引向深入。

首先,对国外研究成果的吸收相对不足,这一点在本书的《征引书目》中有所反映。事实上,民间信仰研究原本就是西方汉学的一个特点,而日本东洋史学界也非常关心这一课题,到目前为止已积累了大量成果。虽然从时段来看主要集中在宋以后,但涉及唐代者亦复不少,《书目》所列举的论著显然无法反映这一领域的实际状况。在笔者看来,至少有两部重要著作必须提及,一是牛津大学杜德桥（Glen Dudbridge）教授的《神秘体验与唐代世俗社会》(*Religious Experience and Lay Society in T'ang China: A Reading of Tai Fu's Kuang-i Chi*, Cambridge University Press, 1995)，此书从戴孚的《广异记》入手探讨了唐代民间信仰的诸多方面，其中一部分更与本书内容直接相关，如该书第4章《华山的崇拜者》就对唐代的华山信仰做了相当细致的研究。另一部是耶鲁大学韩森（Valerie Hansen）教授的《变迁之神：南宋时期的民间信仰》(*Changing Gods in Medieval China,1127-1276,* Princeton University Press, 1990.包伟民中译本，浙江人民出版社，1999年)，此书从社会史角度深入探讨了南宋时期的民间信仰，在学界曾引起不小的反响。值得提及的是，最近戴安德（Edward Davis）也出版了一部新著：《宋代社会与超自然》(*Society and the Supernatural in Song China,* University of Hawaii Press, 2001)，颇得学界关注。至于单篇的论文就更多了，例如姜士彬（David Johnson）那篇讨论唐宋时期城隍信仰的名文："The City-God Cults of T'ang and Sung China"(*Harvard Journal of Asiatic Studies* Vol.45: 2, 1985，pp.363-457)，以及祁泰履（Terry F. Kleeman）对文昌帝君的深入研究："The Expansion of the Wen-ch'ang Cult"(*Religion and Society in T'ang and Sung China,* ed. by Ebrey, Patricia and Gregory, Peter N. University of Hawaii Press, 1993, pp.45-73)。而万志英（Richard Von Glahn）的 "The Enchantment of Wealth: The God Wutong in the Social History of Jiangnan"(*Harvard Journal of Asiatic Studies* 51:2, 1991, pp.651-714)虽然主要是对明代江南五通神的研究，但也用了相当篇幅来探讨这一信仰在宋代的发展。此外，中村治兵衛先生关于唐、五代、宋各时期巫者的一系列论文

(收入氏著《中国シャーマニズムの研究》,东京:刀水书房,1992年)也是不容忽视的重要作品。这一领域中值得参考的论著还有很多,由于篇幅所限,此不备举。

正是由于在吸收前人成果方面的不足,使得目前国内发表的一些论著在整体上叙述多于分析,基本处于资料爬梳与考证的阶段,在切入角度、问题意识和理论归纳上缺乏新意,因此也无法对海外学者提出的一些富有价值的思路作出有力回应。事实上,欧美与日本学者近二十多年来的研究已逐步从对具体神灵的文献学源流考证发展到从社会史的角度,深究国家权力、地域社会、商业发展、家族变迁、社区整合等与民间信仰的互动关系,这在夏威夷大学出版社于九十年代出版的两部论文集中有比较明显的反映。[1] 与单纯的文献学考证相比,它们的问题意识更为突出,揭示的现象和进行的理论概括更为深刻。例如,他们提出的唐宋民间祠祀的"赐额、赐号"问题、地方信仰的"国家化"与"儒家化"等问题都是极具启发性的思路,使我们可以在民间信仰的源流考证基础上,进行更深入的思考。[2]

在概念上,本书给"民间信仰"的定义是:"相对于正式的宗教或得到官方认定的某些信仰,在一定时期广泛流传于民间或者说为多数社会下层民众崇信的某些观念"(第1页)。这个定义本身也值得讨论。其实,民间崇拜的信众并不局限于下层民众,它们往往

---

[1] Patricia Ebrey and Peter N. Gregory (ed.), *Religion and Society in T'ang and Sung China*, University of Hawaii Press, 1993. 以及Meir Shahar and Robert P. Weller (ed.), *Unruly Gods: Divinity and Society in China*, University of Hawaii Press, 1996.
[2] 蒋竹山:《宋至清代的国家与祠神信仰研究的回顾与讨论》(《新史学》第8卷第2期,1997年,第187—220页)对日、美学者的部分研究有所梳理,可以参看。

为各个阶层的人士共同享有，如泰山神等。至于本书中篇讨论的鬼魂观念，更很难说是下层民众的专利。这一定义反映了作者将"民间"绝对化的倾向，① 以华山神为例，他认为："民间的华山信仰，与帝王所封享有王号的一方岳神，显然另具一副大不相同的面目"（第41页），无疑是将国家祭祀与民间信仰完全对立起来。其实，它们不过是同一信仰的不同层面而已，唐人对此有非常清醒的认识，张嘉贞于开元十五年（727）任定州刺史时所撰《北岳恒山祠碑》曰："圆珪方璧，每自天来。或事举必祈，福行宜赛，则有公卿而奉新命也；或四时荐熟，三献酌洗，则有侯牧而率旧章也。非夫昭信雅直，岂常享于明代哉！是以河朔人风，洁诚而祷蚕谷者众矣。春终、秋孟、冬首三之月尤剧，蘋藻自羞，若从官敛。"② 就明确将北岳神的祭祀区分为中央、地方政府及民间三个相互联系的层次，如果我们不是将国家礼制与民间信仰截然分开，那么就可能从中看到国家在意识形态领域整合各种民间信仰的努力。③ 此外，对于中晚唐以来佛教向民间发展的问题，本书"佛教的淫祀化倾向"（第372—388页）的提法也显得有些突兀，因为民间信仰并不必然等于"淫祀"。相对而言，笔者以为学界习称的佛教"世俗

---

① 在西方汉学的语境中，学者们通常使用的"民间宗教"（Popular Religion）一词虽在内涵和外延上都存在分歧，但有一点是确定的，即一般不从社会阶层来区分其信仰对象。参看Peter N. Gregory and Patricia Ebrey, "The Religious and Historical Landscape." *Religion and Society in T'ang and Sung China*, pp.28-30. 另参祁泰履《由祭祀看中国宗教的分类》，收入李丰楙、朱荣贵主编《仪式、庙会与小区：道教、民间信仰与民间文化》，台北："中研院"中国文哲研究所筹备处，1996年，第548—549页。
② 《金石萃编》卷七六，《石刻史料新编》第1辑第2册，台北：新文丰出版公司，1982年，第1307页。
③ 关于这一问题，详见拙撰《论隋唐国家祭祀的神祠色彩》，《汉学研究》第21卷第2期，2003年，第111—138页。

化",或者"民俗佛教"(参看李四龙《民俗佛教的形成与特征》,《北京大学学报》1996年第4期,第55—60页)的概念还是更容易接受些。

从材料上来看,国内学人大多比较充分地利用了唐宋笔记小说,不过在笔者看来,至少还有两类宝贵材料常常被忽视,那就是石刻材料与敦煌吐鲁番文书。① 笔记小说多出自文人的记述,其内容经过了他们的选择与整理,从而与民间信仰的实际情形可能有一定差距。而敦煌文书和石刻材料多是未经有意识整理的第一手材料,其中包含着与民间信仰密切相关的丰富内容,忽视这两类材料即便不是一种缺陷,也应该说是一种遗憾。目前已有学者在这方面做了一些努力,如遊佐昇《敦煌文獻より見た唐五代における民間信仰の一側面》(《東方宗教》第57号,1981年,第55—70页)、金文京《敦煌出土文書から見た唐宋代の賓頭盧信仰》(吉川忠夫編《唐代の宗教》,京都:朋友書店,2000年,第195—219页)等。事实上,在敦煌吐鲁番文书中,有备受关注的随葬衣物疏和各种发愿文,有杂入许多民间传说的佛教感通类故事集如《持颂金刚经灵验功德记》,还有各种各样的占卜文书和历日等。在石刻材料中也

---

① 在本书极少的利用敦煌文书的一例中,也存在问题。作者推测英藏敦煌文书S.980,即辛未年二月四日皇太子李晅所写《金光明最胜王经》卷二题记中的"弘"就是唐高宗李治与武则天的长子,"此文或为唐人托李治之名而杜撰,因避讳而不书名"(第340页)。其实,法藏敦煌文书P.3668有这位皇太子李晅同日所写《金光明最胜王经》的卷九题记,而日本龙谷大学也保存着他同年二月七日《妙法莲华经》的卷六题记,三者文字几乎完全相同,池田温《中國古代寫本識語集錄》(东京大学东洋文化研究所,1990年,第454—456页)将辛未年定为911年。井之口泰淳推测李晅系于阗国的太子,有一定道理(参看荣新江《归义军史研究》,上海古籍出版社,1996年,第229页)。显然,这些辛未年的题记绝非李治或托名李治所写。

保存着大量建祠修庙、求雨祈晴所留下的碑文，以及各种造像等，无疑都是研究民间信仰的宝贵材料。在此，我们仅以本书作者曾讨论的传统泰山信仰与佛教阎罗王的合流问题（第37、333—338页）为例，来看看这两类材料的重要性。泰山府君被纳入十殿冥王是合流的结果之一，而在敦煌文献中保存着图文并茂的《佛说十王经》（即《阎罗王授记经》），正是研究这一课题的上佳材料。[①]据学者研究，在其图像中，阎罗、太山、五道转轮王组成了核心的三王。[②]反映在石刻材料中，龙门石窟就有武后时期杜法力为阎罗王、五道将军、太山府君的造像（《八琼室金石补正》卷三三），而在大足石刻中也有不少地藏十王的造像。本书曾认为后世五道将军从人们头脑中退出是由于六道轮回观取代了五道轮回观的缘故（第345—346页），但罗世平《地藏十王图像的遗存及其信仰》（《唐研究》第4卷，北大出版社，1998年，第400页）早就怀疑五道将军已演化为地狱十王中的五道转轮王，因为在唐宋时期的十王图像中，五道转轮王是唯一一位身着甲胄、腰挎佩刀，以将军形象出现的冥王，这似乎也暗示了他与五道将军之间的某种联系。[③]

总之，本书在梳理唐宋民间信仰的文献方面下了很大功夫，也进行了一些初步的总结和提炼，如何在此基础上广泛吸取前人研究的成果，进一步拓展思路，将这一领域的研究深入下去，特别是提

[①] 比较重要的成果是：Stephen Teiser, *The Scripture on the Ten Kings and the Making of Purgatory in Medieval Chinese Buddhism*, University of Hawaii Press, 1994. 小南一郎先生也发表了长篇论文《〈十王经〉の形成と隋唐の民衆信仰》（《東方学報》第74册，2002年，第183—256页），可以参看。
[②] 参看张总《〈阎罗王授记经〉缀补研考》，《敦煌吐鲁番研究》第5卷，北京大学出版社，2001年，第81—116页。
[③] 不过，罗氏认为五道将军原是道教冥神，恐亦有误解之处。

出一些自己的原创性理论,从而与国际汉学实现真正的对话,这是我们今后应该思考的问题。在此,我愿与作者共勉。

本文原刊荣新江主编《唐研究》第9卷,北京大学出版社,2003年,第523—529页。

读荣新江《学理与学谊：荣新江序跋集》

在一个学术分工日益细化与专精的时代，一位学者能在一两个领域里研究有素已属不易，精通两个以上领域者更是凤毛麟角。中华书局新刊的《学理与学谊：荣新江序跋集》（中华书局，2018年）即为我们展示了一位视野宏阔的中古史学者的博雅与成熟，在某种程度上，本书还是二十多年来一段学术史的鲜活见证。此前姚崇新先生已对本书所蕴含的"学理与方法"做了深入剖析（《上海书评》2018年12月14日），本文则侧重于"学谊"的梳理，以见其学术史意义。

荣新江：《学理与学谊：荣新江序跋集》，中华书局，2018年。

本书分为上、下两编，上编主体是荣老师为其师友、门生的著述所作之序言，间亦有他主编书刊之序或后记，都合39篇；下编则是荣老师个人著述的自序或后记，计20篇。这59篇文章涉及的范围大致包括了敦煌吐鲁番研究、隋唐史、中外关系史、西域史等四大领域,其间亦有相互关联之处。当然,它们并不能涵盖荣老师全部的学术版图,至少他近些年用力颇深的马可·波罗研究就不在其中。

如果说下编的20篇序跋充分展示了荣老师著述之丰,则上编的序跋就为我们勾勒了他的一部分朋友圈,或如其本人所云之"一个小小的学术圈子营造出的一些学术氛围"(第290页)。作为一位老学生,笔者有幸获赐过荣老师下编所涉及的所有著作,而上编所涉及的著作也大多蒙荣老师或原作者赐书,故这些文字早已先后拜读,这次重新集中学习,则如对故人,时有会心之处。特别是荣老师给笔者小书赐序亦列其中,读来心头更是一片温暖,似乎又回到当年亲聆教诲的旧时光中。

上编所包含的39篇序跋,或可依荣老师与原书或作者的关系分为三类:第一类是荣老师本人主编的书刊,如《唐研究》这样担任主编二十三年之久的学术年刊,或是《北京大学盛唐研究丛书》《敦煌讲座书系》这样的大型丛书,当然还包括他主编的几本专题论文集,如《粟特人在中国——历史、考古、语言的新探索》及《敦煌文献·考古·艺术综合研究——纪念向达先生诞辰110周年国际学术研讨会论文集》等。

第二类的作者系荣老师的同行师友,包括了著名的敦煌学前辈池田温先生的《敦煌文书的世界》、林世田《敦煌遗书研究论集》、吴芳思《丝绸之路2000年》、徐俊《鸣沙习学集——敦煌吐鲁番文学文献丛考》、米华健《丝绸之路》、刘进宝《唐宋之际归义军经济史研究》等。

第三类作者多系荣老师的学生，按目录的次序排列，包括孟宪实、蒙曼、余欣、雷闻、姚崇新、毕波、王媛媛、广中智之、王静、孙英刚、朱玉麒、季爱民、庆昭蓉等。他们的著作，大多以博士论文或博士后出站报告为基础，内容则涉及敦煌吐鲁番学、唐代制度史、佛教史、三夷教、西域史、中古都市史乃至晚清学术史等，其中大多包含了荣老师的无数心血，故赐序训勉，亦在情理之中。

读罢全书，给人最大的感受，是一个人与一个时代的学术进步的关系。所谓"既开风气又为师"，正是在个人著述与教书育人两个方面，荣老师为近二十年来中国中古史研究做出了独特贡献，影响了不止一代年轻学人。他在敦煌吐鲁番研究、隋唐史、中外关系史、西域史等方面的典范性研究，早已成为这些领域无法绕开的大山，而他所教导或影响下的诸多年轻一辈的学人，更是把他的学术品格与理念发扬光大。

有两种具有象征性意义的书刊特别值得一提。

首先是《唐研究》。本书上编的39篇序跋，以1995年的《唐研究》创刊号的《弁言》始，以2017年的第二十三卷《编后记》终，这样的编排不仅是考虑到时间顺序，其间当有深意在焉。《唐研究》可能是中国最早、坚持时间最久的民间学术集刊之一，甚至被称为引领风气的标杆。荣老师创办《唐研究》时不过35岁，正是年轻人的锐气和学术品味，使得这一新刊从一开始就显得与众不同。从创刊号起，笔者就有幸协助荣老师从事编辑工作，一起备尝二十多年的甘苦，故对刊物的理念与追求了然于心。例如，在发刊《弁言》中，荣老师就强调了多学科交流的重要性（第4页），从后来的编辑实践中,《唐研究》也的确在史学文章之外发表了不少唐代文学、唐代考古与艺术史等方面的论述,有意促进了相邻学科的互相借鉴与学习。

又比如,荣老师始终强调"国际视野",从一开始,《唐研究》就以一个"国际学术刊物"的标准来要求自己,这不仅表现在刊物发表过多篇英文论文,更体现在对刊发论文的要求上。如果一篇来稿所涉及的问题已经被海外学者研究过,荣老师往往自己掏钱,让我们复印这些论著邮寄给原作者参考,这种事情发生过许多次,可以想见,这在海外学术信息非常难得的当年,是多么难能可贵。另一方面,荣老师也强调对海外的研究采取平视态度,一个有意思的细节是,他曾指示我在处理来稿时,需将文中那类"美国学者某某"、"日本学者某某"的国籍删去,"因为我们是个国际性刊物",完全不需要特意强调那些研究者的国籍。显然,对于"国际视野"的重视,与国际学界顶级学者对话、争长,既是荣老师自身为学的一大特点,也是他办刊的一个目标。

《弁言》所强调的另一个重点就是书评,其目的是"用书评的形式来评介近年有关唐研究的书刊,以期从学术史的角度总结唐研究的各个方面"(第4页)。在中国的学术语境中,书评的位置始终比较尴尬,要么是毫无节制的吹捧,要么是攻其一点不及其余的酷评,严肃而有节制的学术书评直到今天才开始成为各大学术期刊提倡的方向,但现实依然不尽如人意。《唐研究》在二十多年前就倡导学术书评,且每一卷都有相当数量,所评对象包括了中国大陆、港台、日本及欧美最近出版的新书,一方面使学界及时了解了国际隋唐史方面最新的学术动态,另一方面也在客观上推进了中国严肃学术书评的写作新风。值得一提的是，多年来《唐研究》的书评始终坚持约稿原则，基本上不接受来稿（尤其是原书作者推荐来的书评），而是由编辑部直接约请相关领域的专家来撰写，这也代表了刊物对相关专家学术水平的认可，因此，荣老师从不接受原书作者投来的反批评文字。可以说，《唐研究》这么多年来的书评对学术界的贡献，可能丝毫不亚于那些数量更多的论文。

从完成第23卷的编辑工作之后，荣老师宣布不再担任《唐研究》的主编，在本书上编的最后一篇文字即《〈唐研究〉第二十三卷编后记》中，荣老师对多年来的编辑生涯做了总结，并对刊物的未来表达了良好祝愿（第189—191页）。在这篇文字中，荣老师对身边的"年轻朋友"表示了感谢，其实，这些年轻朋友大多是伴随着《唐研究》成长起来的，对于荣老师和《唐研究》都充满着感激之情。一个好的杂志通常会用心培育作者，而对年轻学者的扶植，正是《唐研究》的特色之一，早在创刊号上，就发表了好几篇在读博、硕士的文章，这对于当年其他刊物来说几乎是无法想象的事情。

其次是《学术训练与学术规范——中国古代史研究入门》。本书下编收录了这本书的《前言》（第259—263页）与《后记》（第264—265页），值得特别重视。这本书原是荣老师在北大历史系为中国古代史专业的研究生开设的"学术规范与论文写作"课程的讲义，虽然这门课迟至2007年才作为"北京大学研究生课程建设项目"立项，但此前一直以"周末杂谈"的形式在荣老师的学生内部开展，更重要的是，"规范"事实上一直都是荣老师教学工作的关键词。

所谓规范，有两个层面，一是道德规范，即尊重前人研究成果，对于前人的发明不能掠美甚至剽窃；一是技术规范，即在论文写作过程中的引文注释甚至标点符号等，都要有严格的要求。荣老师说得好："我们要有自己的'芝加哥手册'，即在没有统一的规范之前，要从我做起，大家共同努力。"（第262页）在某种程度上，《唐研究》在倡导学术规范方面也起到了引领作用，而多年以来，受到荣老师影响的众多年轻学人在重视学术规范方面，也颇为引人瞩目，在他们论著的最前面，批判性梳理学术史成为一个必不可少的前提。这些规范如今看起来似乎已是老生常谈，但直到今天真正能做到者也并不是太多，荣老师当年的倡导依然没有过时。

荣老师的序言有其自身特点，要言不烦，往往将作序之书放在自身的学术史脉络中，以见其价值，进而从学理上分析该学科的发展方向，如果不是对这些领域的现状了如指掌，自然很难做到这一点。如果说荣老师的序跋有什么遗憾之处，则如他自云："每篇序言的文字，我希望严格限定在两页纸的范围内。"（第290页）我个人的理解，之所以如此，似乎是荣老师为了表示对大家一视同仁，不偏不倚，这自然是为师者的厚道与公正之处，不过，作为读者，或许更希望荣老师能够放开了写，不必过于拘泥字数。毕竟，以荣老师的视野与才情，没准儿会写出余英时先生《朱熹的历史世界》那样的名著来，岂不是又一番佳话！

本文原刊《澎湃新闻·私家历史》2019年1月6日，网络版https://www.thepaper.cn/newsDetail_forward_2739962，原题：《既开风气又为师》。

读郝春文等《当代中国敦煌学研究（1949—2019）》

当一个学科在一个阶段发展成熟并开始转型之际，往往也是开始清理学术史的时候。1998年，郝春文先生曾应约在《历史研究》上刊发过一篇《敦煌文献与历史研究的回顾与展望》，对敦煌学的过去及发展方向做出了清晰而准确的勾勒。二十多年后，郝先生又与宋雪春、武绍卫两位弟子共同推出了这部五十余万字的《当代中国敦煌学研究（1949—2019）》（中国社会科学出版社，2020年），可以说是对前文的丰富和升级，但精神一脉相承。

郝春文、宋雪春、武绍卫：《当代中国敦煌学研究（1949—2019）》，中国社会科学出版社，2020年。

这部大书甫一出版，就引起学界广泛关注，受到高度评价。其特点，一是新，即反映了敦煌学最新的成就与未来的发展方向；二是全，无论是敦煌文书与文物的收藏与刊布情况，还是敦煌学各领域的研究进展，都有全面系统的总结。可以说，今后我们在讲授敦煌学课程时，除了荣新江先生《敦煌学十八讲》之外，又多出了一部内容与时俱进的必备参考书。在此，我们不拟铺陈这部著作的具体贡献，仅从本书所反映的郝先生的为学与为师之道略作申论，聊作读后之感。

在某种意义上，学术史的梳理也是一种权力，因为进入学术史叙述脉络之中的论著，其流传与发生影响的可能性会更大。正因如此，只有当这种权力与真正意义上的学术权威相结合，才可能总体把握一个学科的发展脉动，并对大量的研究成果做出学术史意义的判断，如对重要论著的学术价值的定位及其局限的理性评议。从这个角度来说，由郝春文先生来领衔完成这样一部著作，可谓一时之选。

郝先生对书写学术史的方法有清醒的认识，在本书《后记》中，他将学术史的写作分为四重境界：一是目录式，尽量将所有成果都列上，并有简单评介。二是介绍式，用简要语言说明涉及的论著有哪些具体贡献。三是学术史式，分析所涉及论著的成就、特点与不足，力图展示该论著在相关研究历程和学术脉络中的地位。四是学理分析式，在具体分析相关论著的基础上从理论和方法层面分析写出高水平成果的原因和路径（第522页）。虽然学界中人大多都写过综述，但将其上升到理论分析的层面，郝先生可能属于最早的学者之一。在这种认识基础上，郝先生将本书列入第二重和第三重境界之间，"但有的部分也曾试图接近第四重境界"。应该说，这是一个虽不无谦逊但总体颇为准确的自我评价。

学术史的梳理有各种不同的范围和形式，如中国社会科学院古代史研究所编的《中国史研究动态》与日本的《史学杂志》，每年的固定栏目就是上一年各断代史或专门史的年度综述，这无疑是学界了解某个具体学科在过去一年最新进展的便捷窗口。当然，更多的是对一些具体领域或特定问题的综述，大者如对均田制、府兵制之类重要制度史研究的综述，或对一段时间内石刻史料整理与研究的总结，小者如对某一位历史人物或唐代"告身""王言之制"之类更具体的对象的综述。范围与对象不同，写法可能也会有不同，但大底不出郝先生总结的四重境界。其实，对于读者来说，这四种不同的学术史写法都是有价值的，有时候甚至构成相互衔接与互补的关系。但是对于作者而言，这四种写法的境界则是递进式的。取法其上，或者仅得其中，我们还是尽量以更高的标准来要求自己，才能在广泛掌握某一学科、某一领域、某一问题的丰富成果的基础上，写出具有思辨性、批判性乃至理论性的学术史来。综述考验的是作者的眼光和品味，如果只是流水账式的讲述"有什么"，往往让人觉得索然寡味，而那些经过消化、提炼的批判式的综述，既有前沿的学术信息，又有写作者深入的思考，才会让读者有更多收获。

可以说，郝先生关于学术史四重境界的说法具有一定的理论意义和实践上的指导意义，特别是对于年轻学子而言，在博士论文导言中进行学术史清理时，都应将郝先生的说法念兹在兹，要对自己有更高的要求。只有这样，才能真正发现前人的贡献与不足之处，从中找到自己博士论文的立足点与生发点。事实上，不仅是对于在读的博士生，对于我们这些后辈学者来说，郝先生的说法同样有指导意义，今后在撰写新著时，也需要以郝先生对于学术史的高标准来撰写"导言"。

另一方面，本书也是郝春文先生为师之道的结晶。在《后记》中，郝先生不仅对他与两位弟子的分工与完成情况作了说明，而且由此出发，着意谈到了培养、教育学生的诸多问题，让人印象深刻。郝先生不无自豪地开列了一份人才培养的成绩单，因为他的弟子们有不少都进入了中国社会科学院及北大、人大、清华、北师大、兰大、中山大学等一线的高校与研究机构，这也是郝先生颇为人称道的一个方面，即门下弟子的成材率比较高。

能做到这一点，自然与郝先生的教育理念和方法有关，其关键词或许可归纳为"具体"与"实践"两个词：指导要具体，要求要具体，训练要在实践中进行。郝先生有所谓"郝门门规"，如文章定稿之后必须再次核对引文，引用文书在拿到校样之后，必须对照图版再核一遍等，这都是他对学生在论文写作具体技术层面的严格要求。更重要的是，郝先生强调的是在学术实践中成长，即让学生们参加自己主持的《英藏敦煌社会历史文献释录》等研究课题，通过文字释读、前人成果的收集与辨析、写卷的缀合等具体的学术实践，获得真正意义的学术训练，而不仅仅是学术方法论的纸上谈兵。事实上，本书的两位合作者宋雪春、武绍卫就都是在《释录》的团队中成长起来的。

学术研究薪火相传，《当代中国敦煌学研究（1949—2019）》的出版，不仅是在新的历史时期敦煌学面临转型之际的一件大事，同时也是郝春文先生立言、立教的重要载体，相信其必将成为所有敦煌学者的案头必备之作，需要我们在今后的研究工作中不断学习。而本书所反映的郝春文先生的为学与为师之道，更为后辈树立了一个新的典范。

本文原刊《中国社会科学报》2020年12月28日第6版,原题《为学与为师之道的典范》。

新中国成立70年来的隋唐五代史研究

与中国人文社会科学的总体发展历程一样，新中国成立70年来的隋唐五代史研究也是在辉煌与曲折的道路上不断前行的，我们大致可以将其分为1949年至"文革"结束及改革开放以来两个阶段。在"文革"期间，由于极左思潮的干扰与"以论代史"等影射史学的肆虐，隋唐史学界基本没有什么值得重视的成果。因此，第一阶段的隋唐史研究成果，大多完成于"文革"之前，有些则是在"文革"结束之后才得以正式出版。

新中国成立以来的隋唐史研究，一方面延续了民国时期的学术传统，如陈寅恪在抗战期间出版的《隋唐制度渊源略论稿》和《唐代政治史述论稿》的基础上，继续撰写了《记唐代之李武韦杨婚姻集团》等大批隋唐史论文，这些文章后来在二十世纪八十年代初被收入《寒柳堂集》和《金明馆丛稿初编》《二编》中，而集中体现其"以诗证史"方法的《元白诗笺证稿》也同时出版，这些论著对"文革"以后的隋唐史研究产生了深远影响。另一位延续民国传统的唐史学者是著作等身的岑仲勉，除了新中国成立前发表的《登科记考订补》《郎官石柱题名新考订》《元和姓纂四校记》等之外，其

《隋唐史》《府兵制度研究》《隋书求是》《唐史余沈》《唐人行第录》《通鉴隋唐纪比事质疑》等都出版于1949年之后。[①] 如果说陈氏的隋唐史研究体现了中西汇通的"文化史观",那么岑氏的研究更像是在以考据为核心的乾嘉学派基础上更上层楼。

另一方面,随着马克思主义唯物史观在史学界影响的不断深入,这一时期隋唐史学界也出现了学习马克思主义的热潮,阶级分析等新的研究范式逐渐出现,涌现了一批以均田制、租庸调制为核心的经济史研究成果,也出现了胡如雷《中国封建社会形态研究》(生活·读书·新知三联书店,1979年)这样运用马克思主义的基本原理来分析中国封建社会的土地关系、地租形态和地主经济等核心问题的重要理论著作。由于农民战争史成为史学界"五朵金花"之一,黄巢起义甚至规模不大的陈硕真起义等,都得到了细致研究。这一时期的代表性人物除了胡如雷之外,还有唐长孺、汪篯、王仲荦、韩国磐等。值得一提的是,这一时期出现了多种断代史著作,[②] 它们对隋唐史学科体系的建设颇具意义。

随着"文革"的结束,中国进入了改革开放的新时代,学术研究回归正常秩序,隋唐史研究也进入一个繁荣发展的新时期。首先是全国性学会的成立与各高校及科研机构隋唐史研究梯队的形成。

---

① 岑仲勉:《隋唐史》,高等教育出版社,1957年;《府兵制度研究》,上海人民出版社,1957年;《隋书求是》,商务印书馆,1958年;《唐史余沈》,中华书局,1960年;《唐人行第录》,中华书局,1962年;《通鉴隋唐纪比事质疑》,中华书局,1964年。
② 除前述岑仲勉《隋唐史》之外,还包括:杨志玖《隋唐五代史纲要》,上海人民出版社,1955年;吴枫《隋唐五代史》,人民出版社,1957年;吕思勉《隋唐五代史》,中华书局,1961年;韩国磐《隋唐五代史纲》,生活·读书·新知三联书店,1961年。

1980年唐史研究会（1984年更名为中国唐史学会）和1983年中国敦煌吐鲁番学会相继成立，对隋唐史与敦煌学研究起了极大的促进作用。在人才培养方面，中国社科院历史所与北大、武大、人大、北师大、陕西师大、复旦大学、首都师大、厦门大学等高校的隋唐史学科，都各自形成了老中青相结合的研究梯队，成为隋唐史研究的重镇。

其次，专业学术集刊的创办，为隋唐史研究成果的刊布搭建了平台。一是唐长孺1979年在武大创办的《魏晋南北朝隋唐史资料》，目前已出版至第38辑。二是史念海1988年在陕西师大创办的《唐史论丛》，后来也成为中国唐史学会的机关刊物，目前已出版至第28辑。三是荣新江1995年在北大创办的《唐研究》年刊，目前已出版至第23辑。《唐研究》可能是中国最具影响力的民间学术集刊之一，在其倡导的多学科交流、严格的学术规范及学术书评的写作等方面，都有引领潮流之功。最近十年来，又有多种与隋唐史研究有关的集刊创办，如中国社科院历史所主办的《隋唐辽宋金元史论丛》（2011年至今）、人大历史学院的《唐宋历史评论》（2015年至今）、中国中古史青年学者联谊会主办的《中国中古史研究》（2011年至今）、复旦历史系的《中古中国研究》（2017年至今）等，同样都是隋唐史研究繁荣的标志。

再次，研究资料的整理与刊布取得巨大成就。（1）在这一时期，隋唐史的基本典籍大多已得到系统整理，除了《隋书》、两

《唐书》与新旧《五代史》等正史点校本之外,[①]《唐律疏议》《唐六典》《通典》《唐会要》等法典与政书都有了整理本;[②]大多数现存的唐人文集都得到了现代整理,有些还不止一种(点校、集注、编年等形式);《册府元龟》《文苑英华》《太平御览》《全唐文》等基本典籍的影印发行,也极大方便了隋唐史研究的进步。一些唐代文学研究出身的学者如郁贤皓编的《唐刺史考全编》《唐九卿考》等,成为唐史研究的重要工具书,而陈尚君主持的《全唐文补编》《全唐诗补编》等,也提供了宝贵的新资料。(2)出土文献方面,敦煌吐鲁番文书与以墓志为核心的石刻史料先后成为改革开放以来隋唐史研究的增长点。(3)进入二十一世纪之后,伴随着古籍数字化的浪潮,"四库全书""中华基本古籍库""中华经典古籍库"等大型古籍数据库相继建立,虽然也带来某些消极影响,但对于古籍的普及和利用、对于材料的收集,都提供了前所未有的便利。

最后,新时期的隋唐史研究在选题与路径上呈现出多样化的面貌。一方面,得益于敦煌吐鲁番文书的刊布,唐代政治史与制度史研究涌现了大量优秀成果,始终占据着隋唐史研究的核心地位,而近年随着"活的制度史"取径的流行,公文运转、信息渠道等话题使制度史研究呈现出新的样貌。另一方面,随着国际学术交流的拓展与欧美、日本隋唐史研究成果的引进,礼制史、宗教史、社会史

---

① 近年来中华书局又启动了重新修订二十四史的工作,陈尚君主持的《旧五代史》《新五代史》修订版(中华书局,2015年)及吴玉贵主持的《隋书》修订版(中华书局,2018年)已相继完成。
② 《唐会要》目前虽有中华书局、上海古籍两个版本,但问题都很多,刘安志近年对《唐会要》的版本流变有系统调查和梳理,期待他新的整理本早日完成。

等"边缘新生领域"呈现出活跃态势，这使隋唐史研究走出思路单一、选题陈旧的困境，呈现出多元化的欣欣向荣的景象。可以说，隋唐史研究中的宏大叙事（如所谓的"唐宋变革""城市革命"等）与细节深描并存，共同为理解这一时代做出贡献。

一、敦煌吐鲁番文书与石刻史料的整理与刊布

新中国成立70年来，隋唐五代史研究取得了巨大成就，这与以敦煌吐鲁番文书及石刻史料为代表的新材料的发现与利用密不可分。前者内容丰富，发展出一个与隋唐史研究密切相关的专门学科——敦煌学，后者则在最近二十多年来发展迅猛，成为推动新世纪隋唐史研究最重要的资料群。

（一）敦煌吐鲁番文书

早在藏经洞发现之初，一些重要的敦煌文书就开始被零散公布。新中国成立之后，不仅敦煌文书的刊布与研究进入了一个新阶段，吐鲁番文书的发现与整理也极大推动了中国的隋唐史研究。70年来的中国敦煌学研究也可大致分为1949年至"文革"以及改革开放以来两个阶段：

1949年至"文革"期间。这一阶段敦煌学研究取得了不少成果，1961年中国科学院历史研究所资料室编辑的《敦煌资料》第一辑由中华书局出版，收录170余种社会经济文书的录文，虽然在定名和录文方面还有一些缺憾，但在当时历史条件下，仍然是一项重要的文献整理工作。其他重要的文献整理成果还有《敦煌变文集》

《敦煌古籍叙录》《敦煌遗书总目索引》等。①

"文革"以后，敦煌学迎来了大发展和大繁荣，在文献整理和研究领域都取得了重大突破，硕果累累。这一阶段的敦煌学又可以分为上世纪七十年代中期至八十年代末、九十年代初至世纪之交、二十一世纪初至今三个时期。1977年以后，敦煌学爆发出旺盛的生命力，迎来了蓬勃发展的时期。英藏、法藏、北图藏敦煌文献的缩微胶卷在七十年代末都已公开发行，1981年起黄永武《敦煌宝藏》（台北：新文丰出版公司）又将缩微胶卷影印成册，这也为敦煌文献的分类整理提供了契机，唐耕耦《敦煌社会经济文献真迹释录》便是收录资料较为全面的一种录文集。②由唐长孺主持的新中国出土吐鲁番文书的整理工作顺利进行，先后出版了10册录文本《吐鲁番出土文书》（文物出版社，1981—1991年），同时日本龙谷大学开始编辑出版《大谷文书集成》（京都：法藏馆，1984—2010年）。吐鲁番文书研究从此成为新的热点，敦煌学与吐鲁番学比翼齐飞。这一时期出现了不少高质量的研究文集，如北京大学中古史研究中心编《敦煌吐鲁番文献研究论集》1—5辑（北京大学出版社，1982—1990年），武汉大学历史系魏晋南北朝隋唐史研究室编《敦煌吐鲁番文书初探》及《二编》（武汉大学出版社，1983、1990年）、厦门大学历史系编《敦煌吐鲁番出土经济文书研究》（厦门大学出版社，1986年），中国敦煌吐鲁番学会编《敦煌吐鲁番学研究论文集》

---

① 王重民、向达等编《敦煌变文集》，人民文学出版社，1957年。王重民：《敦煌古籍叙录》，商务印书馆，1958年；王重民等编《敦煌遗书总目索引》，商务印书馆，1962年。
② 唐耕耦：《敦煌社会经济文献真迹释录》第1辑，书目文献出版社，1986年；第2—5辑，全国图书馆文献缩微复制中心，1990年。

（汉语大词典出版社，1990年）等。

上世纪九十年代以后，敦煌文献的整理出版进入新的阶段。1990年起，中国社会科学院历史研究所与中国敦煌吐鲁番学会敦煌古文献编辑委员会、英国国家图书馆、伦敦大学亚非学院合编的《英藏敦煌文献》1—14辑（四川人民出版社，1990—1995年）陆续出版，该书收录文书齐全、图片清晰、定名准确，开创了整理出版大型敦煌图录的新模式。此后，《俄藏敦煌文献》1—17辑（上海古籍出版社，1992—2001年）、《法国国家图书馆藏敦煌西域文献》1—34辑（上海古籍出版社，1995—2005年）、《国家图书馆藏敦煌遗书》1—146册（北京图书馆出版社，2005—2012年）等大型图录相继出版，基本涵盖了敦煌文书的大宗收藏机构，敦煌文书的刊布接近完成。这一时期，王永兴、姜伯勤、宋家钰、陈国灿、杨际平、荣新江、郝春文等重要学者的敦煌学研究著作都结集出版，内容涵盖了丝绸之路、均田制、勾检制度、归义军研究、寺院经济等多个领域，展示了敦煌学的全面进步。《敦煌学大辞典》的编纂出版也是这一时期敦煌学进行总结的标志性成果。①

进入21世纪，敦煌吐鲁番文献整理出现了新的方向，吐鲁番、西域新出土文书及世界各地散藏文书的刊布成为新的趋势。例如，荣新江、李肖、孟宪实主编的《新获吐鲁番出土文献》（中华书局，2008年）全用彩版并附有精确录文，成为新时代文书整理的典范。随着技术手段的进步，敦煌吐鲁番文书的数字化也逐步推进，由中、英、俄、日、德、法等国参与的"国际敦煌项目"（The

---

① 季羡林主编《敦煌学大辞典》，上海辞书出版社，1998年。

International Dunhuang Project，简称IDP）陆续将各大机构收藏的文书高清照片上传网站，实现了敦煌资料的网络共享。随着敦煌吐鲁番学研究的进步，一些新的视角也开始出现，如中国社会科学院古代史研究所黄正建等先生倡导的"中国古文书学"研究。

（二）石刻史料

石刻史料的种类很多，如碑、墓志、摩崖、造像等，对隋唐史研究而言，墓志资料尤为重要。在这方面，张钫千唐志斋的贡献毋庸置疑，虽然一些重要学术机构大都收藏有整套原拓，但迟至改革开放之后其拓本才得以全部刊布。[①]

对于传统金石学的继承，是新研究的起点。从1977年到2006年，台北新文丰出版公司陆续印行了《石刻史料新编》1—4辑，共计100册，收录金石学著作千余部，成为利用传统金石学成果的重要途径。1989—1991年，中州古籍出版社出版了《北京图书馆藏中国历代石刻拓本汇编》全100册，使国图善本部收藏的大量珍贵拓片为普通研究者所知晓。几乎同时，《隋唐五代墓志汇编》30册（天津古籍出版社，1991—1992年）也陆续出版，收录拓本5000余种。从二十世纪九十年代开始，两套大型唐代墓志录文总集即周绍良主编《唐代墓志汇编》及《续集》、[②] 陕西省古籍整理办公室编

---

① 河南文物研究所、洛阳地区文管处编《千唐志斋藏志》上下册，文物出版社，1984年。
② 周绍良主编、赵超副主编《唐代墓志汇编》上下册，上海古籍出版社，1992年；周绍良、赵超主编《唐代墓志汇编续集》，上海古籍出版社，2001年。

《全唐文补遗》系列[1]相继出版，极大便利了隋唐史研究者对墓志的使用。

进入21世纪，石刻史料的发现与整理进入了一个新阶段，一些公立博物馆如故宫、国博、陕博等相继将馆藏墓志整理出版，但更多的则是一些私人收藏家将其收藏的大量拓片印行出版，最具代表性的当属洛阳的赵君平与齐运通，他们编著的诸多图录绝大多数都是唐代墓志，[2] 可惜没有录文，整理工作不够彻底。从研究者使用的角度来看，录文与图版对照本无疑是最佳整理形式，胡戟、荣新江主编的《大唐西市博物馆藏墓志》图版清晰，录文精审，堪称典范。[3] 赵力光主编《西安碑林博物馆新藏墓志汇编》及其《续编》、[4] 毛阳光主编《洛阳流散唐代墓志汇编》及其《续集》[5]等也都是成功之作。王其祎、周晓薇编著《隋代墓志铭汇考》全六册（线装书局，2007年），体例一依毛汉光《唐代墓志铭汇编附考》，在图版与录文之外，还有言简意赅的考释。

总体而言，新发现的唐代墓志数量之巨令人震惊，仅氣贺澤保规编《新编唐代墓誌所在総和目録》（东京：汲古书院，2017年）

---

[1] 陕西省古籍整理办公室编《全唐文补遗》1—9辑，三秦出版社，1994—2007年；《全唐文补遗·千唐志斋新藏专辑》，三秦出版社，2006年。
[2] 赵君平先后出版了《邙洛碑志三百种》（中华书局，2004年）、《河洛墓刻拾零》全二册（北京图书馆出版社，2007年）、《秦晋豫新出墓志搜佚》全四册（国家图书馆出版社，2011年）、《搜佚续编》全五册（国家图书馆出版社，2015年）等；齐运通也出版了《洛阳新获七朝墓志》（中华书局，2012年）、《洛阳新获墓志二〇一五》（中华书局，2017年）。
[3] 胡戟、荣新江主编《大唐西市博物馆藏墓志》，北京大学出版社，2012年。
[4] 赵力光主编《西安碑林博物馆新藏墓志汇编》，线装书局，2007年；《西安碑林博物馆新藏墓志续编》，陕西师范大学出版总社有限公司，2014年。
[5] 毛阳光主编《洛阳流散唐代墓志汇编》，国家图书馆出版社，2013年；《洛阳流散唐代墓志汇编续集》，国家图书馆出版社，2018年。

收录的唐代墓志就已达12523件，远远超出两《唐书》人物传记的数量。这些墓志的志主既有大量中下层官员与处士，更有为传统史书忽略的女性与佛、道等宗教人士，不仅为隋唐史研究提供了宝贵资料，也生发出一些具有挑战性的新课题。

当然，对于石刻史料的利用也有需要反思之处：首先，要处理好"新""旧"关系。一方面，学者追踪新材料是天性，但另一方面，许多新材料尚未得到真正深入的研究，就已经变成旧史料了。其实，没有得到充分研究的旧材料就是新史料，甚至两宋以来金石学著作中的许多隋唐石刻都未得到重视。其次，新出墓志固然重要，但那些体量巨大的碑刻可能更富研究旨趣，如颜真卿、柳公权等书写的那些书法名碑，其中蕴含的史学价值并未得到充分发掘。再次，从性质来看，碑志同时具有文本性和物质性两个层面，此前学者大多关注前者，而甚少关注碑志的物质性层面。最近，这个问题也开始被学者认识，比如仇鹿鸣提出，唐代的许多碑刻本身就是一种政治景观和权力关系的展示，而荣新江主编《唐研究》第23卷（北京大学出版社，2017年）更是"文本性与物质性交错的中古中国"专号，这些都为今后的碑志研究提供了新的思路。

二、制度史：从三省制到中书门下体制

政治史与制度史历来是中国史学研究的核心议题，而现代意义的隋唐史研究，某种程度上是在陈寅恪《隋唐制度渊源略论稿》、《唐代政治史述论稿》两书出版之后才真正开启。新中国成立70年来，虽然整体理解隋唐时代的基本框架尚未完全超越陈氏两稿，但

在许多领域都已取得了长足进步。在政治史方面,唐长孺提出的唐朝"南朝化"理论,[①] 可能是最有启发性的宏观理论,他认为唐代在很多方面都接续了南朝传统,魏晋南北朝的出口在南不在北,这与田余庆先生的看法迥异,而适可互补。对于士族问题、牛李党争、宦官专权、藩镇割据等传统题目,学界积累了大量的研究成果,进入21世纪之后,也出现了一些新的视角。以藩镇为例,张国刚早年对中晚唐的藩镇问题进行了多方面考察,[②] 其对藩镇类型的划分在学界颇具影响。近年来,年青学者如李碧妍等更强调从藩镇内部的组织形式与形成过程来思考藩镇问题,[③] 新见迭出。

至于五代十国史的研究,向来比较薄弱,早期的陶懋炳《五代史略》(人民出版社,1985年)、郑学檬《五代十国史研究》(上海人民出版社,1991年)有筚路蓝缕之功。进入21世纪,成果渐丰,任爽与杜文玉在这一领域用力颇深,如任爽先后主编了《十国典制考》(中华书局,2004年)、《五代典制考》(中华书局,2007年),杜文玉也出版了《五代十国制度研究》(人民出版社,2006年),制度史的研究渐次深入。与此同时,对于十国中的个别政权如南唐与吴越国等,也出现了一些综合性的研究。[④] 此外,王赓武早年的英文著作《五代时期北方中国的权力结构》近年有了中译本,[⑤] 值得

[①] 唐长孺:《魏晋南北朝隋唐史三论》,武汉大学出版社,1992年。
[②] 张国刚:《唐代藩镇研究》,湖南教育出版社,1987年。
[③] 李碧妍:《危机与重构——唐帝国及其地方诸侯》,北京师范大学出版社,2015年。
[④] 任爽:《南唐史》,东北师范大学出版社,1995年;杜文玉:《南唐史略》,陕西人民教育出版社,2001年;何勇强:《钱氏吴越国史论稿》,浙江大学出版社,2002年。
[⑤] 王赓武:《五代时期北方中国的权力结构》,胡耀飞、尹承译,中西书局,2014年。

重视。

在隋唐制度史方面，宰相制度、三省六部制、使职差遣制、勾检制度、幕府制度、科举制等诸多方面都取得了令人瞩目的成就。70年来的唐代政治制度史，一个明显的变化，是从传统的职官研究走向政治体制运行研究，而"中书门下体制"的提出，正是一个颇具代表性的例子。传统的职官研究着力于探求一个王朝政治机构的组织形式与人员构成，基本上属于静态研究，如张国刚《唐代官制》（三秦出版社，1987年）就是一个全面而简要的介绍，而陈仲安、王素《汉唐职官制度研究》（中华书局，1993年）则考察了中央官制、地方官制、选举制度、俸禄制度等，对使职差遣等问题也有所讨论。

对于三省制的形成与演变的考察，一度是隋唐政治制度史研究的核心工作，吴宗国认为，隋朝将门下省、中书省从地处禁中的侍从、顾问性机构，转变为在外廷独立处理政务的纯粹国家机关，三省也最终成为一个按职能和政务处理流程分工的有机整体。中书省起草的诏令要经过门下省下发，尚书省的奏案要经过门下省省读。不通过门下省，尚书省的政令和中书省起草的诏令都无法运转。三省各有分工而又互相依存，共同组成了最高政权机关。至此，三省制才基本确立。①

由此出发，刘后滨于2004年出版了《唐代中书门下体制研究——公文形态·政务运行与制度变迁》（齐鲁书社，2004年）一书，力图以政治体制的演进、官僚系统的运作、国家政务的运行三

---

① 吴宗国：《三省的发展和三省制的确立》，荣新江主编《唐研究》第3卷，北京大学出版社，1997年，第155—164页。

个层面来考察唐代前后期中枢体制的变迁，而其切入点正是奏抄、敕牒、商量状、起请等官文书的运行。刘氏勾勒的，是中晚唐独立的宰相机构"中书门下"从三省制内部出现并凌驾于三省之上的过程。可以说，此书在思考方式、切入角度上，都与此前静态的职官研究有了很大不同，也展示了邓小南提出的以"过程"与"关系"为中心的制度史研究取向的广阔前景。

三、均田制与唐代经济史研究的兴衰

民国时期，隋唐经济史研究已经取得了一些成绩，如陶希圣、鞠清远、全汉昇等人的成果。新中国成立以来，经济史更长期扮演着非常重要的角色，这自然与经济基础决定上层建筑的历史唯物主义基本原理密不可分，也与利用马克思主义经济形态理论讨论唐代社会性质的潮流不无关系。在财政、土地、赋税、人口、货币、工商业等诸多方面，隋唐经济史研究都取得了长足进步。例如，在财政史方面，有陈明光《唐代财政史新编》（中国财经出版社，1991年）和李锦绣《唐代财政史稿》（上、下，北京大学出版社，1995年、2001年）；在人口史方面，有冻国栋《唐代人口问题研究》（武汉大学出版社，1993年）；在工商业方面，有张泽咸《唐代工商业》（中国社会科学出版社，1995年）。不过总体而言，土地制度与赋税制度曾长期占据着隋唐经济史研究的中心舞台。

从北朝到隋唐，均田制在具体规定上有了不少变化，但其国有土地所有制的基本性质并无二致。新中国成立以来，在马克思主义史学理论指导下，关于唐代均田制是否实施的问题成为热点。1954

年邓广铭根据敦煌户籍文书指出唐代并未真正实施均田制,[①]引发了大讨论。岑仲勉、韩国磐、胡如雷、贺昌群、唐耕耦、杨志玖等学者先后发表论文阐述自己的观点,基本确认唐代在一定程度上实施了均田制。

改革开放之初,随着敦煌吐鲁番文书的整理与研究的深入,关于均田制的讨论重新成为学界热点,对于应授田、实授田、常田、部田、自田等概念,乃至与田制密切相关的手实、户籍、计账等文书,也都有了大量成果。而日本学者相关成果的出版,进一步推动了中国的均田制研究走向深入。[②] 除去数量庞大的论文,仅相继结集出版的专著就有:韩国磐《北朝隋唐的均田制度》(上海人民出版,1984年)、宋家钰《唐朝户籍法与均田制研究》(中州古籍出版社,1988年)、杨际平《均田制新探》(厦门大学出版社,1991年)、武建国《均田制研究》(云南人民出版社,1992年)、霍俊江《中唐土地制度演变研究》(暨南大学出版社,2000年)、卢向前《唐代西州土地关系述论》(上海古籍出版社,2001年)、赵云旗《唐代土地买卖研究》(中国财政经济出版社,2002年)。随着戴建国利用天一阁所藏明钞本宋《天圣令·田令》对唐田令的复原,[③]均田制研究中长期争议的一些问题也有了解决的可能,杨际平对此

[①] 邓广铭:《唐代租庸调法研究》,《历史研究》1954年第4期。
[②] 堀敏一:《均田制的研究》,韩国磐译,福建人民出版社,1984年;铃木俊、山本达郎等著:《唐代均田制研究选译》,姜镇庆、李德龙等译,甘肃教育出版社,1992年。
[③] 戴建国:《唐〈开元二十五年令·田令〉研究》,《历史研究》2000年第2期,第36—50页。

进行了有益的尝试。① 耿元骊依据复原的完整《田令》，对均田制性质也提出了新的看法："'均田制'不是唐代存在的一种制度，只是后人的一种解释方法，是一种学术观点而非唐人政治、经济生活中的实践。"②

从租庸调制到两税法，无疑是隋唐赋役制度研究的主流叙事，李剑农《魏晋南北朝隋唐经济史稿》即已如此。③ 关于均田制与租庸调制是否相互配套的制度，也曾经有过激烈的争论。张泽咸《唐五代赋役史草》（中华书局，1986年）是对唐代赋役制度的总体研究，史料丰富，用力颇深。而李志贤《杨炎及其两税法研究》（中国社会科学出版社，2002年）则是作者对其两税法研究的总结之作。

进入21世纪之后，隋唐经济史的研究热潮逐渐退去，曾经汗牛充栋的关于均田制与赋役史研究更变得门可罗雀，这既有时代变迁的因素，当然也有学术自身发展的内在因素。值得关注的是，在经济史内部也出现了新的趋势如区域经济社会史研究，而江南成为最主要的关注点。④ 此外，郑学檬、杜瑜等对唐宋时期中国经济重心

---

① 杨际平：《〈唐令·田令〉的完整复原与今后均田制的研究》，《中国史研究》2002年第2期，第59—71页。稍后，他又将1991年的前作修订出版，改题为《北朝隋唐均田制度新探》，岳麓书社，2003年。
② 耿元骊：《唐宋土地制度与政策演变研究》，商务印书馆，2012年，第87页。
③ 李剑农：《魏晋南北朝隋唐经济史稿》，生活·读书·新知三联书店，1959年，其中第十二章即为《唐代赋税制度之演变——由租庸调至两税》。
④ 李伯重：《唐代江南农业的发展》，农业出版社，1990年；张剑光：《唐五代江南工商业布局研究》，江苏古籍出版社，2003年；陈勇：《唐代长江下游经济发展研究》，上海人民出版社，2006年。

南移的问题进行了专门探讨,但角度不同。①

四、《天圣令》与唐代法制史研究

新中国成立70年来,隋唐法制史研究取得了巨大成就,这首先得益于敦煌吐鲁番发现的法制文书,如著名的《永徽律疏》《神龙散颁刑部格》《开元水部式》等,刘俊文对此有系统整理,② 极便学界使用。刘氏对唐代法制史的诸多方面都有深入研究,如其《唐代法制研究》(台北:文津出版社,1999年)就收录了他对唐格的考察,而其《唐律疏议笺解》(中华书局,1996年)更是唐律研究的集大成之作。至于唐式,目前虽已有霍存福《唐式辑佚》(社会科学文献出版社,2009年),但还有进一步深化的空间。在唐令研究方面,日本学者取得了令人瞩目的成就,从仁井田陞的《唐令拾遗》(东京:东方文化学院東方研究所,1933年)到池田温主持编集的《唐令拾遺補》(东京大学出版会,1997年),几代日本学者为唐令的复原做出了巨大贡献。近年来,中国学者在这一领域发展迅猛,这在很大程度上应归功于宁波天一阁所藏《天圣令》的整理与后续研究。

1999年,戴建国首次公开了宁波天一阁所藏北宋《天圣令》

---

① 郑学檬:《中国古代经济重心南移和唐宋江南经济研究》,岳麓书社,1996年,从科技进步和发明来探寻南方经济发展的内在原因,而杜瑜《中国经济重心南移——唐宋间经济发展的地区差异》(台北:五南图书出版股份有限公司,2005年)则主要是从历史地理的角度切入的。

② 刘俊文:《敦煌吐鲁番唐代法制文书考释》,中华书局,1989年。

抄本的存在,[①] 唐宋史学界为之震惊。《天圣令》于宋仁宗天圣七年（1029）修订完成，天圣十年（1032）颁行，其编修原则是在唐令的框架内修改、编订适于当时制度的条文，而将废弃不行的唐令附录于后。天一阁藏《天圣令》残存令典12篇，分别为：田令、赋役令、仓库令、厩牧令、关市令、捕亡令、医疾令、假宁令、狱官令、营缮令、丧葬令和杂令。2005年，中国社科院历史所与宁波天一阁博物馆达成合作协议，经过一年的整理复原工作，于次年正式出版了《天一阁藏明抄本天圣令校证——附唐令复原研究》（中华书局，以下简称《天圣令校证》），为学术界提供了现存十卷《天圣令》（原书共三十卷）的整理清本和复原文本，开辟了唐宋史研究及唐、日古代法制比较研究的新领域。

《天圣令校证》的出版标志着以此文本为契机的唐宋令研究的全面展开。在中国大陆、台湾地区及日本、韩国均有《天圣令》研读班，中国社科院历史所的《天圣令》读书班迄今已坚持十年，成员主要是来自北京各高校的博硕生，他们逐卷逐条研读，并陆续在中国政法大学法律古籍整理研究所主办的《中国古代法律文献研究》上发表译注稿。据初步统计，截至目前，中国学者已经发表《天圣令》研究论著500篇（部）。从总体来看，《天圣令》诸卷研究各有热点，如《田令》研究集中在土地制度与管理的讨论，包括田制、还授、私田等；《赋役令》较为关注的是工匠的问题、食封制度；《仓库令》针对仓库建设、粮食分配等展开；《厩牧令》重在监牧、驿传制度和中日比较研究；《狱官令》研究聚焦流刑与流移

[①] 戴建国：《天一阁藏明抄本〈官品令〉考》，《历史研究》1999年第3期，第71—86页。

人；《营缮令》集中于城市建设（包括宅第等城市景观）、水利工程的讨论；《丧葬令》着意于丧葬礼仪与制度；《杂令》以围绕诸色人、告身等研究为特色。还有《关市令》中的关界、禁区、市场、通关程序与实际运作的研究；《医疾令》围绕医事制度，重点在医官（包括女医）、官私医学及向医疗社会史的延伸；而《假宁令》研究尤以与《丧葬令》相结合的休假研究为主。

《天圣令》中有不见于各种典籍的新材料，无疑是深入拓展研究的最具学术价值的内容。令文中出现的一些语词，有的是见于以往史籍中但语焉不详，有的则是首次出现，如对"诸色人"的关注由来已久，但传统史料非常零散，《天圣令》则集中了一批各色人等的令文，引发了诸多对各类身分人释义与法典用词的探讨。《营缮令》的出现，使得国家公共工程的制度性研究首次有了切实的材料支持。《关市令》对关司勘过与过所勘验等程序细节的规定，引发对通关手续的关注，拓展了交通制度的研究。令典在敦煌吐鲁番等带有地域特色的文书与传世典籍之间建立起联系，并为制度细节的诠释提供了宝贵材料。围绕《医疾令》的研究，从医疗机构、分科、教育与医官群体的组成、身份嬗变，进入对社会环境与观念的关注，挖掘制度背后的各种医疗社会史信息。这些新研究取向的获得，均有赖于《天圣令》新内容的支持。

当然，《天圣令》最有价值的还是在法制史研究方面，今后的研究或许可以关注以下几个方面：第一，唐宋令关系。从法典编纂整体结构、条目顺序、文字继承关系等方面的讨论中，深入思考唐宋令文"移植与嫁接"的关系，进而考察那些在唐代逐渐转变而又未淡出宋代史籍的制度。第二，体例与令文复原。对《天圣令》整体研究还有较大空间，包括法典体例、编纂特色、与其他法律形式的联系与区分等，通过唐、宋时代不同时期的法典的比较，动态把握唐宋之际促使令典变化的制度脉络，进而确立《天圣令》在唐宋法典中的地位。第三，唐日令比较。由于《天圣令》与日本《养老令》的高度契合，在唐令复原研究中有着不可替代的作用，而缘此进行的中日比较研究还比较薄弱，这主要是对日本古代官制及相关政治、经济制度的研究欠缺所致。随着研究的深入，唐令复原工作将会更上层楼，而《天圣令》必将在传世文献与敦煌吐鲁番文书之间发挥更为重要的桥梁作用。

五、粟特人入华与唐代丝绸之路的繁荣

作为一个世界帝国，唐代沿着丝绸之路的中外文化交流始终是一个引人瞩目的研究领域，成果可谓汗牛充栋，而向达先生早年的《唐代长安与西域文明》（生活·读书·新知三联书店，1957年）无疑是这一领域的经典之作。改革开放以来，随着敦煌吐鲁番文书研究的深入及北朝隋唐墓葬的考古新发现，对唐代丝路贸易的主要承担者粟特人的研究，一时蔚为热潮。粟特是属于伊朗人种的中亚古族，原本生活在中亚阿姆河、锡尔河之间的索格底亚那地区，主要范围在今天的乌兹别克斯坦，在中国史籍中，他们被称为"昭武九姓"或"九姓胡""杂种胡"等。粟特人是天生的商人，也是勇敢的战士，他们不仅是丝路贸易的主要承担者，也是中西文化交流的桥梁。目前，研究主要集中在粟特人的迁徙路线与聚落、粟特人的汉化、商业活动以及粟特地区与唐朝的文化、宗教关系等方面。

荣新江、华澜、张志清主编的《粟特人在中国——历史、考古、语言的新探索》（中华书局，2005年）将28篇论文归入《粟特萨宝与商队贸易》《粟特聚落与地方社会》《入华粟特人的宗教与艺术》三部分，恰好归纳了粟特人入华问题上的主要研究方向。

早在1994年，姜伯勤《敦煌吐鲁番文书与丝绸之路》（文物出版社）就有专章讨论粟特人的商业与宗教文化。罗丰《固原南郊隋唐墓》（文物出版社，1996年）集中公布了宁夏固原出土的多座粟特人墓葬的考古资料。蔡鸿生《唐代九姓胡与突厥文化》（中华书局，1998年）展示了作者数十年粟特研究的心得。在世纪之交，北周安伽墓、康业墓、史君墓以及隋代虞弘墓的相继在西安和太原发掘，其中刻有精美浮雕的围屏石榻或石椁内容极为丰富，史君墓还出土了汉文与粟特文的双语墓志，这些发现几乎立即引发了世界范围内粟特祆教考古、美术的研究热潮。韩伟、张庆捷、姜伯勤、荣新江、郑岩、林梅村等学者都积极参加了这一讨论。后来，姜伯勤将其系列论文结集为《中国祆教艺术史研究》（生活·读书·新知三联书店，2004年）一书。罗丰《胡汉之间——"丝绸之路"与西北历史考古》（文物出版社，2004年）也收录了多篇关于粟特人在华活动的重要文章，如他对"萨宝"和"胡旋舞"的讨论等。必须提到的是，林悟殊对包括粟特人信仰的祆教在内的唐代"三夷教"入华史有深入研究。

当然，中国粟特研究的领军人物无疑是荣新江，其代表作《中古中国与外来文明》（生活·读书·新知三联书店，2001年）及其姊妹篇《中古中国与粟特文明》（生活·读书·新知三联书店，2014年）收录了他关于粟特研究的诸多重要论文和书评。首先，荣氏用一系列论文勾勒了北朝隋唐粟特人从西域、河西走廊、两京、营州乃至江南的迁徙路线与沿途聚落,分析了这些聚落的组织形式与内部形态。其次,粟特人的汉化历程及其与隋唐政权的关系,是荣氏关注的另一个重要问题,他讨论了粟特胡人对武周政权的态度,并指出敦煌归义军曹氏政权也是粟特人后裔。最有意思的是,荣氏分析了作为粟特杂胡的安禄山家传的祆教信仰在其起兵叛乱过程中的动员作用,令人耳目一新。再次,荣氏也从艺术史的角度对中古来华粟特人的多元文化有深入探讨,特别是对粟特祆教美术东传过程中的转化有极具说服力的解说。荣氏的研究视野广阔,论证充分,显示了深厚的功力和敏锐的学术眼光,可以说,这两本书代表了自向达《唐代长安与西域文明》以来中西交通史研究的巨大进步。

六、礼制史与宗教史的崛起

新中国成立70年来,隋唐史研究在传统领域取得丰硕成果的同时,一些新的研究领域如社会史、日常生活史、数术史等异军突起,其中最值得一提的当属礼制史与宗教史研究的崛起。

中国唐史学界关于礼制的研究,或可追溯到陈寅恪早年的经典《隋唐制度渊源略论稿》,该书第一章《礼制》甚至是全书的核心部分。不过,陈氏的研究并未被后来的唐史学者所继承,在某种程度上,八十年代以来的唐礼研究是在日本、台湾地区相关成果的刺激之下,由姜伯勤、胡戟等先生倡导起来的,如姜氏就讨论了中唐礼制变迁的背景，并利用出土文书考察了唐代敦煌的礼仪制度。[1]但毋庸讳言，无论是纵向与先秦礼制相比，还是横向与日本、台湾地区相比，中国大陆的唐礼研究都属于起步较晚的年轻领域。对此，只需读读甘怀真在胡戟等主编的《二十世纪唐研究》中所撰《礼制》一章即可了然。[2]

日本和台湾地区的唐礼研究基本来自同一个系统，即西嶋定生开创的东京大学的传统，其读书班培养的一批学者如尾形勇、金子修一等，后来都成为礼制研究的中坚。他们的问题意识源于天皇制和中国皇帝制度的比较，比如皇帝的人格与神格性、皇帝与天子的区别等，关注最多的是皇帝的继位礼和郊祀礼。另外，渡边信一郎通过汉唐之间元会礼仪的变迁分析中国古代国家体制的演进，妹尾达彦则致力于都市礼仪空间的讨论。台湾方面，高明士研究隋唐王朝的制礼作乐以立国政策为着眼点，对释奠礼和庙学制的研究则以道统和治统的关系为落脚点。[3]而甘怀真研究家庙礼制是为了探寻唐代国家如何藉由礼制规范来进行社会控制、维护皇权，由此出

---

[1] 姜伯勤：《唐贞元、元和间礼的变迁——兼论唐礼的变迁与敦煌元和书仪文书》，黄约瑟、刘建明编《隋唐史论集》，香港大学亚洲研究中心，1993年，第222—231页；《唐敦煌城市的礼仪空间》，《文史》2001年第2辑，第229—244页。

[2] 胡戟等主编《二十世纪唐研究》第五章《礼制》，甘怀真撰，中国社会科学出版社，2002年，第178—192页。

[3] 高明士：《唐代的释奠礼及其在教育上的意义》，《大陆杂志》第61卷第5期，1980年，第218—236页。同氏《隋唐庙学制度的成立与道统的关系》，《台湾大学历史学系学报》第9期，1982年；收入中国唐代学会编《唐代研究论集》第一辑，台北：新文丰出版公司，1992年，第325—380页。同氏《隋代的制礼作乐——隋代立国政策研究之二》，收入黄约瑟、刘健明编《隋唐史论集》，第15—35页。同氏《论武德到贞观礼的成立——唐朝立国政策的研究之一》，收入《第二届国际唐代学术会议论文集》，台北：文津出版社，1993年，第1159—1214页。

发,他还探讨了中古时期的君臣关系、丧服礼与政治秩序等问题,归根结底,是希望通过礼制研究来探讨中古时期的国家形态。[①]

二十世纪末,有几部通论性著作相继出版,如陈戍国《中国礼制史·隋唐五代卷》(湖南教育出版社,1998年)、任爽《唐代礼制研究》(东北师范大学出版社,1999年)等。进入二十一世纪,中国大陆的唐礼研究取得了真正令人瞩目的进步,其中代表性学者是吴丽娱。2002年,她出版了《唐礼撫遗——中古书仪研究》(商务印书馆),此书一方面是对敦煌书仪研究的突破,即从文献整理发展为史学研究;另一方面,通过对书仪"礼书"性质的把握,探讨一般民众如何了解和使用礼仪规范的问题,十分精彩。丧服礼制向称艰深,而吴氏的《终极之典——中古丧葬制度研究》(中华书局,2012年)是对唐代"凶礼"的深入研究,考察了唐代丧礼的诸多方面,大大提升了这一领域的学术水准。吴氏近年还开始对《大唐开元礼》进行系统整理,这无疑是真正的基础性工作。对于唐代礼制的诸多方面,还有不少值得关注的成果,如雷闻《郊庙之外——隋唐国家祭祀与宗教》(生活·读书·新知三联书店,2009年)尝试通过一些具体个案来解答几个问题:以儒家原则为基础的国家祭祀,具有何种宗教性内涵?佛、道这种有体系的宗教对于国家祭祀产生了何种影响?国家祭祀体系与为数众多、来源复杂的地方祠祀有何关系?此书跳出郊祀与宗庙,以更广阔的视野思考礼制与宗教的关系,对后来的唐礼研究有一定的引领之功。吴羽《唐宋

[①] 甘怀真:《唐代家庙礼制研究》,台北:台湾商务印书馆,1991年;同氏《皇权、礼仪与经典诠释:中国古代政治史研究》,台北:喜玛拉雅基金会,2003年。

道教与世俗礼仪互动研究》（中国社会科学出版社，2013年）也有着类似的切入角度。此外，朱溢对郊祀、宗庙与释奠礼仪等做了跨越唐宋的长时段考察，[①] 王贞平则从东亚史的角度考察了唐代的宾礼，[②] 王博关于唐代军礼研究的著作也即将出版，值得期待。

进入二十一世纪，随着石刻史料与敦煌吐鲁番文书的深入利用，隋唐宗教史研究也进入一个新阶段，荣新江主编的《唐代宗教信仰与社会》（上海辞书出版社，2003年）涉及道教、佛教、三夷教及民间信仰，预示着宗教史研究即将进入一个繁荣发展的时期。首先来看道教，葛兆光揭示了道教对国家政权及其意识形态的某种"屈服"。[③] 白照杰、李平分别对唐代前、后期道教形态的变化做出新的归纳，前者关注魏晋南北朝的宗派道教如何在隋与唐初成为一个有机整体，后者则关注了晚唐五代道教在修道方式上发生的变化。[④] 吴真采取一个类似于"层累造成"的史学分析方法，细致梳理了盛唐高道叶法善信仰在唐宋时期的演变。[⑤] 程乐松通过对北周《无上秘要》到唐代《三洞珠囊》《道教义枢》《要修科仪戒律钞》等道教类书的分析，讨论了唐代道教知识与思想体系的构成。[⑥] 雷闻以石刻史料为中心，对王远知、邓紫阳、吴善经、刘从政、刘玄

[①] 朱溢：《事邦国之神祇：唐至北宋吉礼变迁研究》，上海古籍出版社，2014年。
[②] 王贞平：《唐代宾礼研究：亚洲视域中的外交信息传递》，中西书局，2017年。
[③] 葛兆光：《屈服史及其他：六朝隋唐道教的思想史研究》，生活·读书·新知三联书店，2003年。
[④] 白照杰：《整合及制度化：唐前期道教研究》，格致出版社，2018年；李平：《宫观之外的长生与成仙——晚唐五代道教修道变迁研究》，中央编译出版社，2014年。
[⑤] 吴真：《为神性加注：唐宋叶法善崇拜的造成史》，中国社会科学出版社，2012年。
[⑥] 程乐松：《中古道教类书与道教思想》，宗教文化出版社，2017年。

靖等高道的生平与传法谱系,以及两京重要宫观如太清观、龙兴观、肃明观、大弘道观等都有细致考察。①

唐代佛教方面的成果更多,著名的马克思主义史学家范文澜的《唐代佛教》(人民出版社,1979年)虽然有着鲜明的时代烙印,对佛教这种"人民的鸦片"进行了猛烈批判,但其对唐代佛教各宗派的分析相当犀利,至今仍有其独特价值。稍后出版的汤用彤《隋唐佛教史稿》(中华书局,1982年)则更显平和,对唐代佛教与政治的关系、佛经传译与著述、各宗派的研究也更加深入。敦煌文书对唐代佛教史研究有着重大意义,这在早年胡适对禅宗史的研究中就表露无遗。社会史的角度也很重要,如郝春文《唐后期五代宋初敦煌僧尼的社会生活》(中国社会科学出版社,1998年)、陈大为《唐后期五代宋初敦煌僧寺研究》(上海古籍出版社,2014年)都是研究唐宋敦煌佛教社会史的重要论著,而湛如《敦煌佛教律仪制度研究》(中华书局,2011年)讨论了佛教的戒律与仪式,杨宝玉《敦煌本佛教灵验记校注并研究》(甘肃人民出版社,2009年)则对用以宣教的灵验记类作品进行了整理和研究。此外,张弓《汉唐佛寺文化史》(中国社会科学出版社,1997年)对汉传佛教寺院的布局、管理、经济、文化等诸多方面都有讨论。

另外有两本书值得一提,余欣《神道人心——唐宋之际敦煌民生宗教社会史研究》(中华书局,2006年)充分利用敦煌文书中丰富的宗教社会史材料,对唐宋之际敦煌的神灵谱系、墓葬神煞、生活与信仰空间、出行信仰等都做了深入探讨,进而提出"民生宗

---

① 详见本书《石刻史料与唐代道教史研究漫谈》一章。

教"的概念,显示了超越文献考证、建立新的解释框架的努力。孙英刚《神文时代:谶纬、术数与中古政治研究》(上海古籍出版社,2014年)通过对谶纬、祥瑞、历法等文献的考察,探讨了隋唐时期的政治神秘性与合法性建构的关系,认为隋唐依然处于一个"神文时代",以与宋元之后的"人文时代"对举。这些著作与以往以教义、哲学思想等为中心的宗教学研究已有了很大不同,它们已成为隋唐史研究的有机组成部分。

本文原收入卜宪群主编《新中国历史学研究70年》中国古代史编第三章《70年中国古代史研究的伟大成就(中)》第一节"隋唐五代史研究",中国社会科学出版社,2020年,第243—258页。因篇幅所限,当时做了不少删削,此为原稿。特别需要说明的是,第一部分第一小节"敦煌吐鲁番文书"、第四部分"《天圣令》与唐代法制史研究"的初稿分别由刘子凡、牛来颖先生提供,谨此致谢!

石刻史料与唐代道教史研究漫谈

对于中古道教史研究来说，除了保存在《道藏》中的传世文献之外，最重要的两大资料群当属敦煌吐鲁番文书与石刻史料。敦煌文书中的道经保存着不少宋代以后久佚的残篇，其价值自是不言而喻，大渊忍尔、王卡等先生的著作早已成为利用敦煌道书的津梁，[①]而刘屹新著《敦煌道经与中古道教》（甘肃教育出版社，2013年）更对一些重要道经的价值与研究状况进行了系统梳理，极便学人。近些年来，石刻史料特别是墓志的大量出土，成为推动中古史研究发展的重要助力，道教研究也深得其益。我们在此简单梳理一下石刻史料对于唐代道教史研究的独特价值，并对道教石刻的整理略作讨论。

---

① 大渊忍尔：《敦煌道經·目録編》，东京：福武书店，1978年；《敦煌道經·圖録編》，东京：福武书店，1979年。前者目前已有了隽雪艳、赵蓉的中译本，齐鲁书社，2016年。王卡：《敦煌道教文献研究——综述·目录·索引》，中国社会科学出版社，2004年。

一、新出唐代道教石刻的研究价值

道教石刻主要包括了碑（包括墓碑、造像碑、功德碑等）、墓志、镇墓石、买地券、摩崖造像等不同类型。利用石刻研究唐代道教史可谓由来已久。以碑为例，早年爱宕元先生就以武德九年（626）所立《大唐宗圣观记》碑考察了唐代的楼观道，[①] 又利用仪凤二年（677）《润州仁静观魏法师碑》讨论了唐代江南的宗教与地域社会。[②] 造像记方面，四川仁寿县坛神岩第53号"三宝"窟右壁的《南竺观记》曾引起广泛关注，已有多位学者讨论了其中的《道藏经目》。[③] 在摩崖造像方面，林圣智先生近年对四川安岳唐代石窟的研究引人瞩目。[④] 当然，数量最多的还是墓志。近年来地不爱宝，唐代道士、女道士的墓志不断出现，不断刷新我们对唐代道教史的认识，例如张勋燎、白彬先生就曾利用盛唐的《大唐弘道观主故三洞法师侯尊师（敬忠）志文》及晚唐的《女鍊师支氏墓志》

[①] 爱宕元：《唐代樓觀考——歐陽詢撰〈大唐宗聖觀記〉碑を手掛りとして》，吉川忠夫编《中國古道教史研究》，京都：同朋舍，1992年，第275—322页。

[②] 爱宕元：《唐代江南における宗教の関係を媒介とした士人と地域社會——〈潤州仁静觀魏法師碑〉を手掛りに》，原刊1983年，收入氏著《唐代地域社會史研究》，京都：同朋舍，1997年，第333—355页。

[③] 参看刘屹《唐前期道藏经目研究：以〈南竺观记〉和敦煌道经为中心》，收入 Poul Andersen and Florian C. Reiter eds. *Scriptures, Schools and Forms of Practice in Daoism: A Berlin Symposium*, Wiesbaden: Harrassowitz Verlag, 2005, pp.185–214.

[④] 林圣智：《盛唐四川地区的道教摩崖造像——以安岳玄妙观为主的考察》，收入康豹、刘淑芬主编《信仰、实践与文化调适》，台北："中研院"，2013年，第309—362页。

等，讨论了唐代的佛道之争。① 在此，笔者试结合自己的具体研究，谈一点浅见。

（一）新见碑志可丰富一些此前资料匮乏的高道生平，并纠正之前文献中的错误记载

例如，隋唐之际的上清宗师王远知在道教史上地位显赫，但除两《唐书》本传及贞观十六年（642）江旻所撰《王远知碑》外，几乎没有其他有价值的资料。不过，近年新刊的其侄王硕度、侄孙王绍文的墓志，使我们得以复原其家族谱系，并纠正《新唐书·王远知传》将王硕度之子绍业记为王远知之子的讹误。② 又比如，面对安史之乱后损失惨重的两京宫观，长安道门领袖申甫曾对《道藏》的编纂与收集做出了巨大贡献，但长期以来我们对其法脉传承几乎一无所知。令人欣喜的是，我们近年在西安发现了其师清简先生泉景仙的墓志及其师姐至德观上座杨法行的墓志，结合权德舆为其弟子吴善经所撰《唐故太清宫三洞法师吴善经碑铭》等，我们得以大致复原申甫这一法脉的谱系，进而讨论江南道教对长安道教的深刻影响。③

如所周知，武宗是晚唐最为崇道的皇帝，甚至亲受法箓，可惜此前学界更多关注的是那位来历不明的赵归真，因为他被视作

---

① 张勋燎、白彬：《中国道教考古》贰拾贰《三件唐代道教石刻和唐代佛道之争》，线装书局，2006年，第1835—1874页。
② 参看拙撰《茅山宗师王远知的家族谱系——以新刊唐代墓志为中心》，《隋唐辽宋金元史论丛》第4辑，上海古籍出版社，2014年，第139—152页。
③ 参看拙撰《太清宫道士吴善经与中唐长安道教》，《世界宗教研究》2015年第1期，第66—81页。

会昌灭佛的重要推手。其实，赵归真在当时并非公认的道门代表，为武宗授箓的也另有其人。在充分利用新出与传世石刻史料的基础上，我们深入考察了为武宗授箓的度师刘玄靖、监度师邓延康的背景与事迹，可知前者出身于晚唐显赫一时的南岳天台派，系大宗师田虚应（田良逸）的四大弟子之一，在元和年间其师率领冯惟良、陈寡言及徐灵府等弟子东入天台修道之后，仍坚持留驻南岳；[1] 后者则出自麻姑山邓氏，被称作"麻姑仙师"，在江南与两京均有巨大影响，《邓延康墓志》称："自三事已降，多执香火之礼，神都威仪与名德道士，半出于门下。法教之盛，近未有也。"[2] 虽不无夸张之辞，但大体符合事实。显然，二者均非道门谱系模糊的赵归真可比。[3]

另一个例子是曾任晚唐长安左街道门威仪的高道程紫霄，此人可谓玄真观（即盛唐的景龙观）出身的最后一位大德。关于他的记载非常有限，且存在不少讹误。幸运的是，其墓志《故左街威仪九华大师洞玄先生赐紫程公玄宫记》近年于洛阳出土，使我们对这位跨越晚唐五代、在长安城被焚毁之后"自秦入洛"的高道有了进一步认识。赞宁《大宋僧史略》卷三与志磐《佛祖统记》卷四三都记载，程紫霄在后唐庄宗时曾入宫与佛教僧录慧江（亦作惠江）进行辩论，不过墓志表明，他早在后梁贞明六年（920）就已去世，绝

---

[1] 参看拙撰《山林与宫廷之间——中晚唐道教史上的刘玄靖》，《历史研究》2013年第6期，第164—174页。
[2] 郑畋：《唐故上都龙兴观三洞经箓赐紫法师邓先生墓志铭》，《全唐文》卷七六七，第7982页。
[3] 参看拙撰《碑志所见的麻姑山邓氏——一个唐代道教世家的初步考察》，《唐研究》第17卷，北京大学出版社，2011年，第39—70页。

不可能参加后唐的佛道论衡。另外，此前我们只能从五代沈汾《续仙传》中得知他曾跟随道教大师闾丘方远学习，现代学者多据此称其为闾丘的嫡传弟子。不过，程紫霄的墓志只字不提闾丘方远，而记载他咸通九年（868）披度于长安玄真观，其师为左街讲论大德伍又玄，祖师则为左街道门威仪曹用之，显然出身于一个政治显赫的谱系。后来他从茅山高道何元通"传授正一盟威箓，次授中法"，又从南岳天台派的宗师叶藏质受"三洞毕法"。事实上，闾丘方远也是从叶藏质处受上清法箓的，即使程紫霄如《续仙传》所言曾随闾丘"受思真炼神之妙旨"，但恐怕不能算是正式弟子。颇疑《续仙传·闾丘方远传》为抬高其身价，遂将原本不存在师徒关系的程紫霄等高道归入其弟子之列。[1]

（二）利用新出墓志，可以对唐代两京的一些重要宫观进行个案考察

与佛寺相比，两京道观的资料较少，也缺乏系统整理，但不少新刊道士、女道士的墓志出自两京地区，使建构一座道观的编年史有了一些确切的时间坐标。如所周知，龙兴观是唐朝在全国范围内建立的官方道观，始建于中宗神龙元年（705）二月，初名"中兴观"，神龙三年（707）二月改为"龙兴"。其中既有一些是新建的，也有一些系从各地最重要的寺观改额而来。长安龙兴观属于改额，而洛阳龙兴观则可能是新建的，西安大唐西市博物馆所藏神龙三年《大唐故龙兴观法师蔡先生（逸）墓志铭》可能是目前所知最

---

[1] 参看拙撰《新见程紫霄墓志与唐末五代的道教》，《隋唐辽宋金元史论丛》第3辑，上海古籍出版社，2013年，第115—127页。

早一方洛阳龙兴观法师的墓志。最近我们又幸运购得两件珍贵的拓本，即出自洛阳的开元十五年（727）《大唐故龙兴观主寇尊师（知古）墓志铭》和出自西安的天宝元年（742）《唐故龙兴观观主陈法师（怀哲）墓志铭》，这三方墓志为考察两京龙兴观提供了非常宝贵的新资料。[①] 在我们讨论盛唐长安的肃明观时，《唐故肃明观主范先生（元）墓志铭》发挥了关键作用，从此志可知，范元是在开元二十五（737）年时，因原观主尹愔的推荐而被敕授肃明观主的，因为当时玄宗特许尹愔以道士身份任"朝请大夫、守谏议大夫、集贤院学士、兼知史官事"，事务繁忙，实在无法兼顾观务。[②] 又比如，洛阳大弘道观系中宗被立为皇太子之后由其旧宅所改置，乃洛阳最为重要的官立道观之一。在充分利用了《大唐弘道观主故三洞法师侯尊师（敬忠）志文》《大唐大弘道观故常法师（存）墓志铭》《大唐故东京大弘道观三洞先生张尊师（乘运）玄宫志铭》等新出墓志的基础上，我们得以初步编成大弘道观的大事年表。[③]

张广达先生曾指出："编写寺志也是一项有助于研究唐代佛教的工作，唐代很多著名寺院，如西明寺、大兴善寺、慈恩寺、青龙寺等，都有被编写寺志的可能性，或结集为一部《唐代长安伽蓝记》。"[④] 其实，两京一些著名宫观如太清宫、玄都观、景龙观、东

---

① 参看拙撰《唐两京龙兴观略考》，《隋唐辽宋金元史论丛》第6辑，上海古籍出版社，2016年，第138—159页。
② 参看拙撰《盛唐长安肃明观考论》，《隋唐辽宋金元史论丛》第2辑，上海古籍出版社，2012年，第164—178页。
③ 参看拙撰《唐洛阳大弘道观考》，中国人民大学国学院主编《国学的传承与创新——冯其庸先生从事教学与科研六十周年庆贺学术文集》，上海古籍出版社，2013年，第1234—1248页。
④ 张广达：《关于唐史研究趋向的几点浅见——〈二十世纪唐研究〉序》，氏著《史家、史学与现代学术》，广西师范大学出版社，2008年，第234页。

明观等也都值得进行类似的工作。假以时日，我们希望给每座道观进行编年工作，或者编成一部类似于小野胜年《中国隋唐长安寺院史料集成》那样的资料集，为两京宫观的综合研究打下坚实基础。可以想见，新出土的墓志资料必将在其间扮演重要角色。

（三）道教石刻对于唐代政治史研究的作用

道教石刻不仅在宗教史研究上发挥了核心作用，对于传统的政治史研究也有独特价值，太平公主和唐玄宗之间的激烈斗争就体现在一些道教石刻上。在玄宗即位之初，曾组织"两宫学士"与"诸观大德"编写《一切道经音义》，就在此书完成仅仅半年之后，主事的长安太清观主史崇玄就被玄宗处斩，参与编修的朝臣三位被杀，两位被流放，这使本书蒙上了一层神秘的面纱。我们分析了《妙门由起序》所列的编纂人员名单，发现"两宫学士"则分别出自两大阵营：那些昭文馆学士多为太平公主的心腹或睿宗的藩邸旧人，而崇文馆学士则多系玄宗的坚定支持者。至于"诸观大德"，则绝大多数出自史崇玄主持的太清观。利用大量石刻资料如《大唐故东明观孙法师（思）墓志铭》、前引《唐故肃明观主范先生（元）墓志铭》及《岱岳观碑》等，我们对这些道士的政治立场也有了新的认识，甚至发现其中一位很可能是玄宗以修书为名安排在史崇玄身边的卧底。①

当然，太平公主自然也会在唐玄宗身边安插眼线。《旧唐书·后妃传》下云："时太平公主用事，尤忌东宫。宫中左右持两

---

① 参看拙撰《唐长安太清观与〈一切道经音义〉的编纂》，荣新江主编《唐研究》第15卷，北京大学出版社，2009年，第199—226页。

端，而潜附太平者，必阴伺察，事虽纤芥，皆闻于上，太子心不自安。"①玄宗当然对此洞若观火，在开元二年（714）八月十日的一道诏书中，他指出："顷者人颇喧哗，闻于道路，以为朕求声色，选备掖庭。……往缘太平公主取人入宫，朕以事虽顺从，未能拒仰。……妃嫔已下，朕当拣择，使还其家。"②最近发现的一方女道士墓志就为此提供了注脚。从这方天宝八载（749）的《唐故淑妃玉真观女道士杨尊师（真一）墓志铭》可知，杨氏出自弘农杨氏观王房，其叔父杨均身为韦后面首且涉嫌毒杀中宗皇帝，在唐元政变中被玄宗处斩。就在其家族陷入巨大的生存危机之际，杨氏却居然很快成为玄宗的淑妃并挽救了家族命运，这很可能出自太平公主的安排。正因如此，玄宗与她毫无感情，当他最终平定太平公主、独掌大权之后，就开始清理太平公主安插在后宫之人，面临巨大压力的杨真一最终选择了入道远祸之路，并出宫隶籍于玉真观。从此以后，她就不仅被玄宗刻意遗忘了，而且最终默默消失于史籍之中。③

当然，利用石刻史料我们还可以对唐代道教史进行多方面的研究，比如道教与家族的关系、佛道二教的互动、授箓体系的变化等，限于篇幅，在此不一一详述。

---

① 《旧唐书》卷五二《后妃传下》，第2184页。
② 《唐会要》卷三《出宫人》，第40—41页。
③ 参看拙撰《被遗忘的皇妃——新见〈唐故淑妃玉真观女道士杨尊师（真一）墓志铭〉考释》，《华中师范大学学报》2016年第1期，第138—148页。

二、《道家金石略》与道教石刻的整理

对于道教研究而言，一个人所共知的难题是《道藏》中许多文献的年代很难判断，而其他文献（特别是正史）中的道教资料又很少。于是，具有明确纪年的金石文献就显得弥足珍贵。1980年，由陈垣先生编纂，陈智超、曾庆瑛校补的《道家金石略》在文物出版社出版，此书以北大图书馆所藏缪荃孙艺风堂拓本为基础，比较系统地收集了历代道教金石，其中唐五代部分有180篇。此书的出版极大推动了国际道教研究的发展，影响深远。不过，此书也有一些缺憾：

一方面，此书只收录有全文留存的金石材料，并未彻底清理传统金石学著作尤其是宋代的《金石录》《集古录》《宝刻丛编》《宝刻类编》等，事实上，这些书中收录了大量唐代道教金石的资料，虽然有些仅存跋文或碑目，但通常保留了撰人、书人、立碑志的时间、地点等要素，非常珍贵。我们可略举两例。第一个例子，是我们曾经从众多金石学著作中勾稽出长安金台观主马元贞的一些零散题记，复原了他在武周革命前后到五岳四渎投龙做功德，为武则天进行政治宣传的事实。[1] 第二个例子，是我们利用仅存题跋与碑目的《唐北岳真君碑》《唐南岳真君碑》及《岱岳观碑》上的题记等，基本复原了唐玄宗开元十九年（731）在五岳、青城山、庐山

---

[1] 详见拙撰《道教徒马元贞与武周革命》，《中国史研究》2004年第1期，第73—80页。

置立真君祠的整个事件,廓清了宋代以来的诸多误解。[1]

另一方面,对于《文苑英华》和《全唐文》之类的唐代总集及众多别集中保存的道教碑志,《道家金石略》只收录了很小一部分。其实,集部文献中保存的道教碑志不少都具有无可替代的研究价值,例如,在我们研究中唐长安太清宫大德吴善经时,虽然已可得见其自撰的《毕原露仙馆虚室记》及《吴尊师毕原露仙馆诗序》等新出土的珍贵石刻,但构筑其生平最基础的史料,却依然是《权德舆诗文集》中收录的那篇《唐故太清宫三洞法师吴善经碑铭》。而我们讨论为敬宗皇帝授箓的高道刘从政时,虽然已可得见其弟子郭元德、郑过真等人的墓志,也可看到刘从政亲撰的女道士吕玄和的墓志,但最基本、最系统的材料,却还是收录在《唐文粹》中由冯宿撰文、柳公权书写的《唐升玄刘先生碑铭》。[2] 因此,即便我们的目光难免会被新发现的道士墓志所吸引,但系统梳理、充分利用传世唐代集部文献中的道教碑志,依然显得尤为重要。

目前,道教石刻的整理工作大致可以分为三类:第一类是以地域为单位,如龙显昭、黄海德主编《巴蜀道教碑文集成》(四川大学出版社,1997年),萧霁虹《云南道教碑刻辑录》(中国社会科学出版社,2013年),黎志添、李静编著《广州府道教庙宇碑刻集释》(中华书局,2013年)等,近年来赵卫东主持整理的山东各地道教碑刻集也陆续出版,包括《山东道教碑刻集·青州昌乐卷》(齐鲁书社,2010年)、《临朐卷》(齐鲁书社,2011年),《博山卷》(齐

---

[1] 详见拙撰《五岳真君祠与唐代国家祭祀》,荣新江主编《唐代宗教信仰与社会》,第35—83页。
[2] 参看拙撰《传法紫宸——敬宗之师升玄先生刘从政考》,《中华文史论丛》2017年第1期,第59—88页。

鲁书社，2013年）等。第二类是按照类别加以整理者，如胡文和《中国道教石刻艺术史》（高等教育出版社，2004年）就主要是对造像资料的整理；第三类则是按照教派来整理的，如王宗昱编《金元全真教石刻新编》（北京大学出版社，2005年）等。其实，还可以有第四类整理方式，即断代的方式。神塚淑子教授的《唐代道教關係石刻史料の研究》（爱知县：名古屋大學，2006年）曾对唐代道教石刻进行了初步整理，但只包括了造像，对于大量的新出碑志均未涉及。作为中国学者，我们完全可以利用自己的优势作出更好、更彻底的整理工作。

不难看出，石刻史料的利用，使我们对唐代道教史的许多细节有了越来越多的认识，一些面目模糊的人物渐次清晰，一些纷繁复杂的谜团也慢慢解开。我们相信，随着具体研究的不断积累，写出一本不一样的唐代道教史并非不可能。当然，也希望在不久的将来，能完成我们计划、积累十余年之久的《唐代道教石刻集成》资料集，为学界提供一个方便而可信的文本，从而真正发挥石刻史料在唐代道教史研究中的作用。

本文原刊中国社会科学院历史研究所魏晋南北朝隋唐史研究室、宋辽金元史研究室编《隋唐辽宋金元史论丛》第7辑，上海古籍出版社，2017年，第22—28页。

参考文献

一、史料

《史记》,北京:中华书局,1959年。
《汉书》,北京:中华书局,1962年。
《后汉书》,北京:中华书局,1965年。
《三国志》,北京:中华书局,1959年。
《宋书》,北京:中华书局,1974年。
《魏书》,北京:中华书局,1974年。
《晋书》,北京:中华书局,1974年。
《梁书》,北京:中华书局,1973年。
《陈书》,北京:中华书局,1972年。
《北齐书》,北京:中华书局,1972年。
《周书》,北京:中华书局,1971年。
《南史》,北京:中华书局,1975年。
《隋书》,北京:中华书局,1973年。
《旧唐书》,北京:中华书局,1975年。

《新唐书》，北京：中华书局，1975年。

《资治通鉴》，北京：中华书局，1956年。

《唐律疏议》，北京：中华书局，1983年。

《大唐开元礼（附大唐郊祀录）》，池田温解说，东京：汲古书院，1972年。

《唐六典》，北京：中华书局，1992年。

《通典》，北京：中华书局，1988年。

《唐会要》，上海古籍出版社，1991年。

《唐大诏令集》，北京：商务印书馆，1956年。

《册府元龟》，北京：中华书局，1960年。

《宋本册府元龟》，北京：中华书局，1989年。

《续资治通鉴长编》，北京：中华书局，1992年。

《令義解》，新订增补国史大系本，东京：吉川弘文馆，1985年。

《元和姓纂（附四校记）》，林宝撰，郁贤皓、陶敏整理，北京：中华书局，1994年。

《东观汉记校注》，东汉·刘珍等撰，吴树平校注，北京：中华书局，2008年。

《史通通释》，刘知幾撰，浦起龙释，上海古籍出版社，1978年。

《登科记考》，徐松著，北京：中华书局，1993年。

《礼记集解》，孙希旦著，沈啸寰、王星贤点校，北京：中华书局，1989年。

《春秋左传注（修订本）》，杨伯峻编著，北京：中华书局，

1990年。

《日本国见在书目录详考》，孙猛著，上海古籍出版社，2015年。

《四库全书总目》，清·永瑢等撰，北京：中华书局，1965年。

《元和郡县图志》，李吉甫撰，贺次君点校，北京：中华书局，1983年。

《入唐求法巡礼行记校注》，圆仁著，白化文等修订校注，石家庄：花山文艺出版社，1992年。

《两京新记辑校·大业杂记辑校》，辛德勇辑校，西安：三秦出版社，2006年。

《长安志·长安志图》，辛德勇、郎洁点校，西安：三秦出版社，2013年。

《唐两京城坊考》，徐松撰，张穆校补，方严点校，北京：中华书局，1985年。

《最新增订唐两京城坊考》，徐松撰，李健超增订，西安：三秦出版社，2019年。

《蛮书校注》，樊绰撰，向达校注，北京：中华书局，1962年。

《云南志校释》，樊绰著，赵吕甫校释，北京：中国社会科学出版社，1985年。

《东京梦华录笺注》，宋·孟元老著，伊永文笺注，北京：中华书局，2006年。

《文苑英华》，北京：中华书局，1966年。

《全唐文》，北京：中华书局，1983年。

《全唐文补遗》1—8辑，陕西省古籍整理办公室编，吴钢主编，西安：三秦出版社，1994—2005年。

《徐陵集校笺》，许逸民校笺，北京：中华书局，2008年。

《日藏弘仁本文馆词林校证》，罗国威整理，北京：中华书局，2001年。

《骆临海集笺注》，骆宾王撰，陈熙晋笺注，上海古籍出版社，1985年。

《韩昌黎诗集编年笺注》，韩愈撰，方世举编年笺注，郝润华、丁俊丽整理，北京：中华书局，2012年。

《白居易文集校注》，谢思炜校注，北京：中华书局，2011年。

《刘禹锡集》，北京：中华书局，1990年。

《太平广记》，北京：中华书局，1961年。

《隋唐嘉话·朝野佥载》，刘䴵、张鷟撰，程毅中、赵守俨点校，北京：中华书局，1979年。

《冥报记·广异记》，唐临、戴孚撰，方诗铭辑校，北京：中华书局，1992年。

《独异志·宣室志》，李冗、张读撰，张永钦、侯志明点校，北京：中华书局，1983年。

《博异志·集异记》，谷神子、薛用弱撰，北京：中华书局，1980年。

《开元天宝遗事十种》，王仁裕等撰，丁如明辑校，上海古籍出版社，1985年。

《大唐新语》，刘肃撰，许德楠、李鼎霞点校，北京：中华书局，1984年。

《因话录》，赵璘撰，收入《唐国史补 因话录》，上海古籍出版社，1979年。

《云溪友议校笺》，范摅撰，唐雯校笺，北京：中华书局，2017年。

《松窗杂录》，李濬撰，罗宁点校，收入《大唐传载（外三种）》，北京：中华书局，2019年。

《唐摭言校证》，王定保撰，陶绍清校证，北京：中华书局，2021年。

《类说》，曾慥编纂，王汝涛等校注，福州：福建人民出版社，1996年。

《事物纪原》，高承撰，李果订，金圆、许沛藻点校，北京：中华书局，1989年。

《石刻史料新编》第1—3辑，台北：新文丰出版公司，1977—1986年。

  欧阳棐：《集古录目》，《石刻史料新编》第1辑第24册。
  欧阳修：《集古录跋尾》，《石刻史料新编》第1辑第24册。
  王昶：《金石萃编》，《石刻史料新编》第1辑第1—4册。

《金石录校证》，赵明诚著，金文明校证，上海书画出版社，1985年。

参考文献　347

《潜研堂金石文跋尾》，钱大昕撰，收入陈文和主编《嘉定钱大昕全集》第6册，南京：江苏古籍出版社，1997年。

《十驾斋养新录》，钱大昕撰，收入陈文和主编《嘉定钱大昕全集》第7册，南京：江苏古籍出版社，1997年。

《隋唐五代墓志汇编·陕西卷》第3册，吴钢主编，天津古籍出版社，1991年。

赵超：《汉魏南北朝墓志汇编》，天津古籍出版社，1992年。

《唐代墓志汇编》，周绍良主编、赵超副主编，上海古籍出版社，1992年。

《唐代墓志汇编续集》，周绍良、赵超主编，上海古籍出版社，2001年。

《柳州石刻集》，程州主编，南宁：广西人民出版社，2014年。

《长安新出墓志》，西安市长安博物馆编，北京：文物出版社，2011年。

《昭陵碑石》，张沛编著，西安：三秦出版社，1993年。

《陕西省考古研究院新入藏墓志》，陕西省考古研究院编，上海古籍出版社，2019年。

《新中国出土墓志·陕西》（肆），李明主编，北京：文物出版社，2021年。

《房山石经题记汇编》，北京图书馆金石组、中国佛教图书文物馆石经组编，北京：书目文献出版社，1987年。

《道家金石略》，陈垣编纂，陈智超、曾庆瑛校补，北京：文物出版社，1988年。

《昭仁寺碑宋拓本》，天津人民美术出版社，1999年。

《等慈寺碑》，天津市古籍书店，1988年。

《中国古代版画丛刊》（四），郑振铎编，上海古籍出版社，1988年。

《居延新简·甲渠候官》，甘肃省文物考古研究所、甘肃省博物馆、中国文物研究所、中国社会科学院历史研究所编，北京：中华书局，1994年。

王建中、闪修山：《南阳两汉画像石》，北京：文物出版社，1990年。

《燕下都》，河北省文物研究所编，北京：文物出版社，1996年。

《大正新修大藏经》，高楠顺次郎、渡边海旭监修，东京：大正一切经刊行会，1927年。

沮渠京声译《佛说八关斋经》，《大正新修大藏经》第1册。

灌顶：《国清百录》，《大正新修大藏经》第46册。

善导大师：《转经行道愿往生净土法事赞》，《大正新修大藏经》第47册。

费长房：《历代三宝纪》，《大正新修大藏经》第49册。

惠详：《弘赞法华传》，《大正新修大藏经》第51册。

道宣：《广弘明集》，《大正新修大藏经》第52册。

道宣：《集神州三宝感通录》，《大正新修大藏经》第52册。

道宣：《大唐内典录》，《大正新修大藏经》第55册。

《续高僧传》，道宣撰，郭绍林点校，北京：中华书局，2014年。

《集古今佛道论衡校注》，道宣撰，刘林魁校注，北京：中华书局，2018年。

《法苑珠林校注》，道世著，周叔迦、苏晋仁校注，北京：中华书局，2003年。

《不空三藏表制集：他二种》，久曾神昇编，东京：汲古书院，1993年。

《神会和尚禅话录》，杨曾文编校，北京：中华书局，1996年。

《宋高僧传》，赞宁撰，范祥雍点校，北京：中华书局，1987年。

《佛祖统纪校注》，志磐撰，释道法校注，上海古籍出版社，2012年。

董志翘：《〈观世音应验记三种〉译注》，南京：江苏古籍出版社，2002年。

《茅山志》，刘大彬编，《道藏》第5册，文物出版社、上海书店、天津古籍出版社，1988年。

《云笈七籤》，张君房编，李永晟点校，北京：中华书局，2003年。

《吐鲁番出土文书》（叁），中国文物研究所、新疆维吾尔自治区博物馆、武汉大学历史系编，唐长孺主编，北京：文物出版社，1996年。

《吐鲁番出土文书》(肆),中国文物研究所、新疆维吾尔自治区博物馆、武汉大学历史系编,唐长孺主编,北京:文物出版社,1996年。

《法藏敦煌西域文献》第29册,上海古籍出版社、法国国家图书馆编,上海古籍出版社,2003年。

《敦煌莫高窟内容总录》,敦煌文物研究所整理,北京:文物出版社,1982年。

《敦煌社会经济文献真迹释录》第1辑,唐耕耦、陆宏基编,北京:书目文献出版社,1986年;第2—5辑,北京:全国图书馆文献缩微复制中心,1990年。

刘俊文:《敦煌吐鲁番唐代法制文书考释》,北京:中华书局,1989年。

《敦煌表状笺启书仪辑校》,赵和平辑校,南京:江苏古籍出版社,1997年。

李正宇:《古本敦煌乡土志八种笺证》,台北:新文丰出版股份有限公司,1998年。

《敦煌秘笈·影片册》3,武田科学振兴财团杏雨书屋编,大阪:武田科学振兴财团,2010年。

《吐鲁番出土文献散录》,荣新江、史睿主编,北京:中华书局,2021年。

二、近人论著

(一) 中日文部分

A

愛宕元:《隋末唐初における蘭陵蕭氏の仏教受容:蕭瑀を中心にして》,福永光司编《中國中世の宗教と文化》,京都大学人文科学研究所,1982年。

——《唐代樓觀考——歐陽詢撰〈大唐宗聖觀記〉碑を手掛りとして》,吉川忠夫编《中國古道教史研究》,京都:同朋舍,1992年。

——《唐代江南における宗教的関係を媒介とした士人と地域社會——〈潤州仁静觀魏法師碑〉を手掛りに》,原刊1983年,收入氏著《唐代地域社会史研究》,京都:同朋舍,1997年。

艾萌范:《反屠王:对辽代再生仪的重新解读》,《重庆三峡学院学报》2005年第4期。

安广禄:《漫话京观》,《文史天地》2005年第3期。

B

白照杰:《整合及制度化:唐前期道教研究》,上海:格致出版社,2018年。

布鲁斯·林肯(Bruce Lincoln):《死亡、战争与献祭》,晏可佳译,上海人民出版社,2002年。

C

蔡鸿生：《九姓胡礼俗丛考》，氏著《唐代九姓胡与突厥文化》，北京：中华书局，1998年。

——《唐代九姓胡崇"七"礼俗及其源流考辨》，《文史》2002年第3期。

岑仲勉：《〈两京新记〉卷三残卷复原》，原刊《中研院历史语言研究所集刊》第9本，1947年。收入《岑仲勉史学论文集》，北京：中华书局，1990年。

——《唐唐临〈冥报记〉之复原》，原刊《中研院历史语言研究所集刊》第17本，1948年。收入《岑仲勉史学论文集》。

常金仓：《周代礼俗研究》，台北：文津出版社，1993年。

陈国灿、刘安志主编《吐鲁番文书总目·日本收藏卷》，武汉大学出版社，2005年。

陈昊：《若隐若现的城市中被遗忘的尸体？——隋代中期至唐代初期的疾疫、疾病理论的转化与长安城》，收入氏著《疾之成殇：秦宋之间的疾病名义与历史叙事中的存在》，上海古籍出版社，2020年。

陈戍国：《中国礼制史·隋唐五代卷》，长沙：湖南教育出版社，1998年。

陈寅恪：《记李唐之李武韦杨婚姻集团》，氏著《金明馆丛稿初编》，上海古籍出版社，1979年。

程乐松：《中古道教类书与道教思想》，北京：宗教文化出版社，2017年。

程义：《关中地区唐代墓葬研究》，北京：文物出版社，

2012年。

池田温：《八世纪中叶敦煌的粟特人聚落》，原刊《ユーラシア文化研究》1，1965年。辛德勇中译本载《日本学者研究中国史论著选译》第9卷，北京：中华书局，1993年。收入氏著《唐研究论文选集》，北京：中国社会科学出版社，1999年。

池田温編《中國古代寫本識語集録》，东京大学东洋文化研究所，1990年。

D

大淵忍爾：《敦煌道經·目録編》，東京：福武書店，1978年。隽雪艳、赵蓉中译本，济南：齐鲁书社，2016年。

——《敦煌道經·圖録編》，東京：福武書店，1979年。

渡辺信一郎：《天空の玉座：中国古代帝国の朝政と儀礼》，東京：柏書房，1996年。

——《中国古代の王権と天下秩序——日中比較史の視點から》，東京：校倉書房，2003年。徐冲中译本《中国古代的王权与天下秩序：从日中比较史的视角出发》，北京：中华书局，2008年。

杜正乾：《唐代的〈金刚经〉信仰》，《敦煌研究》2004年第5期。

F

樊锦诗、赵青兰：《吐蕃占领时期莫高窟洞窟的分期研究》，《敦煌研究》1994年第4期。

方广锠：《敦煌文献中的〈金刚经〉及其注疏》，《世界宗教研究》1995年第1期。

冯培红：《〈隋曹庆珍墓志铭〉与武威粟特曹氏》，《社会科学战线》2019年第1期。

——《中古武威的粟特诸姓》，中国秦汉史研究会、中国魏晋南北朝史学会、武威市凉州文化研究院编《凉州文化与丝绸之路国际学术研讨会论文集》，北京：中国社会科学出版社，2019年。

傅飞岚、林富士主编《遗迹崇拜与圣者崇拜》，台北：允晨文化实业股份有限公司，2000年。

G

甘怀真：《唐代家庙礼制研究》，台北：台湾商务印书馆，1991年。

——《中国中古士族与国家的关系》，《新史学》第2卷第3期，1991年。

——《我的唐史研究心得与反省》，胡戟主编《唐研究纵横谈》，北京：中国社会科学出版社，1996年。

——《礼制》，胡戟等主编《二十世纪唐研究》第五章，北京：中国社会科学出版社，2002年。

——《皇权、礼仪与经典诠释：中国古代政治史研究》，台北：喜玛拉雅基金会，2003年。

冈野誠：《唐の安金蔵の割腹》，《法史学研究会会报》第5号，2000年。

——《唐代法制史与医学史的交汇》，张国刚主编《中国社会历史评论》第3卷，北京：中华书局，2001年。

高明士：《唐代"三史"的演变——兼述其对东亚诸国的影响》，《大陆杂志》第54卷第1期，1977年。

——《唐代的释奠礼制及其在教育上的意义》，《大陆杂志》第61卷第5期，1980年。

——《隋唐庙学制度的成立与道统的关系》，《台湾大学历史学系学报》1982年第9期，收入中国唐代学会编《唐代研究论集》第一辑，台湾：新文丰出版公司，1992年。

——《隋代的制礼作乐——隋代立国政策研究之二》，收入黄约瑟、刘健明编《隋唐史论集》，香港大学亚洲研究中心，1993年。

——《论武德到贞观礼的成立——唐朝立国政策的研究之一》，收入中国唐代学会编辑委员会编《第二届国际唐代学术会议论文集》，台北：文津出版社，1993年。

——《皇帝制度下的庙制系统——以秦汉至隋唐作为考察中心》，《台湾大学文史哲学报》第40期，1993年。

高橋佳典：《唐代における〈金剛経〉信仰と延命祈願》，《宗教研究》第71卷第4辑，1998年。

——《玄宗朝における〈金剛経〉信仰と延命祈願》，《東洋の思想と宗教》第16号，1999年。

葛兆光：《屈服史及其他：六朝隋唐道教的思想史研究》，北京：生活·读书·新知三联书店，2003年。

宫治昭：《涅槃と彌勒の図像学：インドから中央アジアへ》，东京：吉川弘文馆，1992年。李萍、张清涛中译本《涅槃和弥勒的

图像学》，北京：文物出版社，2009年。

谷憲：《内陸アジアの傷身行為に関する一試論》，《史學雜誌》第93编第6号，1984年。

郭正忠：《三至十四世纪中国的权衡度量》，北京：中国社会科学出版社，1993年。

H

韩森（Valerie Hansen）：《变迁之神：南宋时期的民间信仰》，包伟民译，杭州：浙江人民出版社，1999年。

郝春文：《敦煌文献与历史研究的回顾和展望》，《历史研究》1998年第1期。

郝春文、宋雪春、武绍卫：《当代中国敦煌学研究（1949—2019）》，北京：中国社会科学出版社，2020年。

何金龙：《天宝战争京观"大唐天宝战士冢"》，《大众考古》2020年第1期。

何锡光：《唐代有意识的口述历史著作范本：〈冥报记〉》，《重庆三峡学院学报》2006年第6期。

鶴島俊一郎：《蕭瑀〈金剛般若経靈驗記〉について》，《明海大学外国語学部論集》第4集，1992年。

贺世哲：《敦煌莫高窟的〈涅槃经变〉》，《敦煌研究》1986年第1期。

侯旭东：《北朝的"市"：制度、行为与观念》，原刊张国刚主编《中国社会历史评论》第3卷，北京：中华书局，2001年；此据氏著《北朝村民的生活世界——朝廷、州县与村里》，北京：商务印书馆，2005年。

胡戟、张弓、李斌城、葛承雍主编《二十世纪唐研究》，北京：中国社会科学出版社，2002年。

户崎哲彦：《唐临事迹考——两〈唐书·唐临传〉补正》，荣新江主编《唐研究》第8卷，北京大学出版社，2002年。

黄楼：《唐代射生军考》，《史林》2014年第1期。

黄永年：《唐史史料学》，上海书店出版社，2002年。

黄正建：《改革开放三十年来的隋唐五代史研究》，《河北学刊》2008年第6期。

J

吉川绘梨：《京观——古代中国的怨叹之尸》，范一楠译，《中国古代法律文献研究》第11辑，北京：社会科学文献出版社，2017年。

季爱民：《隋唐长安佛教社会史》，北京：中华书局，2016年。

贾二强：《神界鬼域——唐代民间信仰透视》，西安：陕西人民教育出版社，2000年。

——《唐宋民间信仰》，福州：福建人民出版社，2002年。

贾应逸：《克孜尔与莫高窟的涅槃经变比较研究》，《1990年敦煌学国际研讨会文集·石窟考古编》，沈阳：辽宁美术出版社，1995年。

江川式部：《唐代の上墓儀礼——墓祭習俗の礼典編入とその意義について》，《東方學》第120辑，2010年。

江上波夫：《ユウラシア北方民族の葬礼における剺面、截耳、剪髮について》，收入氏著《ユウラシア北方文化の研究》，东京：山川出版社，1951年。

——《華佗と幻人》，氏著《アジア文化史研究・論考篇》第六章，东京：山川出版社，1967年。

姜伯勤：《敦煌吐鲁番文书与丝绸之路》，北京：文物出版社，1994年。

——《敦煌艺术宗教与礼乐文明》，北京：中国社会科学出版社，1996年。

——《唐敦煌城市的礼仪空间》，《文史》2001年第2辑。

蒋竹山：《宋至清代的国家与祠神信仰研究的回顾与讨论》，《新史学》第8卷第2期，1997年。

金文京：《敦煌出土文書から見た唐宋代の賓頭盧信仰》，吉川忠夫编《唐代の宗教》，京都：朋友书店，2000年。

金子修一：《古代中国と皇帝祭祀》，东京：汲古书院，2001年。

——《中国古代皇帝祭祀の研究》，东京：岩波书店，2006年。

金子修一主编《大唐元陵儀注新釈》，东京：汲古书院，2013年。

L

雷闻：《俄藏敦煌Дx.06521残卷考释》，《敦煌学辑刊》2001年第1期。

——《郊庙之外——隋唐国家祭祀与宗教》，北京：生活・读书·新知三联书店，2009年。

——《帝乡灵宇——唐两京开元观略考》，《首都师范大学学报》2021年第5期。

李衡眉：《论昭穆制度》，台北：文津出版社，1992年。

李剑国：《唐五代志怪传奇叙录》，天津：南开大学出版社，1993年。

李建民：《尸体·骷髅·魂魄——传统灵魂观新考》，《当代》第90期，1993年；收入氏著《方术·医学·历史》，台北：南天书局，2000年。

——《中国古代"掩骴"礼俗考》，《清华学报》第24卷第3期，1995年；收入氏著《旅行者的史学——中国医学史的旅行》第五章，改题为《"掩骴"礼俗与疾病想像》，台北：允晨文化出版公司，2009年。

李锦绣：《唐代直官制初探》，《国学研究》第三卷，北京大学出版社，1995年。

——《"乐工"还是"医匠"？——安金藏研究》，《晋阳学刊》2015年第3期。

——《从安金藏剖腹看唐代中外医学交流》，中国社会科学院历史研究所马克思主义史学理论与史学史研究室编《理论与史学》第2辑，北京：中国社会科学出版社，2016年。

李零：《秦汉礼仪中的宗教》，氏著《中国方术续考》，北京：东方出版社，2000年。

李铭敬：《〈冥报记〉的古钞本与传承》，《文献》2000年第3期。

——《日本知恩院藏〈冥报记〉古写本的传承与著录考略——兼谈台湾故宫博物院所藏杨守敬旧持本》,《文献》2006年第2期。

李平:《宫观之外的长生与成仙——晚唐五代道教修道变迁研究》,北京:中央编译出版社,2014年。

李淞:《唐太宗建七寺之诏与彬县大佛寺石窟的开凿》,原刊台北《艺术学》第12期,1994年,收入氏著《长安艺术与宗教文明》,北京:中华书局,2002年。

李新贵:《开元二十九年吐蕃行军路线与唐陇右、河西兵力调动研究》,《历史地理》2015年第2期。

李燕捷:《唐代后期内外官轻重辨》,《社会科学战线》1992年第4期。

李宗俊:《敦煌文书P.3885反映的吐蕃行军路线及神策军驻地、洮州治所等相关问题考》,杜文玉主编《唐史论丛》2016年第1期。

梁满仓:《论魏晋南北朝时期的五礼制度化》,《中国史研究》2001年第4期。

林圣智:《盛唐四川地区的道教摩崖造像——以安岳玄妙观为主的考察》,收入康豹、刘淑芬主编《信仰、实践与文化调适》,台北:"中研院",2013年。

林悟殊:《波斯拜火教与古代中国》,台北:新文丰出版公司,1995年。

林永强:《关于汉代"群饮酒之禁"的释析》,《兰州学刊》2008年第4期。

刘后滨:《改革开放40年来的隋唐五代史研究》,《中国史研究动态》2018年第1期。

刘俊文：《唐律与礼的关系试析》，《北京大学学报》1983年第5期。

——《唐律与礼的密切关系例述》，《北京大学学报》1984年第5期。

——《论唐格——敦煌写本唐格残卷研究》，《敦煌吐鲁番学研究论文集》，上海：汉语大词典出版社，1990年。此据氏著《唐代法制研究》第二章第三节《唐格初探》，台北：文津出版社，1999年。

刘乐贤：《金关汉简中的翟义同党陈伯阳及相关问题》，《中国史研究》2014年第1期。

刘亚丁：《佛教灵验记研究——以晋唐为中心》，成都：巴蜀书社，2006年。

刘屹：《唐前期道教与周边国家、地区的关系》，韩金科主编《'98法门寺唐文化国际学术讨论会论文集》，西安：陕西人民出版社，2000年。

——《唐前期道藏经目研究：以〈南竺观记〉和敦煌道经为中心》，收入 Poul Andersen and Florian C. Reiter eds. *Scriptures, Schools and Forms of Practice in Daoism: A Berlin Symposium*, Wiesbaden: Harrassowitz Verlag, 2005.

——《死后成仙：晋唐至宋明道教的"炼度"主题》，荣新江主编《唐研究》第18卷，北京大学出版社，2012年。

刘永增：《敦煌莫高窟隋代涅槃变相图与古代印度、中亚涅槃图像之比较研究》，《敦煌研究》1995年第1期。

卢建荣：《北魏唐宋死亡文化史》，台北：麦田出版，2006年。

鲁才全：《窦诞职官年表——以〈窦诞墓志〉为中心》，武汉大学魏晋南北朝隋唐史研究室编《魏晋南北朝隋唐史资料》第16辑，武汉大学出版社，1998年。

鲁成焕：《被丰臣秀吉祭祀的耳冢的灵魂》，李敏译，收入李卓主编《南开日本研究2014》，天津人民出版社，2014年。

陆离：《敦煌文书P.3885号中记载的有关唐朝与吐蕃战事研究》，《中国藏学》2012年第2期。

陆庆夫：《唐宋间敦煌粟特人之汉化》，《历史研究》1996年第6期。

罗世平：《地藏十王图像的遗存及其信仰》，荣新江主编《唐研究》第4卷，北京大学出版社，1998年。

吕博：《践更之卒，俱授官名——"唐天宝十载制授张无价游击将军告身"出现的历史背景》，《中国史研究》2019年第3期。

M

马明达：《七圣刀与祆教》，氏著《说剑丛稿》，兰州大学出版社，2000年。

马雅伦、邢艳红：《吐蕃统治时期敦煌两位粟特僧官——史慈灯、石法海考》，《敦煌学辑刊》1996年第1期。

梅维恒（Victor Mair）：《唐代变文：佛教对中国白话小说及戏曲产生的贡献之研究》，杨继东、陈引驰译，上海：中西书局，2011年。

N

那波利贞：《唐代社會文化史研究》，东京：创文社，1974年。

内山知也：《隋唐小说研究》，益西拉姆等译，上海：复旦大学出版社，2010年。

牛来颖：《改革开放三十年的隋唐五代史研究》，中国社会科学院历史研究所编《改革开放三十年的中国古代史研究》，北京：中国社会科学出版社，2010年。

P

彭卫：《论汉代的自杀现象》，《中国史研究》1995年第4期。

彭兆荣：《人类学仪式的理论与实践》，北京：民族出版社，2007年。

蒲慕州：《墓葬与生死：中国古代宗教之省思》，台北：联经出版事业股份有限公司，1993年。

Q

祁泰履（Terry F. Kleeman）：《由祭祀看中国宗教的分类》，收入李丰楙、朱荣贵主编《仪式、庙会与社区：道教、民间信仰与民间文化》，台北："中研院"中国文哲研究所筹备处，1996年。

R

任士英：《唐代的洗儿礼》，《文史知识》1996年第1期。

任爽：《唐代礼制研究》，长春：东北师范大学出版社，1999年。

荣新江：《归义军史研究》，上海古籍出版社，1996年。

——《德国"吐鲁番收集品"中的汉文典籍与文书》，饶宗颐主编《华学》第3辑，北京：紫禁城出版社，1998年。

——《北朝隋唐粟特人之迁徙及其聚落》，《国学研究》第6卷，北京大学出版社，1999年。

——《唐代西州的道教》，《敦煌吐鲁番研究》第四卷，北京大学出版社，1999年。

——《法门寺与敦煌》，收入氏著《敦煌学新论》，兰州：甘肃教育出版社，2002年。

——《〈史记〉与〈汉书〉——吐鲁番出土文献札记之一》，《新疆师范大学学报》2004年第1期。

——《学理与学谊：荣新江序跋集》，北京：中华书局，2018年。

S

沙武田：《敦煌莫高窟第158窟与粟特人关系试考（上）》《（下）》，《艺术设计研究》2010年第1期，第16—22页；第2期，第29—36页。

山崎宏：《支那中世仏教の展開》，东京：清水书店，1942年。

尚民杰：《唐长安、万年县乡村续考》，西安文物保护考古所编《西安文物考古研究》，西安：陕西人民出版社，2004年。

邵文实：《开元后期唐蕃关系探谜》，《西北史地》1996年第3期。

邵颖涛：《〈冥报记补遗〉辨伪五则》，《长江学术》2011年第

3期。

——《萧瑀〈金刚般若经灵验记〉文献辑佚》,《中国典籍与文化》2011年第4期。

——《唐代叙事文学与冥界书写研究》,北京:中国社会科学出版社,2014年。

沈睿文:《唐陵的布局:空间与秩序》,北京大学出版社,2009年。

石見清裕:《唐の建国と匈奴の费也頭》,《史學雜誌》第91卷第10号,1982年。中译本见氏著《唐代北方问题与国际秩序》第一部第一章,胡鸿译,上海:复旦大学出版社,2019年。

——《唐代凶礼の構造——〈大唐開元礼〉官僚喪葬儀礼を中心に》,收入福井文雅博士古稀・退職記念論集刊行會編《アジア文化の思想と儀礼——福井文雅博士古稀記念論集》,東京:春秋社,2005年。

石永士:《初论燕下都大中型墓葬的分期——兼谈人头骨丛葬的年代及其性质》,《辽海文物学刊》1996年第2期。

史丹利・外因斯坦(Stanley Weinstein):《唐代佛教:王法与佛法》,释依法译,台北:佛光文化事业有限公司,1999年。

孙继民:《敦煌吐鲁番所出唐代军事文书初探》,北京:中国社会科学出版社,2000年。

孙英刚:《从"众"到"寺"——隋唐长安佛教中心的成立》,荣新江主编《唐研究》第19卷,北京大学出版社,2013年。

——《神文时代:谶纬、术数与中古政治研究》,上海古籍出版社,2014年。

T

唐长孺：《史籍与道经中所见的李弘》《北朝的弥勒信仰及其衰落》两文，收入《唐长孺社会文化史论丛》，武汉大学出版社，2001年。

——《敦煌所出唐代法律文书两种跋》，《中华文史论丛》第5辑，1964年；收入氏著《山居存稿三编》，北京：中华书局，2011年。

土肥義和：《唐・北宋間の"社"の組織形態に関する一考察——燉煌の場合を中心に》，《中國古代の國家と民衆：堀敏一先生古稀記念》，东京：汲古書院，1995年。

涂宗呈：《神魂、尸骸与冢墓——唐代两京的死亡场景与丧葬文化》，台湾大学历史系博士论文，2012年。

W

汪篯：《西凉李轨之兴亡》，唐长孺、吴宗国等编《汪篯隋唐史论稿》，北京：中国社会科学出版社，1981年。

王卡：《敦煌道教文献研究——综述·目录·索引》，北京：中国社会科学出版社，2004年。

王铭铭：《社会人类学与中国研究》，北京：生活·读书·新知三联书店，1997年。

王青：《从区域社团崇拜到统一帝国崇拜——论秦汉时期的宗教统一运动》，《世界宗教研究》1993年第3期。

王庆卫：《新见初唐著名画家窦师纶墓志及其相关问题》，中国文化遗产研究院编《出土文献研究》第10辑，北京：中华书局，

参考文献 367

2011年。

王双怀：《两〈唐书〉纠谬三则》，《陕西师范大学学报》2002年第2期。

王素：《唐麹建泰墓志与高昌"义和政变"家族——近年新刊墓志所见隋唐西域史事考释之二》，武汉大学中国三至九世纪研究所编《魏晋南北朝隋唐史资料》第30辑，上海古籍出版社，2014年。

王亚林：《"京观"和"狱坟"》，《文史知识》2010年第4期。

王贞平：《唐代宾礼研究：亚洲视域中的外交信息传递》，上海：中西书局，2017年。

维克多·特纳：《象征之林——恩登布人仪式散论》，赵玉燕等译，北京：商务印书馆，2006年。

——《仪式过程：结构与反结构》，黄剑波、柳博赟译，北京：中国人民大学出版社，2006年。

吴丽娱：《唐礼摭遗——中古书仪研究》，北京：商务印书馆，2002年。

——《终极之典——中古丧葬制度研究》，北京：中华书局，2012年。

——《朝集使在郊庙礼仪中的出现——〈大唐开元礼〉校读札记一则》，《隋唐辽宋金元史论丛》第七辑，上海古籍出版社，2017年。

吴树平：《〈东观汉记〉初探（上篇）》，《文史》第28辑，1987年。

——《〈东观汉记〉初探（下篇）》，《文史》第29辑，1988年。

吴羽:《唐宋道教与世俗礼仪互动研究》,北京:中国社会科学出版社,2013年。

吴玉贵:《关于李轨河西政权的若干问题》,《敦煌学辑刊》1990年第1期。

——《凉州粟特胡人安氏家族研究》,荣新江主编《唐研究》第3卷,北京:北京大学出版社,1997年。

吴真:《为神性加注:唐宋叶法善崇拜的造成史》,北京:中国社会科学出版社,2012年。

吴宗国:《隋唐五代简史》,福州:福建人民出版社,1998年。

——《唐代科举制度研究》,沈阳:辽宁大学出版社,1992年。

武秀成:《〈旧唐书〉辨证》,上海古籍出版社,2003年。

X

西脇常記:《ドイツ将来のトルファン漢語文書》,京都大学学术出版会,2002年。

向达:《唐代俗讲考》,收入氏著《唐代长安与西域文明》,北京:生活・读书・新知三联书店,1957年。

小南一郎:《〈十王経〉の形成と隋唐の民衆信仰》,《東方学報》第74册,2002年。

谢保成:《隋唐五代史学》,厦门大学出版社,1995年。

谢世维:《练形与炼度:六朝道教经典当中的死后修练与亡者救度》,《"中研院"历史语言研究所集刊》第83本第4分,2012年。收入氏著《大梵弥罗:中古时期道教经典中的佛教》第二章,改题为《太阴练形：六朝道教经典当中的死后修练与亡者救度》，台北：台湾商务印书馆，2013年。

辛德勇：《〈冥报记〉报应故事中的隋唐西京影像》，《清华大学学报》2007年第3期。

徐俊纂辑《敦煌诗集残卷辑考》，北京：中华书局，2000年。

——《日本侯爵前田家藏本〈冥报记〉斠研》，《文史》2003年第1辑。

Y

颜尚文：《梁武帝》，台北：东大图书股份有限公司，1999年。

阎爱民：《〈资治通鉴〉"世民跪而吮上乳"的解说——兼谈中国古代"乳翁"遗俗》，《中国史研究》2004年第3期。

阎守诚、吴宗国：《唐玄宗的真相》，北京大学出版社，2009年。

杨宝玉：《敦煌本佛教灵验记校注并研究》，兰州：甘肃人民出版社，2009年。

杨维娟、何颖：《唐京兆万年县三乡之里村补正》，《文博》2017年第4期。

遊佐昇：《敦煌文献より見た唐五代における民間信仰の一側面》，《東方宗教》第57号，1981年。

——《道教の俗講に見られる劇場空間》，高田時雄主編《敦煌寫本研究年報》第10号，2016年。

余嘉锡：《四库提要辨证》，北京：中华书局，1980年。

余欣：《神道人心——唐宋之际敦煌民生宗教社会史研究》，北京：中华书局，2006年。

——《写本时代知识社会史研究——以出土文献所见〈汉书〉之传播与影响为例》，荣新江主编《唐研究》第13卷，北京大学出版社，2007年。

余英时：《东汉生死观》，侯旭东等译，上海古籍出版社，2005年。

负安志：《陕西长安县南里王村与咸阳飞机场出土大量隋唐珍贵文物》，《考古与文物》1993年第6期。

Z

詹姆斯·乔治·弗雷泽：《金枝：巫术与宗教之研究》，徐育新等译，北京：大众文艺出版社，1998年。

张弓主编《敦煌典籍与唐五代历史文化》，北京：中国社会科学出版社，2006年。

张㔟弓：《中古释门声业述略——从经导到俗讲》，收入氏著《汉传佛文化演生史丛稿》，北京：社会科学文献出版社，2016年。

张广达：《祆教对唐代中国之影响三例》，《法国汉学》第一辑，北京：清华大学出版社，1996年。

——《关于唐史研究趋向的几点浅见——〈二十世纪唐研究〉序》，氏著《史家、史学与现代学术》，桂林：广西师范大学出版社，2008年。

张国刚：《二十世纪隋唐五代史研究的回顾与展望》，《历史研究》2001年第2期。

张鹤泉:《周代祭祀研究》,台北:文津出版社,1993年。

张沛:《唐折冲府汇考》,西安:三秦出版社,2003年。

张荣芳:《唐代长安刑场试析》,《东海学报》1993年第34期。

张婷:《新见唐〈窦师幹墓志〉录释》,《文博》2012年第3期。

张勋燎、白彬:《三件唐代道教石刻和唐代佛道之争》,《中国道教考古》,北京:线装书局,2006年。

张总:《〈阎罗王授记经〉缀补研考》,《敦煌吐鲁番研究》第5卷,北京大学出版社,2001年。

赵和平:《敦煌写本书仪研究》,台北:新文丰出版公司,1993年。

——《敦煌写本P.2481号性质初探》,原刊《文献》1994年第4期;收入周一良、赵和平《唐五代书仪研究》,北京:中国社会科学出版社,1995年。

——《彬县大佛寺大佛雕塑年代探讨》,收入中央文史研究馆、敦煌研究院、香港大学饶宗颐学术馆编《庆贺饶宗颐先生九十五华诞敦煌学国际学术研讨会论文集》,北京:中华书局,2012年。

赵化成:《"燕下都人头骨丛葬遗迹"性质刍议》,《中国文物报》1996年4月21日第3版。

赵晶:《唐代〈道僧格〉再探——兼论〈天圣令·狱官令〉"僧道科法"条》,《华东政法大学学报》2013年第6期。

赵凌烟、王建新:《对燕下都人头骨丛葬性质与成因的初步探讨》,《西部考古》第10辑,北京:科学出版社,2016年。

赵彦民:《壬辰战争:耳冢历史记忆的再建构、越境与交涉》,

《民俗研究》2018年第4期。

赵贞：《〈神龙散颁刑部格〉所见"宿宵行道"考》，《史林》2019年第2期。

郑阿财：《唐五代道教俗讲管窥》，《敦煌学》第27辑，2008年。

——《见证与宣传——敦煌佛教灵验记研究》，台北：新文丰出版公司，2010年。

郑显文：《唐代〈道僧格〉研究》，《历史研究》2004年第4期。

钟国发：《汉帝国宗教的儒化改革》，《福建论坛》2001年第2期。

中村治兵衛：《中国シャーマニズムの研究》，东京：刀水书房，1992年。

塚本善隆：《隋文帝の宗教復興特に大乗佛教振興——長安を中心にして》，《南都佛教》第32号，1974年。

周建江：《杂谈"京观"》，《中国典籍与文化》2000年第2期。

——《"京观"及其文化表现》，《史学月刊》2000年第2期。

——《"京观"及其历史轨迹》，《古籍整理研究学刊》2005年第1期。

周西波：《敦煌写卷BD.1219之道教俗讲内容试探》，程恭让主编《天问》丙戌卷，南京：江苏人民出版社，2006年。

周一良：《敦煌写本杂钞考》，收入《周一良集》第三卷《佛教史与敦煌学》，沈阳：辽宁教育出版社，1998年。

——《书仪源流考》，原刊《历史研究》1990年第5期；此据周一良、赵和平《唐五代书仪研究》，北京：中国社会科学出版社，

1995年。

朱溢:《事邦国之神祇:唐至北宋吉礼变迁研究》,上海古籍出版社,2014年。

邹昌林:《中国古礼研究》,台北:文津出版社,1992年。

(二) 英文部分

Davis, Edward. *Society and the Supernatural in Song China*. Honolulu: University of Hawaii Press, 2001.

Dudbridge, Glen. *Religious Experience and Lay Society in T'ang China: A Reading of Tai Fu's Kuang-i chi*. Cambridge: Cambridge University Press, 1995.

Ebrey, Patricia and Peter N. Gregory, eds. *Religion and Society in T'ang and Sung China*. Honolulu: University of Hawaii Press, 1993.

Forte, Antonino. *Mingtang and Buddhist Utopias in the History of the Astronomical Clock: The Tower, Statue and Armillary Sphere Constructed by Empress Wu*. Roma: Instituto Italiano per il Medio ed Estremo Oriente, 1988.

Gjertson, Donald E. *Miraculous Retribution: A Study and Translation of T'ang Lin's Ming-pao chi*. Centers for South and Southeast Asia Studies, University of California at Berkeley, 1989.

Glahn, Richard Von. "The Enchantment of Wealth: The God Wutong in the Social History of Jiangnan." *Harvard Journal of Asiatic Studies* 51:2 (1991): 651–714.

Guisso, R. W. L. *Wu Tse-T'ien and the Politics of Legitimation in T'ang China*. Western Washington University, 1978.

Jinhua, Chen. *Monks and Monarchs, Kinship and Kingship: Tanqian in Sui Buddhism and Politics*. Kyoto: Italian School of East Asian Studies, 2002.

Johnson, David. "The City-God Cults of T'ang and Sung China." *Harvard Journal of Asiatic Studies* 45:2(1985) : 363-457.

Kleeman, Terry F. "The Expansion of the Wen-ch'ang Cult." In *Religion and Society in T'ang and Sung China*. ed. by Ebrey, Patricia and Gregory, Peter N. Honolulu: University of Hawaii Press, 1993, pp.45-73.

McDermott, Joseph, ed. *State and Court ritual in China*. Cambridge: Cambridge University Press, 1999.

McMullen, David. "Bureaucrats and Cosmology: the Ritual Code of T' ang China." In *Rituals of Royalty: Power and Ceremonial in Traditional Societies*, ed. by David Cannadine and Simon Price, 181-236. Cambridge: Cambridge University Press, 1987.

——. *State and Scholars in T'ang China*. Cambridge: Cambridge University Press, 1988.

——. "The Cult of Ch'i T'ai-kung and T'ang Attitudes to the Military." *T'ang Studies* 7(1989): 55-103.

Shahar, Meir and Robert P. Weller eds., *Unruly Gods: Divinity and Society in China*. Honolulu: University of Hawaii Press, 1996.

Teiser, Stephen. *The Scripture on the Ten Kings and the Making of Purgatory in Medieval Chinese Buddhism*. Honolulu: University of Hawaii

Press, 1994.

Wechsler, Howard J. *Offerings of Jade and Silk: Ritual and Symbol in the Legitimation of the T'ang Dynasty.* New Haven: Yale University Press, 1985.

Wright, Arthur. "The Formation of Sui Ideology, 581–604." in *Chinese Thought and Institutions*, ed. by J. K. Fairbank, Chicago: University of Chicago Press, 1957, pp.71–104.

Xiong, Victor. "Ritual Innovations and Taoism under Tang Xuanzong." *T'oung Pao* 82(1996): 258–316.

代后记：随吴宗国先生读书的日子

2022年8月7日16时54分，我的导师吴宗国先生因病在北京去世，享年89岁。收到这个不幸的消息时，我正在从老家安康去西安的列车上，当时列车即将到站，旅客们纷纷收拾行装准备下车，忙乱之中也没工夫看微信，出站时查验了一系列验证码、核酸，终于打上车，在去宾馆的路上，才在微信里看到后滨师兄发来的这个噩耗，一时五内俱焚，难以接受，我们敬爱的老师竟然就这样离开了。10号上午，当我来到吴先生家里，见到独自一人坐在沙发上的师母，不禁悲从中来，握着师母的手嚎啕大哭。虽然去之前我还提醒自己，不能让自己的悲伤使师母本已不太稳定的情绪再生波动，但悲痛真的无法忍住。11日上午，在八宝山灵堂泪别恩师之际，望着鲜花掩映中他那依旧慈祥的面容，一幕幕往事慢慢浮现在眼前，刻骨铭心。

一、硕士阶段

我原本应该在1993年秋季进北大读研，不过最终直到1994年9月份才正式进入吴先生门下，在入学之前先保留学籍，回老家教了一年中学。之所以如此,是因为我虽然顺利通过了北大历史系硕士招生考试的笔试,但因在户县教学实习期间饮食不当,不慎染上甲肝,刚好错过赴京参加面试的时间。于是吴先生就商请他的师兄牛致功先生与陕西师大历史系的赵文润老师一起,替他对我进行了面试,这种方式现在几乎不可想象。后来,吴先生又建议我干脆晚一年入学,一方面养好身体,另一方面可以开始读一些专业书。于是,我就在他的指导下,开始阅读《资治通鉴》,后来才知道这是北大培养隋唐史研究生的必由之路。

在这一年里,吴先生给我写过几次信,他那疏淡雅致的笔迹,颇有点儿弘一法师手书《药师经》的味道。这些珍贵的信件,我一直珍藏至今。其中一封信里,吴先生告诉我读《资治通鉴》的方法,无需正襟危坐,而要像读小说一样,读出其中的滋味。就这样,在入学之前,我就把《通鉴》隋唐五代部分通读一过,虽然还是有好多不明白的地方,但毕竟初步建立了对这一时代的感觉,这可能才是吴先生让我读《通鉴》的初衷。

我和大我整整十岁的孟宪实是吴先生门下的同年硕士,因为他在之前曾在北大历史系进修过一年,所以跟吴先生很熟。入学第一个星期,我惴惴不安地跟着他去承泽园拜见了吴先生,好在虽然是头一次见面,但一点儿没有陌生感,而先生慈眉善目的佛爷形象几乎完全符合我之前的想象。第一学期,我们都选了吴先生的隋唐史及荣新江老师的敦煌学概论课,同班的还有荣老师的两位硕士姚崇新、刘诗平,我们四个人住在同一个宿舍。相对来说,我当时可能是专业基础最差的。因为出身于武大的刘诗平与来自吐鲁番博物馆的姚崇新都已对出土文书相当熟悉,老孟更已是成熟的学者,发表过多篇文章，他以一己之力，直接拉高了系里老师们对我们那届硕士生的整体印象。殊不知，我除了通读过一遍《通鉴》隋唐五代部分之外，也只是为考研而读过几遍陈寅恪先生的"两稿"，其他方面所知甚少，敦煌吐鲁番文书更是从未接触过，基本上算是一张白纸。

于是，在孟老师不经意的误导下，吴先生似乎真觉得我们这拨学生基础不错，干脆改变了隋唐史课程的授课方式，直接开读《唐六典》，每人一卷。而荣老师的文书课则根据每人选择的《唐六典》内容，给我们分配相应的文书来练手，两位老师的训练可谓珠联璧合、相得益彰。因为吴先生让我读中书省那卷，荣老师就把英藏敦煌文献S.11287分给我来研究，因为这件文书的性质正是《唐六典》卷九"中书令"条所载七种"王言之制"之一的"论事敕书"，刚好可以把两门课的内容联系起来。当然，用一篇文章提交两门课的作业，实在是一鱼两吃的偷懒做法，不值得提倡。后来这篇习作完成之后，经过两位老师的仔细修改，发表在荣老师主编的《唐研究》创刊号上，对于一个文书零基础的学生来讲，这无疑是一个巨大的鼓励。

《唐六典》的读书课，除了我们几个刚入学的硕士之外，参加者还有当时本科四年级的叶炜，他当时因为成绩优异，早已预定要读吴先生的硕士。另外就是毕业多年的大师兄刘后滨，当时他已经是中国人民大学历史系的教师，也时常回来参加讨论。后来他那本引起巨大反响的《唐代中书门下体制研究》中的一些火花，最初就是从我们的讨论中迸发的，以至于吴先生经常说："这门课其实后滨的收获最大。"的确，同样是读书，底子不一样，收获自然不同。

但我们也从中获益匪浅，至少受到了严格的制度史训练，也学会了读书和讨论。

二、博士阶段

1997年我硕士毕业前，同时参加了博士生入学考试和国家机关公务员考试，也都顺利通过了。只是由于考博成绩下来比较晚，所以就只好先去跟文化部签了协议，原打算如果博士也考上了，就按合同规定交钱毁约，然后继续读书，但最终没能如愿。于是，吴先生又去跟系里商量，让我先去工作，系里再给我保留两年学籍。现在回头来看，硕士、博士都采取了保留学籍的方式，这在北大历史系的历史上可能也是绝无仅有的吧？当我两年之后回学校读博时，吴先生实际上已经办理了退休手续，但他还是坚持继续指导我的博士论文，让人感动不已，算起来，我应该是吴先生指导的最后一位中国学生。

读博无疑是一趟真正的身心苦旅，要顺利毕业，恐怕谁都会脱层皮。记得当时选题就很纠结，吴先生的弟子大都研究唐代的政治制度，我可能是唯一的例外。硕士阶段因为什么都不懂，我就按吴先生的布局，毕业论文写的是隋与唐前期的六部体制。不过，我本人始终对宗教史更有兴趣，于是在读博伊始，我就有意阅读了大量礼制与宗教方面的文献，对于和岳镇海渎相关的石刻材料更是下了一番功夫。后来开题时，我提交了题为《隋唐国家祭祀与民间社会关系研究——以岳镇海渎为中心》的开题报告，当时吴先生和参加开题的老师们都觉得选题很新颖，能做出来的话，会很有意思，所以都鼓励有加。但是，事情显然没那么简单。

2002年春节过后，我提交了其中一章的初稿给吴先生，自己还颇为满意。然而，三天之后的一大早，吴先生突然打电话来，第一句话就是："雷闻啊，危险啊！"这六个字如同晴天霹雳，我当时就懵了，吴先生进而对我那章初稿进行了毫不留情的批评，最后总结说："这个星期你就先别往下写了，好好想想，到底应该怎么搭这个框架吧！"

于是，接下来的一个星期，我如同生活在地狱里，整天茶饭不思，没事就坐在未名湖边思考（其实大多数时候只是在发呆）。好友姚崇新生怕我想不开，一头扎下去，那几天总是请我吃饭，可面对着美食根本无法下咽。因为理不出头绪，我甚至私下跟荣新江老师商量，是不是真的需要回头去做六部研究？但荣老师还是鼓励我坚持初心，说一定会想出解决办法的。在未名湖边坐到第六天的时候，我似乎突然开了窍，马上跟吴先生打电话说："我干脆不要副标题了，把岳镇海渎只作为一章来写。"电话那头，就听吴先生说："嗯，有进步，继续想。"三天之后，我又打电话给吴先生："我连一章也不要了，岳镇海渎的内容，我准备作为材料，打散进入各个章节。"就听吴先生呵呵一笑说："好了，那我就放心了。写吧。"经过这次残酷的折磨，接下来的写作就顺利很多，只需要把之前收集的丰富材料，塞进重新搭建的框架里，一切都水到渠成。

多年之后，有次曾跟吴先生闲聊这段往事，他显得特别得意，笑眯眯地跟我说，"当头棒喝"正是他教学手段之一，不过好像就对我适用，因为我当时满脑子都是岳镇海渎而不及其他，其实，唐代国家祭祀的内容还有很多，而他也知道相关材料我都曾梳理过一遍，因此，他只需要一棒子把我打醒就行了，他相信我接下来能处理好。按照我的理解，像后滨师兄和孟老师这样的聪明学生，可能根本不需要吴先生打棒子吧。不过，我只需要一棒子就能醒悟，无需先生两棒子、三棒子地反复敲打，已经算是不错的了——大多数时候，我不会跟自己较劲，这也算是跟吴先生学到的处事风格吧。

其实，我一直很感激吴先生对我博士论文选题的宽容，毕竟师兄弟们做的都是制度史方面的论文，只有我执意研究礼制与宗教。在二十多年前，这种选题不仅在吴先生门下独一无二，甚至在以制度史与政治史研究为主流的北大历史系，也多少有些异类。当然，如今的情形已大不相同，博士论文选题的多样性让人眼花缭乱，这当然是时代与学术潮流变迁的结果，再回头，不禁感慨系之。

当然，制度史毕竟是吴门弟子的看家本领，即便是我那本以博士论文为基础出版的《郊庙之外——隋唐国家祭祀与宗教》也有着一层制度史的底色，更不用说我对唐代官文书与政务运行始终有着浓厚的兴趣。至于读博期间发表的习作《唐代"三史"与三史科》，出发点也是想在吴先生最负盛名的科举制研究领域，拿出一篇对吴先生的致敬之作，哪怕只是一篇微不足道的小札记。

三、工作之后

吴先生总是跟我们说，每一种经历都是宝贵的人生财富。我硕士1997年毕业后，进入文化部港澳台司工作，博士2002年毕业，又回到文化部外联局工作一年。由于我的硕士论文是关于隋唐六部体制的，吴先生认为如果亲历今天部委的日常工作，应该可以深化对唐代六部行政运作的认识，所以他特别支持我去文化部工作一段时间。后来我曾跟他汇报了在部里的工作经历和感受，觉得今天的很多事情跟千年之前的唐代并无太多不同，比如部委内部的分层决策机制，比如部委里的各个处室与唐代六部诸司一样作为日常政务处理主体的"判官"性质，比如具体办事人员与唐代的"吏"在公文运作中的发挥空间等等，都有许多相似之处。听了我的介绍，吴先生欣慰地说："看来你去文化部工作是对的，这段经历对于理解唐代的日常行政大有好处。"其实，在文化部工作还有一个好处，就是有看不完的演出和看不完的展览，这些也都是工作需要。因为师母出身于美术世家，她母亲新中国成立前毕业于杭州艺专，是潘天寿先生的学生，而师母自己也精于工笔花鸟，因此，我时常找来各种美术展览的邀请函或门票给他们，不管路再远，吴先生都一定会陪着师母去参观，给我们树立了家庭和睦的典范。

  2003年夏，在黄正建先生的帮助下，我从文化部调入中国社会科学院历史研究所，吴先生对此表示支持，虽说他并不要求门下弟子必须走学术研究的道路，但我能回归唐史研究，他还是很高兴的。吴先生常说，学术也要走出书斋，为人民群众服务，这方面他也曾身体力行，而历史所的一些学术普及工作就曾得到他的大力支持。从2011年开始，所里与中央电视台电影频道合作录制100集《中国通史》电视片，隋唐部分的12集脚本由我执笔。这12集专题要写什么？吴先生就给我了许多建议。在后来的拍摄过程中，需要找一些权威专家出镜，他也积极配合，多次不厌其烦地参与录制，有时候一两分钟的镜头，可能会花费他一个下午的时间，让我很是过意不去，毕竟，那时他已年近八十了。可以说，吴先生为这部电视片的成功拍摄做出了很大贡献，这不仅是对我工作的支持，也源于他自身对学术普及工作的热情。

2020年夏天，为了解决小孩上学问题，我萌生了调动工作的想法，当时请吴先生、荣老师及郝春文老师帮忙写推荐信。八十多岁的吴先生表示理解，他很快就写好发给我，还贴上了自己的电子签名。2021年5月，我正式入职北师大历史学院，吴先生也很高兴。然而最令人遗憾的是，疫情以来，我一直没能抽出时间去看望他。当然一个潜在的原因，是吴先生家族有长寿基因，据说家里的百岁老人就有好几位，加上他乐观淡泊的性格，所以我们总觉得他的身体很好，以后有的是机会去。然而，谁也不会想到他会走得如此匆忙，给弟子留下了永远的愧疚。

今天已是吴先生离开我们的第十天了，但我总感觉自己还侍立于他的身旁，先生窝在沙发里，眯着眼睛，继续点评着我的论文。这个场景，永不磨灭，在我的心里，他一直还在。

本文作于2022年8月17日，发表于8月20日的《澎湃新闻·私家历史》。

洞 见 人 和 时 代

官方微博：@壹卷YeBook
官方豆瓣：壹卷YeBook
微信公众号：壹卷YeBook
媒体联系：yebook2019@163.com

壹卷工作室
微信公众号